现代职业教育研究前沿论丛
丛书主编：王振洪　朱永祥

全国高等职业教育教师发展研究系列

浙江省哲学社会科学重点研究基地
——浙江省现代职业教育研究中心资助

高职院校博士学位教师引进与发展研究

徐珍珍　张晓超　王亚南 ◎ 著

华中科技大学出版社
http://press.hust.edu.cn
中国·武汉

内容简介

本研究框架精心设计、内容全面、数据丰富、分析到位,通过问卷调查和访谈,掌握了高职院校博士学位教师引进与发展大量的事实资料,客观呈现了高职院校博士学位教师引进与发展的现状,也对当前的问题和成因进行了归纳分析,并提出了相关对策建议,有助于高职院校进一步完善博士学位教师引进与发展的相关政策制度,也对各地区政府制定高层次人才引进办法提供了有益思考。同时,对于博士人才来说,是否选择高职院校工作,进入高职院校工作后如何选择发展路径,本书也提供了相应参考。

图书在版编目(CIP)数据

高职院校博士学位教师引进与发展研究 / 徐珍珍,张晓超,王亚南著.—武汉:华中科技大学出版社,2024.2
 ISBN 978-7-5772-0469-7

Ⅰ.①高⋯ Ⅱ.①徐⋯ ②张⋯ ③王⋯ Ⅲ.①高等职业教育-博士-教师-聘用-研究-中国 Ⅳ.①G715

中国国家版本馆 CIP 数据核字(2024)第 035292 号

高职院校博士学位教师引进与发展研究
Gaozhi Yuanxiao Boshi Xuewei Jiaoshi Yinjin yu Fazhan Yanjiu

徐珍珍 张晓超 王亚南 著

策划编辑:张 毅
责任编辑:谢 源 吴韵晓
封面设计:廖亚萍
责任校对:程 慧
责任监印:朱 玢

出版发行:华中科技大学出版社(中国·武汉) 电话:(027)81321913
 武汉市东湖新技术开发区华工科技园 邮编:430223
录 排:华中科技大学惠友文印中心
印 刷:武汉市洪林印务有限公司
开 本:710mm×1000mm 1/16
印 张:19
字 数:370 千字
版 次:2024 年 2 月第 1 版第 1 次印刷
定 价:89.00 元

本书若有印装质量问题,请向出版社营销中心调换
全国免费服务热线:400-6679-118 竭诚为您服务
版权所有 侵权必究

全国高等职业教育教师发展研究编委会

主　　　　任：王振洪　朱永祥
副　主　　任：梁克东　程江平　成　军　龚永坚
　　　　　　　陈海荣
项目组组长：邵建东　韦　清
项目组副组长：王亚南
项目组成员：徐珍珍　何应林　赵俞凌　王　丽
　　　　　　　瞿连贵　孙凤敏　王　斌　张晓超
　　　　　　　张　迅

总序

职业教育是国家教育体系中不可或缺的重要一翼。伴随着现代化建设进程的加快,职业教育不断壮大。时至今日,我国已经建成了世界上规模最大的职业教育体系,党的十八大报告中提出的"加快发展现代职业教育"更是将职业教育由"大"变"强"作为共同愿景上升到了国家战略的高度,表明了我国加强现代职业教育的决心和信心。职业教育不仅大有可为,更应当大有作为。作为职业教育重要的理论支持,职业教育研究也应当大有可为、大有作为。

一个领域的研究水平往往代表着这个领域的发展水平。作为教育学中的"后生",我国职业教育研究的历史并不算长,但研究热情之高、总体趋势之好、形式内容之丰富都是前所未有的。一大批职业教育人将职业教育研究作为追求的方向与目标,积极回应和破解职业教育改革发展中的现实问题、重点问题以及难点问题,积极探索中国特色职业教育的发展路径,取得了一批高水平、影响大、可借鉴的研究成果,推动了职业教育的发展。

但是,职业教育研究的总体成就与其他学科相比仍有差距,在国际舞台上的声音还不够响亮。职业教育尚有许多理论问题和实践问题需要通过深入的科学研究来进一步厘清和解决。在这样的时代需求中,"现代职业教育研究前沿论丛"的主编单位——浙江省现代职业教育研究中心(以下简称"中心")应时而谋、顺势而生。中心前身为金华职业技术学院高职教育研究所,其作为浙江省成立最早的高职教育研究所之一,多年来致力于专深的职教研究。为适应新常态、谋求新作为以及实现新发展,2012年5月,金华职业技术学院联合浙江省教育科学研究院成立了浙江省现代职业教育研究中心。2013年1月,中心获批成为浙江省哲学社会科学扶持型研究基地;2015年2月,中心正式成为浙江省哲学社会科学重点研究基地,是浙江省目前唯一依托高职院校的省级哲学社会科学重点研究基地。浙江省现代职业教育研究中心的成立虽然只有四年时间,但以金华职业技术学院高职教育研究所为起点,已有十余年的发展历史。在这十余年里,依托国家示范性高职院校建设项目,中心取得了丰硕的成果。作为职业教育的实践者、思考者和记录者,中心始终紧扣改革主题,专注现代职业教育研究,在职业教育研究领域中不断发挥先导作用,形成了一定的知名度和影响力。

现代职业教育的快速发展需要强有力的科学研究作支撑,而"现代"两字凸显了发展职业教育的时代性,赋予了职业教育新目标和新内涵,同时给职业教育研究提出了新命题和新要求。当前,职业教育进入一个全新的发展阶段,职业教育研究不仅要因势而动、积极求变,更要有的放矢、精准发力,围绕新常态下职业教育的新议题展开一系列的思考和探索,用职业教育理论来说明和阐释职业教育实践,用职业教育实践来丰富和发展职业教育理论,使两者互为补充、齐头并进。这既是现代职业教育发展的现实要求,又是广大职业教育人的责任担当。浙江省现代职业教育研究中心正是抱着这样的初衷出版"现代职业教育研究前沿论丛",作为中心的一员,我深感快慰。

丛书由浙江省现代职业教育研究中心主编,旨在通过优秀成果的集中展示反映当前职业教育的研究水平,可谓是职业教育研究者的一次集体思想行动。丛书的研究选题聚焦于目前职业教育中的一些热点、难点问题,基本代表了现阶段职业教育的理论前沿,将陆续呈现给读者。我们期待未来能有更多的职业教育研究者加入这一集体行动中来,将先进思想通过"现代职业教育研究前沿论丛"落地生根,为职业教育走向未来注入新理念、新智慧和新方法,使更多人认识职业教育、认可职业教育、推崇职业教育!

借此机会,我们把这套丛书推荐给广大职业教育的支持者、改革者和实践者,同时瞩望浙江省现代职业教育研究中心继往开来、砥砺奋进、乘势而上,取得新的更丰硕的研究成果!

是为序,更为盼。

亚洲职业教育学会(AASVET)原会长
中国职业技术教育学会原副会长兼学术委员会执行主任
华东师范大学职成教研究所原所长、教授、博士生导师
浙江省现代职业教育研究中心学术委员会主任
石伟平
2016 年 7 月于上海

目 录

第一章 博士学位教师是高职院校高质量发展的核心支撑 …… 1
  第一节 研究缘起 …… 1
  第二节 研究意义 …… 4
  第三节 核心概念 …… 7
  第四节 研究设计 …… 8

第二章 高职院校博士学位教师引进与发展的政策供给 …… 14
  第一节 高职院校博士学位教师引进与发展政策分析的研究设计 …… 14
  第二节 高职院校博士学位教师引进与发展政策解析——整体分析 …… 17
  第三节 高职院校博士学位教师引进与发展政策比较——部分分析 …… 41

第三章 高职院校博士学位教师引进与发展的现状调查 …… 48
  第一节 高职院校博士学位教师引进与发展的调研设计 …… 48
  第二节 高职院校博士学位教师引进现状分析 …… 56
  第三节 高职院校博士学位教师发展现状分析 …… 67

第四章 高职院校博士学位教师引进的影响因素 …… 90
  第一节 高职院校博士学位教师引进影响因素的分析框架 …… 90
  第二节 高职院校博士学位教师引进的推力-阻力体系 …… 96
  第三节 高职院校博士学位教师引进的拉力-斥力体系 …… 111
  第四节 高职院校博士学位教师引进的实践样态 …… 119

第五章 高职院校博士学位教师生涯发展的路径 …… 122
  第一节 高职院校博士学位教师生涯发展路径的分析概况 …… 122
  第二节 高职院校博士学位教师生涯发展路径的分析结果 …… 127

第三节　高职院校博士学位教师生涯发展路径的研究结论 …………… 174

第六章　高职院校博士学位教师生涯发展的决策 …………………… 189
　　第一节　高职院校博士学位教师生涯发展决策的影响因素 …………… 189
　　第二节　高职院校博士学位教师生涯发展的决策机制 ………………… 234
　　第三节　高职院校博士学位教师生涯发展抉择的困境分析 …………… 238

**第七章　高职院校博士学位教师引进与发展的问题分析及对策
　　　　　建议** ……………………………………………………………… 248
　　第一节　高职院校博士学位教师引进与发展的问题分析 ……………… 248
　　第二节　高职院校博士学位教师引进与发展的对策建议 ……………… 257

附录 ………………………………………………………………………… 273
　　附录 A　高职院校博士学位教师引进与发展现状的调查问卷 ………… 273
　　附录 B　高职院校博士学位教师引进与发展的访谈提纲 ……………… 279

参考文献 …………………………………………………………………… 283

后记 ………………………………………………………………………… 292

第一章　博士学位教师是高职院校高质量发展的核心支撑

随着高职教育高质量发展进程的深入推进,高职院校将博士学位教师摆在了师资队伍建设的重要位置,博士学位教师被赋予了高质量发展核心支撑的重要期待。越来越多的高职院校吹响了高质量发展的"冲锋号",争先恐后地加入博士人才的"抢人大战"。尽管高职院校几经努力已经蓄积起了一支博士学位教师队伍,但由于主客观因素影响,依然面临"引不进""用不好"的现实难题。在此背景下,研究高职院校博士学位教师的引进与发展具有重要的现实意义,如何打造"引得进、用得好、留得住"的良好人才生态,充分发挥人才的基础性和战略性作用,成为高职院校高质量发展的战略导向。

第一节　研究缘起

高水平师资队伍是高职院校高质量发展的重要支撑,而博士学位教师是高水平师资队伍建设的新力量,担负着高质量发展的重要使命。

一、高水平师资是高职院校高质量发展的重要支撑

国家发展靠人才,民族振兴靠人才[①]。2021年9月,习近平总书记在中央人才工作会议上强调,人才是衡量一个国家综合国力的重要指标。习近平总书记多次发表关于人才重要性的讲话,"要把人才资源的开发放在最优先的位置",并提出"要发挥高校人才荟萃的优势力量"。对于高职院校来说,高质量发展已经成为当前的首要目标,离不开教师这个"第一资源",只有高水平的教师才能支撑高水平的教育和高质量的发展。

近年来,国家在多份重要政策文件中提及并高度关注职业院校高水平师资队伍建设。2018年1月,中共中央、国务院印发《关于全面深化新时代教师队伍建设改革的意见》,要求全面提高职业院校教师质量。2018年3月,教育部等五部门印发《教师教育振兴行动计划(2018—2022年)》,提出实施新一周期职业院校教师素

---

① 习近平出席中央人才工作会议并发表重要讲话[EB/OL].(2021-09-28)[2022-02-07]. https://www.gov.cn/xinwen/2021-09/28/content_5639868.htm.

质提高计划。2019年9月,教育部等四部门出台《深化新时代职业教育"双师型"教师队伍建设改革实施方案》,提出实施职业院校教师素质提高计划,分级打造教学名师、专业带头人、青年骨干教师等高层次人才队伍。2020年9月,教育部等九部门印发《职业教育提质培优行动计划(2020—2023年)》,提出通过多方路径提升教师"双师"素质。2021年10月,中共中央办公厅、国务院办公厅印发《关于推动现代职业教育高质量发展的意见》,提出加强师德师风建设,全面提升教师素养。2022年12月,中共中央办公厅、国务院办公厅印发《关于深化现代职业教育体系建设改革的意见》,提出加强"双师型"教师队伍建设,实施职业学校教师学历提升行动,开展职业学校教师专业学位研究生定向培养。政策文件的反复强调表明了高水平师资队伍建设是深化新时代国家职业教育改革的关键支撑力量,也彰显了高职院校高质量发展过程中高水平师资队伍建设的必要性和重要性。

二、博士学位教师是高水平师资队伍建设的新力量

党的十八大以来,我国职业教育教师队伍的规模不断扩大,结构持续优化,但与不断发展的经济社会及不断提高的人才培养要求相比,总体数量不足、结构失衡、专业化水平偏低等问题还很突出。对于高职院校来说,高职院校在高等教育体系中的本质定性是"职业性",但其层次性特征中的"高等性"依然是高等教育体系的基本属性[1]。因而,高职院校不仅需要拥有高水平技术技能的"双师型"教师,同样需要拥有高理论水平的高学历博士学位教师,以提高人才培养的适应性。从国际发展趋势来看,职教教师队伍需要由学历与能力兼备的人才组成。因此,在职教教师培养方面,西方发达国家重视培养至少具有学士学位的教师,并不断向硕士学位乃至博士学位教育延伸[2]。德国、瑞士、澳大利亚等职业教育发达的国家,对相当于我国高职层次学校的教师一般也要求达到博士水平。

博士学位教师是高职院校高水平师资队伍建设的中坚力量,对高职院校办学水平和办学质量的短期提升与长久保持起着至关重要的作用。现阶段,越来越多的高职院校青睐博士学位教师的根本原因在于博士学位教师具有不可比拟的优势,具体分为以下三点。一是学习能力强。相较于其他教师,博士学位教师往往具有更强的学习能力。以教学为例,可能很多博士学位教师刚进入高职院校会有些不适应,但凭借其长年累月的学习习惯和学习积累,大多博士学位教师很快就能适应高职院校的教学工作,甚至还能够充分发挥自身优势,展示独特的教学风采。二是科研能力强。科研一直是高职院校发展的短板,也是高职院校高质量建设的发

---

[1] 叶小明.高等性也是高职教育的根本属性[J].高等工程教育研究,2011(1):152-155.
[2] 张洪华.规格上移:职教教师培养模式的发展趋势分析[J].职教通讯,2015(31):32-35.

力重心。因而,学校在引进博士学位教师的时候会重点考察其科研成果和科研能力,这恰是博士学位教师的核心竞争力。博士学位教师经历了硕士、博士阶段系统的科研训练,一般具备较强的科研生产力、科研影响力和科研创新力,学校也寄希望于博士学位教师能够通过以研致用、以研促教、以研育人等方式整体提升高职院校教师队伍的科研能力,成为学校科研成果产出的主力军。三是综合能力强。从实践来看,大部分引进的博士学位教师具备较强的综合能力,属于"全能型"或"通用型"人才,既有专业能力,又能担任领导职务;既能搞教学,又能搞科研,还能带竞赛;既能攻坚克难挑重担,又能补短补软带团队。总体来看,博士学位教师由于自身的能力优势,担负着重要的引领与示范作用,已成为高职院校高水平师资队伍建设的新力量。

三、高职院校博士学位教师引进已成重要发展趋势

随着高职教育进入高质量发展阶段,各高职院校把人才引进工作提升到学校发展战略的高度,坚持人才强校战略,纷纷出台了高层次人才引进政策,给予购房补贴、学位津贴、科研启动经费等丰厚的引才待遇,助力学校高质量发展。在人才引进政策的吸引下,越来越多博士学位教师加盟高职院校。据调查数据显示,2021年全国高职院校教师中具有博士学位的教师占比仅为2.6%[1],尽管从整体来看,博士学位教师占高职院校师资队伍的比例还较低,但很多"双高"院校以及部分职业技术大学的博士学位教师人数已经达到上百人,如南京工业职业技术大学,近5年来博士人数从47人增加到270余人,占专任教师比例从2017年的8.6%提高到32%[2]。

高职院校之所以越加重视博士学位教师的引进,主要基于外部和内部两个方面考虑。从外部来看,2021年1月,教育部颁布了《本科层次职业教育专业设置管理办法(试行)》,明确提出设置本科层次职业教育专业须有完成专业人才培养所必需的教师队伍,其中具有博士研究生学位专任教师比例不低于15%。一直以来,高职院校为了提升学校外部竞争力和在高等教育场域之中的地位,普遍具有强烈的"升本"冲动。高职院校的高位化发展趋势势必对师资队伍的高移产生影响,在"博士研究生学位专任教师比例不低于15%"这一刚性政策的影响下,众多具有升本意愿的高职院校摩拳擦掌,纷纷"招兵买马",按照国家政策所规定的升本要求不断强化师资队伍建设。从内部来看,尽管高职院校在人才培养上以技术技能型人才培

---

[1] 董虹星.高职博士学位教师职业生态现状研究——基于对杭州市属高职院校博士学位教师访谈的分析[J].工业技术与职业教育,2022,20(1):102-106.

[2] 新华日报.职业院校重奖"双师型"高层次人才[EB/OL].(2022-01-08)[2023-05-24].https://xh.xhby.net/pc/con/202201/08/content_1018831.html.

养为主,以教学为办学的核心职能,但作为高等教育重要构成的高职院校需要通过科研功能的发挥彰显自身"高等性"的属性特征。而且同学术型高校侧重于纯粹的理论研究不同,高职院校在科研定位上偏向于应用研究,对接科技发展趋势,以技术技能积累为纽带,建设集人才培养、团队建设、技术服务于一体以及资源共享、机制灵活、产出高效的人才培养与技术创新平台,促进创新成果与核心技术产业化,重点服务企业特别是中小微企业的技术研发和产品升级①。

正是由于高职院校愈加重视科研功能的发挥和实现,尤其是高水平高职院校更是将科研视为提升学校办学竞争力的关键抓手,因此,招聘具备良好科研素养和科研实力的博士人才便成为高职院校提升自身科研实力的关键所在。

第二节 研究意义

本研究通过政策文本分析、问卷、访谈等实证调查形式,系统分析了高职院校博士学位教师引进与发展的政策供给、现状问题、影响因素、发展路径、生涯抉择和对策建议等,既为高职院校高水平师资队伍建设提供了实践路径,又为博士学位教师自身发展明晰了生涯选择,同时对于地方政府出台高层次人才队伍建设的意见具有一定的参考价值。

一、全面分析了高职院校博士学位教师引进与发展的政策现状

政策供给是高职院校博士学位教师引进与发展的重要条件保障。本研究主要通过对我国高职院校博士学位教师引进政策进行文本量化分析,基于政策主题、政策工具和政策目标三个维度,运用推拉理论和政策工具理论构建高职院校博士学位教师引进政策的工具解释框架并进行政策文本计量分析,政策文本计量分析具体分为以下三个维度。一是政策主题特征分析,利用文本聚类分析方法,对高职院校博士学位教师引进政策主题特征进行分析,梳理出当前高职院校博士学位教师引进政策制定的热点以及各主题的特征。二是政策工具使用分析,运用较为成熟的政策工具理论结合研究实际制定本土化政策工具分析框架,进而通过对政策文本的编码归类,全面分析当前高职院校博士学位教师引进政策中政策工具使用现状。三是政策目标分析,在政策工具维度分析的基础上,为了对高职院校博士学位

---

① 教育部.教育部财政部关于实施中国特色高水平高职学校和专业建设计划的意见[EB/OL]. http://www.moe.gov.cn/srcsite/A07/moe_737/s3876_qt/201904/t20190402_376471.html.

教师引进政策目标有更加全面而深入了解，引入政策目标分析维度，期望基于政策目标维度分析当前高职院校博士学位教师引进政策中存在的问题。基于以上三个维度，本研究全面分析了当前高职院校博士学位教师引进政策供给现状，有助于提高高职院校制定博士学位教师引进政策的科学性与有效性，使高职院校的博士引进政策更好地与学校专业建设的实际相契合，科学系统地规划人才引进机制。

二、细致描绘了高职院校博士学位教师引进与发展的现实样态

在高质量发展的驱动下，高职院校博士学位教师引进与发展的计划如火如荼地开展。本研究开展了全国范围内高职院校博士学位教师引进与发展的问卷调查和深度访谈，通过定性和定量相结合的方法，客观呈现当前高职院校博士学位教师引进与发展的全貌。引进现状主要从规模分布、供需关系、引进动机、引进质量、影响因素、发展规划等方面展开，高职院校博士学位教师引进呈现了七种现实样态：高职院校博士学位教师分布规模差异悬殊、高职院校博士学位教师引进需求大于实际供给、升本是高职院校博士学位教师引进最大动力源、高职院校博士学位教师引进质量有较明显提升、高职院校博士学位教师引进因素多元共同作用、高职院校博士学位教师引进受多种阻力制约、高职院校博士学位教师引进缺乏合理系统规划。发展现状主要从领导职务、教学意愿、发展路径、岗位设置、制度体系、发展适应等方面展开，高职院校博士学位教师发展呈现如下八种现实样态：高职院校博士学位教师担任行政管理职务是发展常态、高职院校博士学位教师教学方面投入意愿和动力不足、高职院校博士学位教师发展的主路径为教学科研并重、高职院校博士学位教师在科研发展路径上偏理论科研、高职院校博士学位教师发展急需设立专门的科研岗、高职院校博士学位教师发展制度体系较完善、高职院校博士学位教师发展整体适应性较强、学校面临高职院校博士学位教师再次流动的现实挑战。

三、深入剖析了影响高职院校博士学位教师引进的主客观因素

本研究以推拉理论为视角，从组织维度的推力—阻力体系和个体维度的拉力—斥力体系双重角度，构建了高职院校博士学位教师引进的推拉动力模型，并结合质性分析，深入剖析了组织层面推力、阻力因素与个体层面的拉力、斥力因素的影响机制。推力因素主要包括高职教育发展机遇前所未有、人才引进待遇丰厚、人才发展前景广阔等方面。阻力因素主要表现为科研是高职院校引进博士学位教师

的主要阻力,主要体现在平台、团队和时间三个方面。拉力因素主要包括外部人才竞争激烈、高职门槛相对较低、个人情感或社会关系的牵绊等方面。斥力因素主要来自固有观念和学术传承的顾虑。此外,高职院校博士学位教师引进还深受中间障碍因素——区位的影响。基于推拉模型的分析,本研究结合博士学位教师自身的动因,将高职院校博士学位教师引进的实践样态划分为区位偏好、家庭偏好、薪酬偏好、编制偏好、事业偏好和环境偏好六种类型。

四、整体明晰了高职院校博士学位教师生涯发展的路径及抉择

本研究通过文本分析、问卷、访谈等方法,系统深入地分析了当前高职院校博士学位教师生涯发展路径类型、教师路径选择的影响因素模型、教师生涯发展抉择的困境及制度成因,有助于增强高职院校教师生涯发展路径抉择的目的性与适恰性。本研究具体侧重于以下四个方面。一是明晰高职院校博士学位教师生涯发展路径,通过制度文本资料的分析和对研究主题相关人员的访谈,将高职院校教师生涯发展的路径归纳为单一教师系列、单一研究系列、教学为主型、科研为主型、教学科研并重型、社会服务型和职业技能型。二是厘清高职院校博士学位教师生涯发展决策的影响因素,通过编码整理和内涵分析,明晰了博士学位教师在专业与管理、教学与科研、常规教学与成果教学、理论科研与应用科研之间抉择的影响因素。三是建构高职院校博士学位教师生涯发展的决策机制,厘清不同影响因素的作用机理、作用模式以及不同影响因素之间的内在逻辑关联,从而澄明高职院校博士学位教师生涯发展抉择的决策机理。四是分析高职院校博士学位教师生涯发展抉择的困境,高职院校博士学位教师在专业与管理、教学与科研、常规教学与成果教学、理论科研与应用科研之间面临着"左右摇摆""左支右绌""左推右挡""左右为难"的抉择困境。

五、系统提出了高职院校博士学位教师引进与发展的对策建议

博士学位教师引进与发展关系高职院校高质量发展的全局。本研究基于"聚才有力、引才有策、育才有方、用才有术、留才有道"的逻辑主线,从五个层面提出相关建议。一是完善人才配套激励,如加大人才引进资助力度、优化人才待遇层级差异、完善绩效薪酬分配制度等,以此提高高职院校的人才吸引力。二是探索多元引智模式,如按需制定人才引进规划、积极拓宽人才引进渠道、完善人才选拔考核机制、创新人才柔性引智方式、探索团队式引才新模式等,推进人才引进方式的迭代

升级。三是改善人才发展生态,如坚持教科研并重导向、完善教师培养培训体系、加强教师团队培育建设、搭建人才多元发展平台等,为博士学位教师创设才尽其用的发展环境。四是优化考核评价机制,如加强过程精细管理、完善人才绩效考核、深化职称评聘改革、完善岗位聘任机制等,不断提升高职院校纳才效能。五是创设良好发展环境,如加强学术交流合作、增强教师组织归属、统筹平衡内外关系等,增强高职院校博士学位教师的认同感和归属感。

第三节 核心概念

明晰研究核心概念是明确本研究研究对象及研究问题的重要基础。本研究的研究对象是高职院校博士学位教师,涉及的核心概念主要为博士学位教师、博士学位教师引进和博士学位教师生涯发展。

一、博士学位教师

博士学位教师是指在高职院校中从事教育教学、教学科研等工作,且已获得博士学位证书的一线教师、专职研究人员等。但需要注意的是本研究所关注的博士学位教师不包括高职院校中各类具有博士学位且专职从事院校管理工作的院校管理工作者。相较于高职院校其他教师,具有博士学位是博士学位教师与其他教师最为显著的区别,具有博士学位不仅仅是学习层次的区别,也在一定程度上体现了能力上的区别,这也是高职院校重视博士学位教师引进的重要原因。

二、博士学位教师引进

博士学位教师引进是指高职院校根据自身发展的需要,把符合高职院校未来发展目标规划和能促进高职院校重点领域建设、科学研究以及教育工作发展的人才吸引到高职院校中来,发展壮大并提升师资队伍建设的举措。一般来说,高职院校博士学位教师引进可从狭义与广义两个层面理解。狭义上的高职院校博士学位教师引进主要指高职院校博士学位教师的招聘与录用,即面向海内外,为学校当前及长远发展的需要来吸引、甄选人才,并将拟录用的人才安置在高校组织内合适岗位工作(建立聘用合同及绩效考核)的过程。从人力资源管理的角度来说,高职院校博士学位教师引进的程序是:人才需求的诊断与预测,拟订人才队伍建设规划(短期、长期),招募意向求职者,招聘测试与面试,岗前培训,任职考核,正式聘用上岗。广义上的高职院校博士学位教师引进不仅指对高职院校博士学位教师引进的招聘和录用,而且引进后的后续管理也是其中很重要的环节,是狭义的引进与其后续管理的综合。为了区分于后续博士学位教师发展研究,本研究对高职院校博士学位教师引进的界定是狭义层面的,仅关注博士学位教师引进环节,后续是否"用得好""留得住"则不包含在内。

三、博士学位教师生涯发展

"工作"是生涯发展领域最核心的概念之一,生涯发展具有明确的职业指向性。教师生涯发展是指教师的职业素质、能力、成就、职位、视野等随时间轨迹而发生的变化过程及相应的心理体验与心理发展历程。高职教师的生涯发展包含两个维度。一是时间维度,是指教师首次参加工作开始的一生中所有的工作活动与工作经历按年度顺序串接组成的整个过程;二是领域维度,包括职业理想、知识水平、教育观念、教学监控能力、教学行为与策略以及对教学的心理感受等[①]。博士学位教师生涯发展既有一般教师生涯发展的基本特点,又有博士学位教师生涯发展的独有特性。在高职院校场域里,博士学位教师的生涯发展是基于个人和组织利益相互结合的基础上,通过组织进行的一系列生涯管理活动,包含个人生涯规划和组织生涯管理两个基本维度。一方面,学校为博士学位教师提供一定的发展路径并通过制度设计激励和引导博士学位教师的选择,另一方面,博士学位教师也依据发展期待和学校需求进行生涯发展路径的抉择。

第四节 研究设计

研究设计是研究的行动指南,在整个研究中扮演着重要的角色,涵盖研究对象、研究目的、研究问题、研究思路、研究方法等。科学合理的研究设计是实现既定研究目标的坚实基础。

一、研究对象

本研究以高职院校博士学位教师为主要研究对象,高职院校博士学位教师引进与发展涉及学校师资队伍建设的各个方面,因此本研究进一步从组织、群体和个体层面细分了研究对象,力图从不同视角审视高职院校博士学位教师的引进与发展。

(一)职能部门负责人

职能部门负责人主要是指人事处相关领导,该类人员对博士学位教师引进与发展的政策制度、目标定位、流程安排、总体情况等较为熟悉,是具体的执行者。一

---

① 彭移风.高职院校教师职业生涯发展困境与出路的思考[J].中国高教研究,2006(10):75-76.

般来说,他们是学校最了解博士学位教师引进与发展的人员。

(二) 二级院系领导

博士学位教师引进与发展的生态主要在于二级学院,因而二级学院领导对博士学位教师引进与发展的情况较为熟知。一方面,二级学院是需求的发起者,学校博士学位教师引进的数量、专业、条件等大多由二级学院向学校人事处报请;另一方面,二级学院是发展的评判者,学校引进的博士学位教师表现如何、是否适应学院发展需要,二级院系领导最具发言权。

(三) 博士学位教师

博士学位教师是研究高职院校博士学位教师引进与发展的核心对象,包含海外引进博士、国内引进博士、学校内培博士、离职博士四类。作为"当事人",博士学位教师对高职院校博士人才引进与发展有着亲身体验和直接感知,是获取第一手研究资料的重要来源,而且不同类型的博士学位教师在引进与发展方面的差异性较大,有利于丰富研究素材。

(四) 在读博士生

之所以将在读博士生纳入研究范畴,主要是想从"局外人"的视角,了解他们对于高职院校的印象以及毕业后是否有意愿选择高职院校工作等,从侧面反映高职院校对于博士人才的吸引力。

二、研究目的

如何引进更多优质的博士学位教师,如何更好地促进博士学位教师发展,成为高职院校高质量发展过程中的重要议题。众多高职院校开展了富有特色的实践探索,但缺乏理论层面的关注和探讨。基于此,本研究致力于实现以下四个研究目的。一是基于全国范围内高职院校博士学位教师引进与发展的问卷调查,客观呈现当前高职院校博士学位教师引进与发展的现状。二是借用推拉理论,构建高职院校博士学位教师引进的推拉动力模型,分析高职院校博士学位教师引进主要受到哪些因素影响,如何影响以及影响程度如何。三是通过文本分析和访谈,梳理当前高职院校博士学位教师生涯发展的路径,分析博士学位教师生涯发展抉择的影响因素,建构高职院校博士学位教师生涯发展的决策机制。四是基于高职院校博士学位教师引进与发展的现状、问题、影响因素等研究,提出相应的对策建议。

三、研究问题

本研究聚焦于高职院校博士学位教师引进与发展问题研究,涵盖政策制度、现状问题、影响因素、对策建议等，可拆分为引进问题研究和发展问题研究。具体表现为：高职院校博士学位教师引进现状如何？高职院校博士学位教师引进影响因素有哪些？高职院校博士学位教师引进面临哪些困境？如何优化高职院校博士学位教师引进工作？高职院校博士学位教师发展现状如何？高职院校博士学位教师有哪些发展路径？高职院校博士学位教师发展路径选择的影响因素有哪些？高职院校博士学位教师发展路径抉择面临哪些困境？高职院校博士学位教师如何选择适合自己的发展路径？

四、研究思路

本研究遵循提出问题—分析问题—解决问题的思路，从政策分析、现状调查、影响因素、生涯路径、对策建议五个方面展开，如图1-1所示。

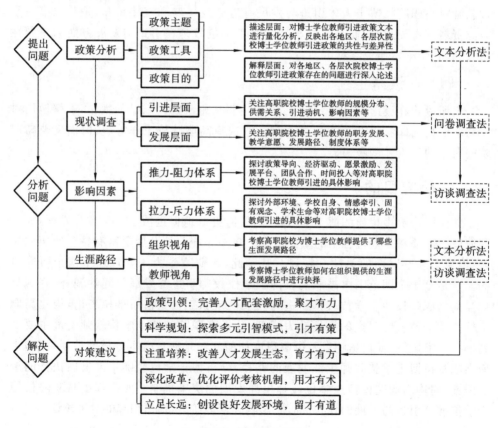

图1-1　研究思路图

（一）政策分析

本研究从政策主题、政策工具、政策目的三个维度以及描述、解释两个角度展开研究，通过描述和解释将政策文本的政策主题、政策工具、政策目的进行归类，以此考察各地区、各层次院校博士学位教师引进政策的异同状况。描述层面侧重对博士学位教师引进政策文本进行量化分析，通过使用 NVivo 编码产生的诸多节点作为分析变量，反映出各地区、各层次院校博士学位教师引进政策的共性与差异性。解释层面侧重对各地区、各层次院校博士学位教师引进政策存在的问题进行深入论述。

（二）现状调查

通过问卷调查和深度访谈，客观描述当前高职院校博士学位教师引进和发展的实践样态。引进层面主要关注高职院校博士学位教师的规模分布、供需关系、引进动机、影响因素等，呈现高职院校博士学位教师引进的相关情况。发展层面主要关注高职院校博士学位教师的职务发展、教学意愿、发展路径、制度体系等，了解高职院校为促进博士学位教师发展做了哪些努力以及博士学位教师自身的适应情况。

（三）影响因素

该部分借用推拉理论模型，主要探讨高职院校博士学位教师引进的影响因素。一方面从推力-阻力体系入手，探讨政策导向、经济驱动、愿景激励、发展平台、团队合作、时间投入等对高职院校博士学位教师引进的具体影响；另一方面从拉力-斥力体系入手，探讨外部环境、学校自身、情感牵引、固有观念、学术生命等对高职院校博士学位教师引进的具体影响。

（四）生涯路径

基于博士学位教师生涯发展的现状，一方面从组织视角出发，考察高职院校为博士学位教师提供了哪些生涯发展路径；另一方面从博士学位教师视角出发，考察博士学位教师如何在组织提供的生涯发展路径中进行抉择，抉择的依据是什么，有何内在机理。

（五）对策建议

在对政策制度、影响因素、发展路径、现实问题等深入分析的基础上，本研究从政策引领、科学规划、注重培养、深化改革、立足长远五个层面提出了高职院校博士学位教师引进与发展的多维路径，创造"引得进、用得好、留得住"的良好人才生态。

五、研究方法

研究方法是指在研究中发现新现象、新事物或提出新理论、新观点以揭示事物内在规律的工具和手段。本研究采用量化研究和质性研究相结合的方法,主要包括文献分析法、文本分析法、问卷调研法、访谈调研法。

(一)文献分析法

文献分析法是根据研究项目及客体的需要而有目的、有计划地查阅文献情报资料的一种科学研究方法,是完成科研任务必须采用的一种基本方法[①]。本研究通过学校图书馆、中国期刊数据库(CNKI)、Web of Science 等方式搜集整理国内外专家学者有关高职院校博士学位教师引进与发展研究的文献资料,初步积累与本研究论题相关文献背景资料,进行文献的综合、归纳与分析,了解本论题的研究现状,并为本论题的研究找到恰当的切入点,提供研究的借鉴和参考。

(二)文本分析法

文本分析法是指透过文本的表层,深入研究文本背后所涵盖的深层意义。本研究主要有两处运用文本分析法。一处是高职院校博士学位教师引进与发展的政策供给。通过对各院校制定的有关博士学位教师引进与发展的条例、办法等政策文件的文本进行定性和定量的统计和分析,从政策主题、政策工具、政策目的等角度对政策文本的现状、问题进行深入分析。另一处是高职院校博士学位教师生涯发展的路径分析。通过收集高职院校职称评定的相关政策文本,并运用 NVivo 12 文本分析软件对文献资料进行深入挖掘,清晰呈现了高职院校博士学位教师生涯发展的路径。

(三)问卷调研法

问卷调研法是国内外社会调查中使用较为广泛的一种方法。本研究基于前期访谈结果,编制了"高职院校博士学位教师引进与发展现状的调查问卷",随机选取东、中、西部地区高职院校的博士学位教师作为施测对象,通过实证调查的方式,客观呈现当前高职院校博士学位教师引进与发展的全貌,并为高职院校博士学位教师引进与发展的问题分析和对策建议提供数据支撑。

(四)访谈调研法

"访谈,就是研究性交谈,是以口头形式,根据被询问者的答复搜集客观的、不

---

① 李庆臻.科学技术方法大辞典[M].北京:科学出版社,1999.

带偏见的事实材料,以准确地说明样本所要代表的总体的一种方式。尤其是在研究比较复杂的问题时需要向不同类型的人了解不同类型的材料"[1]。访谈是质性研究中最为重要的数据收集方式之一,它可用于"解释性的理解"或者"领会"研究对象的个人经验和意义建构[2]。本次研究主要采用了半结构化访谈法,主要围绕博士学位教师引进与发展所面临的现状、问题及影响因素等开展。研究者在系统收集资料的基础上,通过了解研究对象如何解释自己的言论和行为,尽可能多地寻找反映事物本质的概念类属,再通过这些概念类属之间的联系建构相关的理论[3]。通过访谈法可以获得更为丰富的质性材料作为数据分析的补充,使得调查所获得信息更为全面。

---

[1] 裴娣娜.教育研究方法导论[M].合肥:安徽教育出版社,2019.
[2] 陈向明.质的研究方法与社会科学研究[M].北京:教育科学出版社,2000.
[3] 凯西·卡麦兹.建构扎根理论:质性研究实践指南[M].重庆:重庆大学出版社,2009.

第二章 高职院校博士学位教师引进与发展的政策供给

政策供给是高职院校博士学位教师引进与发展的重要制度保障。本研究基于政策工具理论,以我国高职院校博士学位教师引进政策为分析样本,借助政策文本量化分析方法,剖析我国高职院校博士学位教师引进政策中政策工具选择的类型结构,揭示不同地区、层次院校政策文本价值取向及存在问题,为未来高职院校博士学位教师引进政策的改革与优化提供借鉴参考。

第一节 高职院校博士学位教师引进与发展政策分析的研究设计

高职院校博士学位教师引进与发展的政策分析主要从数据来源、分析框架、研究工具三方面展开。

一、数据来源

在高质量发展背景下,全国高职院校普遍制定了人才引进政策及各项配套措施,其中博士学位教师是各高职院校重点引进对象之一,但从收集的高职院校高层次人才引进政策文本来看,大部分高职院校并未有专门针对博士学位教师的人才引进政策,大多是包含于整体高层次人才引进政策之中,而且高职院校高层次人才引进政策文本不仅包含博士学位教师引进政策内容,也涵盖相关发展政策内容。因而,本研究通过收集全国各高职院校人才引进政策文本(暂行办法、管理办法、公告、决定、意见等)作为本文研究的基础样本,对政策文本中有关博士学位教师引进与发展相关文本内容进行梳理分析,通过学校官网及其人事网站获取了60份高职院校人才引进政策文本作为研究所用的数据来源。

在选取文本过程中,一方面按照政策内容的类型,主要选取了以下三类相关文本:学校制定的专用于引进人才的政策,如引进计划、招聘简章和公告等;内容涉及高校对引进人才发展规划的管理办法;引才相关程序和一系列配套政策,这类政策数量和类目较多,围绕人才岗位设置和聘用、成果认定、经费管理、考核、培训等,并且有些内容还在不断调整修订中。另一方面由于我国不同地区、不同类型高职院校发展存在较大差异,因此,在探究我国高职院校人才引进政策时,要综合考虑不同地区、不同类型高职院校的发展特点。为了更全面地分析政策的主题特征,本研究将我国高职院校按所在城市发展水平分为超一线至五线六个层次[①]。同时考虑到同一地区不同高职院校之间发展水平也存在一定差异,在按地区分类基础上依据是否为"双高计划"建设院校分为两类,详见表2-1。其中"双高"院校29份(五线城市一共有5所"双高"院校,其中两所无法在网上获取所需文本,但陕西铁路工程职业技术学院有两份文本,故文本总量为29份),"非双高"院校31份(其中衢州职业技术学院有两份文本)。为满足学术伦理要求,本研究将对所选取院校进行匿名处理,用字母数字代称各个院校。标记"双高"院校为"S"、"非双高"院校为"F",超一线城市为"C"、一线至五线城市分别为"1—5",再按后续编码顺序各五所院校依次编为"a—e",具体呈现形式为院校层次+城市等级+编码顺序。

表2-1 研究样本

城市等级	"双高"院校	"非双高"院校
超一线	深圳职业技术学院 北京财贸职业学院 广州番禺职业技术学院 上海工艺美术职业学院 广东工贸职业技术学院	上海旅游高等专科学校 上海中侨职业技术学院 广东岭南职业技术学院 广东理工职业学院 广东省外语艺术职业学院
一线	江苏经贸职业技术学院 浙江金融职业学院 安徽医学高等专科学校 河南职业技术学院 武汉船舶职业技术学院	江苏城市职业学院 南京科技职业学院 安徽城市管理职业学院 浙江工商职业技术学院 河南建筑职业技术学院
二线	金华职业技术学院 常州机电职业技术学院 安徽水利水电职业技术学院 石家庄职业学院 黑龙江农业工程职业学院	义乌工商职业技术学院 云南交通职业技术学院 温州科技职业学院 黑龙江交通职业技术学院 常州纺织服装职业技术学院
三线	江西财经职业学院 江苏农林职业技术学院 安徽商贸职业技术学院 安徽机电职业技术学院 陕西铁路工程职业技术学院(2)	汕头职业技术学院 山东工业职业学院 洛阳职业技术学院 阜阳职业技术学院 驻马店职业技术学院

---

① 本研究依据2022年城市商业魅力排行榜对城市进行等级划分。

续表

城市等级	"双高"院校	"非双高"院校
四线	日照职业技术学院 四川建筑职业技术学院 铜仁职业技术学院 黄冈职业技术学院 湖南工艺美术职业学院	衢州职业技术学院(2) 乐山职业技术学院 恩施职业技术学院 丽水职业技术学院 浙江国际海运职业技术学院
五线	山西机电职业技术学院 新疆农业职业技术学院 黑龙江农业经济职业学院	甘肃林业职业技术学院 张家界航空工业职业技术学院 长治职业技术学院 四川卫生康复职业学院 辽宁职业学院

二、分析框架

通过对前期文献梳理发现,不同专家学者在对政策文本分析时往往会从不同研究角度出发,如政策主题、政策内容、政策工具、政策目的等。包水梅等人从政策工具、政策内容两个维度出发对我国"双一流"建设高校教学评价政策进行分析[①]。苏瑛从政策工具、政策目标、政策力度三个维度出发对广西人才政策进行分析[②]。苏立宁等人则是从政策年度、适用对象、政策类别和政策文种四个维度对"长三角"经济区地方政府人才政策进行分析[③]。本研究将从政策主题、政策工具、政策目标三个维度来构建高职院校博士学位教师引进与发展政策的分析框架。第一,政策主题分析。将我国高职院校博士学位教师引进政策文本进行词频提取、聚类分析并通过可视化手段呈现当前政策制定主题及特征,力求对政策文本有一个较为清晰的认识,并为下文研究奠定基础。第二,政策工具分析。基于对已有政策工具理论的分析借鉴,结合前期对政策主题的分类分析,构建本土化政策工具分析框架,

---

① 包水梅,陈嘉诚.政策工具视角下我国"双一流"建设高校教学评价政策偏好研究[J].高校教育管理,2022,16(5):40-51.
② 苏瑛.基于政策工具视角的广西人才政策研究[D].南宁:广西民族大学,2022.
③ 苏立宁,廖求宁."长三角"经济区地方政府人才政策:差异与共性——基于2006—2017年的政策文本[J].华东经济管理,2019,33(7):27-33.

基于分析框架对政策文本进行编码和统计,得出我国高职院校博士学位教师引进政策文本中政策工具的使用情况和选择偏好。第三,政策目标分析。政策主题体现政策目标,政策工具是为了实现政策目标,因此,对于高职院校博士学位教师引进政策文本中政策目标的分析是本文的落脚点,基于引才、用才和留才三个子目标,并结合政策主题和政策工具探究高职院校博士学位教师引进与发展政策目标制定情况,如图2-1所示。

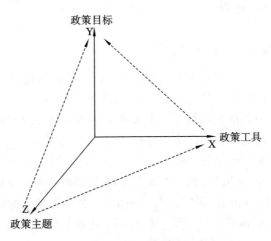

图2-1 研究框架图

三、研究工具

质性研究强调从批判立场对研究对象进行"解释性理解"[①],政策文本分析属于一种质性研究。NVivo作为国际上主流的、支持定性研究和定量研究相结合的质性研究软件,拥有强大的编码和文本搜索功能,有利于帮助研究人员进行文本描述分析,还原文本实际内容。本章研究一方面利用NVivo软件自带词频抽取、聚类工具对政策文本主题进行分析,另一方面利用NVivo软件对文本编码形成节点,作为分析变量反映各区域、层次高职院校博士学位教师引进与发展政策的共性与差异性特点。

第二节 高职院校博士学位教师引进与发展政策解析——整体分析

基于前期建立的分析框架,对所搜集政策文本整体性政策主题、政策工具、政

---

① 陈向明.质的研究方法与社会科学研究[M].北京:教育科学出版社,2000.

策目标三个主要维度进行分析。首先,采用 NVivo 12 软件提取政策文本高频词进行聚类分析,结合人工研读,明确政策主题,并进一步做详细阐释。其次,依据本研究建立本土化政策工具分析框架,对政策文本进行编码,并依据编码结果对文本政策工具使用情况进行分析。最后,基于政策工具编码,从"引得进""用得好"和"留得住"三个维度对政策目标进行分析。

一、政策主题分析

(一) 政策文本高频词提取

主题词是从政策文本中挖掘并选取出来,能够展现政策主题内容及热点的字词或者语句。通过对政策中高频出现的词语进行统计,可以将出现频次较高的词作为政策制定的一个关键点和热点。本研究采用 NVivo 12 软件对 60 份高职院校博士学位教师引进政策文本进行文本分析,对政策文本中的词汇频数进行统计,设置检索条件为显示前 100 个频率最高的词语并且选择同义词(如所需要关键词"谈话",那么同义词可为"说话"),图 2-2 即是对 60 份高职院校博士学位教师引进政策文本进行"词频统计"导出的"词汇云"。"词汇云"中字号越大的词语表示出现频率越高。由图 2-2 可知,高职院校博士学位教师引进政策中出现频次最多的词汇有人才、引进、专业、工作、科研、技术、项目等。

图 2-2　高职院校博士学位教师引进政策文本"词汇云"

研究基于第一遍词频分析结果,对同近义词、虚词和数字等进行合并和删除并构建分词词典,在此基础上进行主题词的统计,将出现频数为前二十的词语设置为高频词,如表 2-2 所示。

表 2-2　高职院校博士学位教师引进政策高频主题词统计表

高频词	频数	高频词	频数
人才	2751	高层次	739
工作	2557	执行	703
引进	1906	考核	684
专业	1742	教学	551
管理	1071	取得	546
规定	886	待遇	529
符合	865	要求	513
项目	817	职业	495
科研	793	条件	448
技术	774	资格	440

（二）高频词聚类分析

聚类分析是按照个体特征将研究对象进行分类,根据其特征属性和亲疏关系进行类别划分的一种统计分析方法。在相同的类目下,不同事物会显示出内部某些元素的相似性,不同类目下的差别性也会显现。本研究利用 NVivo 12 软件中的聚类工具进行聚类分析,最终得到聚类结果。将关系联系密切的高频词进行整合,然后对聚类后的主题词进行概念的统一阐释、界定与具体分析,并回溯文本进行确认,进一步明确这些主题词所代表政策内容的主题和热点,结果如图 2-3 所示。在此基础上,结合人工判读得到的聚类结果包括管理考核、引进待遇、引进程序、引进目的、引进要求五个政策主题内容。

（三）政策主题特征分析

根据聚类结果得到五个方面的政策主题,将这五个政策主题按关键词溯源政策文本进行分析,梳理出当前高职院校博士学位教师引进政策制定的热点以及各主题的特征,见表 2-3。

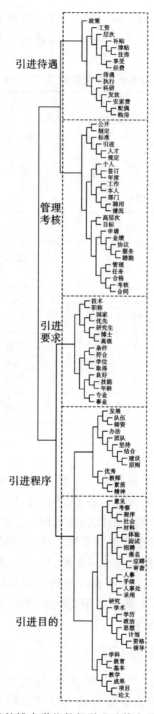

图 2-3 高职院校博士学位教师引进政策主题词聚类树状图

表 2-3 政策主题高频词

政策主题	高频词	频次	高频词	频次
引进目的	专业	165	高层次	91
	建设	149	管理	77
	水平	130	师资	52
	发展	109	规划	51
	队伍	101	教学	48
引进程序	资格	197	专业	153
	招聘	191	人事处	130
	应聘	188	聘用	128
	考核	169	部门	121
	计划	176	规定	129
引进待遇	科研	145	住房	73
	待遇	125	津贴	73
	补贴	106	配偶	69
	规定	98	工资	65
	经费	82	安家费	60
管理考核	考核	340	科研	110
	工作	306	合同	91
	服务	165	规定	99
	管理	167	合格	92
	任务	148	教学	85
引进要求	专业	241	科研	73
	博士	163	年龄	67
	项目	104	论文	65
	学位	81	研究生	56
	经历	81	成果	50

1. 引进目的：注重师资队伍建设，提高院校建设水平

政策主题一是引进目的，包含了专业、高层次、建设、管理、水平、师资、发展、规划、队伍、教学等高频关键词。引进目的强调高职院校在引进博士学位教师之前对引进博士学位教师所能达成院校发展建设目标的预设。通过对政策文本的梳理可以发现,各级各类高职院校引进目的大多关注教师队伍建设、提高专业教学水平、提升院校整体水平等方面。例如,F1b院校提出是为了"优化师资队伍结构,加强高层次教学科研人才队伍建设";F5d院校提出是为了"加快学校师资队伍建设,改善教师结构,提高教育教学质量和学校专业建设水平";S1a院校提出是为了"落实人才强校战略,提升学校核心竞争力,促进学科专业建设和人才培养,加快推进地方技能型高水平大学建设步伐"等。不同院校具体表述存在些许差异,但都对博士学位教师引进给予了较高的期待,期望通过引进博士学位教师来优化学校教师队伍、提高专业教学科研水平,进而提高院校整体水平。

2. 引进程序:明晰引进组织流程,规范人才引进过程

政策主题二是引进程序,包含了资格、专业、招聘、人事处、应聘、聘用、考核、部门、计划、规定等高频关键词。引进程序是高职院校引进博士学位教师的必要组织流程,为保证人才引进质量,规范人才引进过程,大多高职院校都制定了较为详尽的人才引进流程,大致为:引进方案制定—招聘公告发布—应聘人员考察—优秀人才聘用。

其中引进方案的制定一般由用人部门根据实际需要汇编上报,经学校审核后再上报院校上级主管部门确认,需经过层层审批方可最终确定。如F1e院校要求"根据学校高层次人才总体引进目标,各用人部门基于自身实际,提出年度高层次人才引进目标,组织人事部汇总审核,提交学校党委会审定,再报上级有关部门批准后正式对外公布年度引进计划"。招聘公告的发布则相对简单,一般由院校人事部门通过各种有效途径进行发布。引进程序中最为核心重要的即是应聘人员的考察,为保证考察的公平性、合理性,大多院校对考察内容、方式、组织形式都会做出明确要求。如F2d院校明确表明应聘人员考核首先需要由人事处对应聘者的学历等资格性条件进行初步审查,教务处对应聘者的专业匹配性及专业建设业绩进行初步审查,科研处对应聘者的学术水平、科研成果进行初步审查,特殊人才可由学校成立专家委员会,邀请相关领域专家审核把关。资格审查通过人员,由人事处报学校领导审核后,确定面试考核名单。其次由用人单位负责组织实施考核工作,通过面试、试讲、答辩等形式,对应聘者的思想表现、师德素养、科研能力、教学水平、教育背景、工作经历、发展潜力及身体健康状况等进行全面考核。最后根据考核结果由学校层面确定录用名单,办理后续聘用手续,签订聘用合同。部分院校会在聘用合同中明确博士学位教师引进之后的福利待遇、工作职责作为后期管理考核依据,也有部分院校会在正式合同之外与博士学位教师签订一份补充协议明确福利待遇、工作职责等细则。虽然不同院校在具体的流程组织过程中有些许不同,但相同的是对于人才引进流程的制定与实施都是十分重视的,一般都需通过各级部门审批,各类部门相互监督合作共同完成,确保组织流程严谨公平。

3. 引进要求：明确基础引进要求，重视已有科研成果

政策主题三是引进要求，包含了专业、科研、博士、年龄、项目、论文、学位、研究生、经历、成果等高频关键词。引进要求明确了高职院校引进的博士学位教师具体需要具备哪些条件。由于不同高职院校发展水平、发展侧重有所不同，所需要的博士学位教师具有显著差异，因此不同高职院校往往会根据自身实际需要设定引进要求，主要包含以下两个方面。

一是基础要求，主要是对博士学位教师思想道德、毕业院校、年龄等基础性要求的限定。其中大多数院校都规定了博士学位教师的年龄要求，相较于普通本科院校普遍要求引进博士35周岁以下，高职院校限制相对宽松，一般要求在40周岁以下，特别优秀的可放宽至45周岁。博士学位教师的毕业院校水平也是院校关注的重要因素之一，院校在设置引进条件时往往会将毕业于国内外知名高校作为可选条件之一，若满足这一条则可少满足一条专业要求。例如F3b院校明确"引进博士须具备下列条件中的2项，或具备(2)至(8)项中1项的双倍业绩"，其中第一条即提出了对毕业院校的要求：国内一流学校或一流学科的博士毕业生，或海外知名大学博士毕业(参照QS高等教育世界大学排名前200名)，或博士后人员期满出站。同时，院校对于引进博士学位教师的个人品德也十分重视，据统计，研究所搜集58所院校中有55所院校对博士学位教师个人品德做出了明确要求，而且不仅要求引进博士学位教师具有良好品德，还明确了不得引进的具体条件。如S4a院校明确要求"有下列情形之一的人员，不得参加报名：1.曾因犯罪受过刑事处罚的人员或曾被开除公职的人员；2.尚未解除党纪、政纪处分或正在接受组织调查的人员；3.涉嫌违法犯罪正在接受司法调查尚未做出结论的人员；4.在各级各类事业单位公开招聘中因违反《事业单位公开招聘违纪违规行为处理规定》被记入事业单位公开招聘应聘人员诚信档案库，且记录期限未满的人员；5.法律规定不得聘用为事业单位工作人员的其他情形的人员"。

二是专业要求，主要是对引进博士学位教师的具体专业、科研成果等方面作出要求。高职院校专业发展侧重不同，不同专业所需博士数量、质量都有所区别，因此，院校在引进博士学位教师时往往会对博士学位教师具体专业有所要求，据院校实际发展需要来加以限定。如SCe院校明确"要结合区域经济与重点产业发展及我校学科专业布局，重点引进包括但不限于电子信息、人工智能、智能装备制造技术、金融科技、数字贸易、物流管理、数字图文信息技术、新材料、建筑智能化工程、数字媒体艺术、智能网联汽车技术、医学护理等相关专业"。具体专业在专业要求中仅是基础要求，更重要的要求是引进博士学位教师已有科研成果。根据研究所搜集文本的分析，所有包含引进要求的文本中都涉及了对引进博士学位教师已有科研成果的要求，不同之处仅在于不同院校对于科研成果要求的水平高低、数量多

少。如 F1c 院校要求"已经取得了比较明显的学术研究成果,本科阶段的学习原则上需与硕士、博士阶段的学术研究方向一致"。可分为以下三个层次。第一层次为近 5 年来取得的业绩满足下列条件之一:①立项主持国家级课题;②主持完成省部级科研项目 2 项及以上,或作为主要参与人完成国家级科研项目(排名前二)2 项及以上;③本人为第一作者或通讯作者,发表符合以下条件之一的学术论文:a. 单篇引用次数(限他引)达到 20 次的 SCI、SSCI、A&HCI 收录论文 1 篇;b. JCR 的 1 区论文 1 篇或 2 区论文 2 篇(JCR 分区指中科院学科小分区);c. 人文社会科学顶级期刊论文 1 篇或权威期刊论文 2 篇。第二层次为近 5 年来取得的业绩满足条件,即本人为第一作者或通讯作者,理工类在 SCI、EI 收录的杂志上发表论文 6 篇,人文社会科学类在权威期刊发表论文 1 篇或发表 CSSCI 来源期刊论文 4 篇。第三层次为近 5 年来取得的业绩满足条件,即本人为第一作者或通讯作者,理工类在 SCI、EI 收录的杂志上发表论文 3 篇,人文社会科学类在本学科核心刊物上发表学术论文 5 篇。不过也有部分院校仅做了简略要求,如 F1e 院校要求"博士近三年来,以第一作者发表 3 篇以上有较大影响的学术论文;具有非常突出的研究基础,参与申报或研究过省部级科研项目,能成为我校相关教学部门或科研平台骨干的人才"。但无论是详尽要求或是简略提及都体现了高职院校在引进博士学位教师过程中对已有科研成果的重视。

4. 引进待遇:丰富引进待遇形式,保障博士多元需求

政策主题四是引进待遇,包含了科研、住房、待遇、津贴、补贴、配偶、规定、工资、经费、安家费等高频关键词。引进待遇是高职院校博士引进政策的主体部分,也是吸引人才的重点内容。各地高职院校为博士学位教师提供的引进待遇丰富多样,包括住房保障、科研经费、家属安置等各种形式,保障博士学位教师引进之后的多元需求。为更加全面直观地体现高职院校博士学位教师引进待遇现状,本研究对收集的 58 所院校引进待遇数据进行了整理分析,如表 2-4 所示。

表 2-4 各高职院校引进待遇统计

待遇类型	院校数/所	占比/(%)
基础薪资	58	100
住房保障	51	87.93
科研经费	47	81.03
福利津贴	35	60.34
家属安置	31	53.45
职称评聘	12	20.69
平台建设	10	17.24
培训发展	1	1.72

由表 2-4 可知,58 所高职院校引进文本中都提到了基础薪资,但不同院校对于基础薪资的设置有所差异,主要分为两类差异。一类是年薪制,院校给出明确年薪,部分院校依据博士学位教师工作完成进度,按比例领取基础薪资。如 S3a 院校规定"年薪制实行分期发放,年薪按 90% 逐月发放,聘期期满考核合格后,补发所有年薪余额"。也有部分院校未作具体要求,如 F3d 院校规定"按照市政策,全日制博士研究生的年工资福利待遇不足 35 万元(不含省市住房补贴、生活补贴,试用期按 80% 计算)的部分由市予以补足"。一类是绩效制,按照事业单位管理标准依据不同职务职称进行发放。如 S5a 院校规定"录用为事业编制人员,享受国家和我省规定的事业单位正式在编职工的相应待遇"。其中大多数院校给予了博士学位教师高于其自身职称职务正常基础薪资,如 F5e 院校规定"博士研究生按教学岗正教授的绩效工资标准发放岗位绩效工资"。

除了基础薪资,住房保障和科研经费是高职院校博士学位教师引进待遇中的最为核心条件,研究收集的 58 所院校引进政策文本中分别有 51 所、47 所院校明确这一条件,占比分别为 87.93% 和 81.03%。虽然大多数院校都明确了这两项待遇条件,但不同院校住房保障条件差异明显。如 F1b 院校明确给予引进博士学位教师 100 万~120 万元安家费或是住房一套另加 10 万~20 万元安家费,F4b 院校明确仅给予 16 万元安家费,两所院校所给予待遇相差甚大。科研经费院校之间差异相对较小,但在具体院校中不同专业类属科研经费区别较为明显,理工科类博士学位教师科研经费要显著高于社科类博士学位教师。同时,占比超过 50% 的待遇条件还有福利津贴与家属安置,福利津贴包括特殊岗位津贴、生活补贴、博士学位津贴等福利待遇,家属安置则主要包括解决配偶工作以及解决子女入学等。占比最低的几项则是职称评聘 20.69%、平台建设 17.24%、培训发展 1.72%。

5. 管理考核:制定管理考核制度,明确博士考核要求

政策主题五是管理考核,包含了考核、科研、工作、合同、服务、规定、管理、合格、任务、教学等高频关键词。管理考核是院校对博士引进之后工作职责的明确与监管。各个高职院校针对引进的博士学位教师大都建立了一套完备的管理考核制度,在研究搜集的 58 个院校材料中有 46 所院校明确了引进博士的管理考核制度,主要内容包括聘期考核时间、考核机制、考核内容、考核方式、违约措施等。

首先是聘期考核时间,通过对已有材料梳理发现聘期大致在 5~10 年,如 S2d 院校为 8 年、S2b 院校为 6 年、S4e 院校为 8 年,院校设置不同决定具体年限不同。其次是考核机制,当前大多院校实行以学校为主导、用人部门为主体的校、系两级管理机制,用人部门具体考核,院校层面整体把控。如 F1a 院校明确"学院引进的高层次人才需服从学院和用人部门的各项工作安排。实行以学院为主导、用人部门(二级学院、教学部)为主体的两级管理机制"。再次是考核内容,对于聘期内博

士学位教师考核内容较为多元,包括课程建设、专业竞赛、科研成果等各个方面,其中又以科研成果为主要考评内容。如S1e院校明确提出"博士学位教师自进校起6年内需完成的育人、教学、科研、学科与专业建设、团队建设、技术技能积累与创新、国际化等方面的业绩要求"。F1a院校则是设置了15项考核内容,博士学位教师需要在聘期内至少完成4项,而在这15项考核内容中6项与科研相关,其余各项则分散于教学、竞赛、社会服务等方面。与考核内容相对应的是考核方式,一般分为年度考核与聘期考核两类。年度考核一般以单位考核为主,重在工作进度汇报和成果展示。聘期考核是指在聘用期内对引进人才的岗位职责和工作任务的完成情况进行考察,既是对第一个聘期工作情况的总结考核,往往与博士学位教师聘期内所能获得待遇相挂钩,也是作为是否续签下一个聘期的主要依据。如S1d院校明确提出"引进的高层次人才实行目标考核制,年度考核与聘期考核相结合,安家费、科研启动经费、高层次人才津贴等与考核结果挂钩",S2c院校明确提出"按照考核结果决定下一步聘任情况"。最后是违约措施,主要是针对在聘期中博士学位教师离职或是聘期结束未完成聘期内相应任务的惩罚措施。如FCb院校规定"对于未达到聘用合同条款要求的引进人员,学校将解除聘用合同,停发剩余薪酬。对于提前解聘或辞聘的,学校将按一定比例收回配套经费等";S1e院校规定"考核不合格或服务期未满而要求提前终止聘用合同的引进人才,应按规定承担相应违约责任"。

二、政策工具分析

(一) 政策工具分析框架

政策工具(Policy Instruments or Tools of Government)是政府能够用以实现特定政策目标的一系列机制、手段、方法与技术,它是政策目标与政策结果之间的纽带和桥梁[①]。目前,国内外众多学者依据不同视角与划分标准对政策工具进行了分类。如施耐德(Anne Schneider)和英格拉姆(Helen Ingram)提出"公共政策几乎总是试图让人们去做他们可能不做的事,或者帮助人们去做他们本不会做的事"的基本假定[②],为达到督促公众采取必要行动的目的,确定了五个政策工具类型:权威工具、激励工具、能力工具、象征与劝诫工具、学习工具;麦克唐纳尔(Lorraine M. McDon-nell)和艾莫尔(Richard F. Elmore)提出"处理一个具体问题的选择范围,选择方案潜在的理论前提、问题、目标、选择方案和与之相关的具体执行问题之间的

---

① 吕志奎.公共政策工具的选择——政策执行研究的新视角[J].太平洋学报,2006(5):7-16.
② 陈学飞.教育政策研究基础[M].北京:人民教育出版社,2011.

适切度"的关注[①],考虑"如何选择一个适当的方案以解决问题"[②],进而将政策工具分为命令型工具、激励型工具、能力建设型工具、系统变革型工具和劝诫型工具。罗思韦尔(Rothwell)和泽赫费尔德(Zegveld)则将科技创新政策划分为一套复合的政策工具体系,具体包括需求型、供给型和环境型三个不同层面,如图 2-4 所示。这三个相对独立又紧密联系的政策工具分别可以反映出政策主体对客体不同程度的影响。

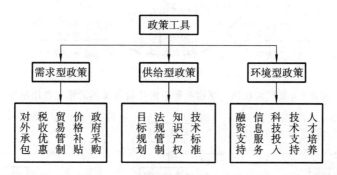

图 2-4　罗思韦尔和泽赫费尔德对政策工具的分类

推拉理论认为人才柔性引进的实现需要推力与拉力的共同作用,同时人才所处的环境也对其回流产生一定影响,根据这一理论,结合对当前国内已有研究政策工具分类选择的梳理,本研究选择罗思韦尔和泽赫费尔德对于政策工具分类的研究成果作为政策工具分类的基础依据,将高职院校博士学位教师引进政策划分为需求型、供给型、环境型三类政策工具。其中,需求型和供给型的政策工具对人才事业的发展具有直接的推动与拉动作用,环境型政策工具为间接的影响作用[③],如图 2-5 所示。

同时,本研究借鉴国内学者对这三种类型的政策工具的进一步具体划分,结合前期政策主题分析,对这三类政策工具的具体描述进行了本土化修订。

需求型政策工具包括基本要求、专业要求、岗位职责、目标规划,具体包含引进需求、岗位职责、年龄、基本道德素养、专业素养等内容。

供给型政策工具包括基础薪资、住房保障、科研经费、培训发展等,并可归纳为保障性和发展性两类工具,具体包含工资薪酬、人才考核等内容。

环境型政策工具主要包括引进程序、组织管理、平台建设、财政金融等,具体包含人才引进程序的规范建设、科研平台的搭建等内容,如图 2-6 所示。

---

① 陈学飞.教育政策研究基础[M].北京:人民教育出版社,2011.
② 吕武.我国当前学前教育政策工具选择偏向及其影响——基于《国家长中期教育改革和发展规划纲要(2010—2020)》以来的主要政策文本的分析[J].教育科学,2016,32(1):77-81.
③ 赵筱媛,苏竣.基于政策工具的公共科技政策分析框架研究[J].科学学研究,2007(1):52-56.

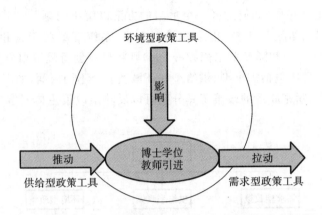

图 2-5　高职院校博士学位教师引进中政策工具的推拉作用模型

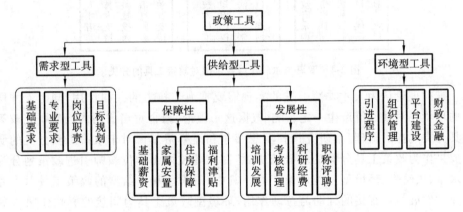

图 2-6　高职院校博士学位教师引进政策工具分类

(二) 基于政策工具的人才引进政策内容编码分析

在上文对政策主题特征分析的基础上,结合政策工具分析框架,运用 NVivo 12 软件对政策文本进行编码统计整理。根据编码结果,最终形成三类政策工具的具体分类。

1. 政策文本内容编码

开放编码也称为一级编码,在这个过程中,需要对政策文本中的原始资料按照词句进行逐一的编码、命名,将原始材料概念化,即通过一些系统的概念来描述原始资料,让原始资料与设定的类目名称形成对应,使划分的类目范畴能较为准确地反映原始资料的内容。

以前文形成的政策主题词作为参考,对政策文本进行梳理和提取,一共形成了 696 条原始语句,再对其进行提炼,总结概况上升为概念,将其范畴化。由于篇幅限制,每个类目仅随机抽取1~2条原始语料及相应的初始范畴举例呈现,分析过程如表2-5所示。在编码中需要剔除重复的范畴,在不断进行比较研究的基础上,对整理后的概念和范畴进一步扩充优化,最终形成了16个初始范畴(子节点)。

表2-5 开放式编码结果

序号	原始语料举例	初始概念	参考点
1	S1d—扩大学校影响力:引进国内外最前沿的科研成果,开展原创性重大理论与实践问题研究和关键领域攻关,扩大学校的对外影响,提升办学能力和该学科在国内的影响力 S4e—从事教学/科研/实验实训/管理等工作	岗位职责:明确博士学位教师引进之后工作岗位,大致工作职责	15
2	F1a—引进人才的基本条件:拥护中国共产党,热爱祖国,遵纪守法 F5d—博士研究生,具有研究生学历、博士学位,专业知识扎实,有较大发展潜力,年龄一般不超过35周岁	基础要求:包括学历、年龄、道德品质等基础性人才要求	106
3	F1b—为进一步落实人才强校战略,规范人才引进程序,加快高层次人才引进步伐,大力引进急需紧缺人才和优秀青年人才,建设一支高素质、高水平、专业化的师资队伍,以全面提升学校教科研水平,加强学科、专业、课程一体化建设 S2b—为全面实施质量立校、人才强校战略,切实提升学院核心竞争力和综合实力,吸引更多优秀的高层次人才来校工作,建设一支优秀的学科领军人才、学科带头人和骨干队伍,为学院发展提供强大的人才支撑	目标规划:明晰院校人才引进目的	60
4	F1c—近三年来,以第一作者发表3篇以上有较大影响的学术论文;具有非常突出的研究基础,参与申报或研究过省部级科研项目,能成为学校相关教学部门或科研平台骨干的人才 F4a—博士研究生分为紧缺专业、非紧缺专业两大类。紧缺专业主要指工科、理科、医学及农学类所涉及的专业,其他专业为非紧缺专业	专业要求:包括科研成果、就读专业等专业性人才要求	40
5	F2b—每月可享受博士津贴5000元,可连续享受六年 S1b—新参加工作的博士研究生,4年内每月博士生活补助1000元	福利津贴:包括特殊岗位津贴、生活补贴、博士学位津贴等福利待遇	48

续表

序号	原始语料举例	初始概念	参考点
6	S3a—年薪制：实行分期发放，年薪按90%逐月发放，聘期期满考核合格后，补发所有年薪余额 F5e—财政工资：按照国家有关规定核定工资标准；绩效工资：博士研究生按教学岗正教授的绩效工资标准发放岗位绩效工资	基础薪资：包括年薪制、月薪制等不同模式，一般以岗位工资、薪级工资和绩效工资等形式呈现	60
7	F2e—对于第一、第二类引进人才的配偶，如需学校帮助解决工作的，学校可在政策允许范围内积极协助解决。引进人才子女的入托及入学享受其他教职工同等待遇 S3b—作为专业技术人才入编引进四类人才，其配偶具有硕士研究生学历、学位的可以按人事代理安置，薪酬享受同岗在编人员待遇，并办理社会保险；对于特别优秀的博士，可以经学校人才引进工作领导小组研究适当放宽配偶符合安置的学历、学位条件	家属安置：包括解决配偶工作、安排子女入学等	35
8	S4d—学院在区免费提供建筑面积110平方米左右的住房一套并已进行基础装修。在校工作期间可以一直居住，直至退休或离校 F4e—购房补贴：一类人才70万元，二类人才30万元。购房补助经费在购房后一次性发放	住房保障：包括购房补贴、安家费、提供过渡性住房、租房补贴、提供住房等形式	82
9	F4c—科研启动费以科研项目形式资助，凭项目申报书申请，研究期限一般为3年，经费使用按照学校科研项目经费管理办法执行 S2e—根据持有项目提供科研启动经费5万~10万元，科研经费使用按照学校规定执行	科研经费：院校通过不同形式，依据不同专业分别拨付，支持博士开展科研活动的资助经费	57
10	F5c—优先安排高层次人才到国内外进修、参与合作研究和参加国内外重大学术会议	培训发展：为引进的博士学位教师提供进修发展机会	1
11	F2c—优秀博士直接申报评聘副高专业技术职务 F1b—同等条件下，学校优先推荐引进人才晋升高一级职称	职称评聘：包括职称直聘、优先推荐晋升等形式	17

续表

序号	原始语料举例	初始概念	参考点
12	F1d—引进人才须与学校签订聘用合同书和工作协议书,实行聘期目标考核与管理。引进人才同时须与学校签订在校服务期的附加协议。在服务期内,学校原则上不予批准引进人才提出的辞职、自费出国、调离我校等申请。服务期未满离开学校(含考核不合格解除聘用合同的),须承担相关规定与协议约定的赔偿费用 S5b—对引进高层次人才实行聘约管理,服务期为8年。若约定服务期未满,个人申请调动、辞职等(包括因考核不合格辞聘),应按照所签订协议的有关规定予以退还全部优惠待遇。其配偶属于照顾性调入(聘用)的,应同时调离,同时履行相应的违约责任,缴纳违约金每年3万元	管理考核:主要包括博士学位教师引进后聘期内考核要求、考核程序等内容	57
13	F1c—学校每年下拨专项经费作为高层次人才引进工作专项资金 S5b—安家费、购房补贴等均为税前金额,按照国家规定,其个人所得税由学院财务处代扣代缴	财政金融:主要包括设立专项人才引进资金、各类引进后缴税优惠政策、成果奖励资金等	23
14	S1a—提供必要的工作室和配套设施 S1d—为引进的人才提供40~120 m² 项目研究室	平台建设:主要包括创建科研团队、搭建科研实验室、提供必要科研设备等	12
15	F1a—制定引进方案。根据学院和专业发展需要,各用人部门每年编报高层次人才引进建议,经学院审核、党委研究确定年度人才引进计划,报经上级主管部门审批后组织实施 FCb—人事处组织咨询专家库的专家评委对拟聘"高层次人才引进计划"人才学术水平进行评议并提出意见,根据专家意见决定是否引进,并对拟引进人才提出具体目标和任务要求,确定薪酬待遇等	引进程序:主要包括博士学位教师引进前考评要求、考评程序等内容	56

续表

序号	原始语料举例	初始概念	参考点
16	S1a—建立引才工作责任制。实行人才引进二级管理目标责任制,引进人才的日常管理以所在二级学院为主。进一步完善"党委领导、党政协同、部门协调、学院主体"的工作机制。学校根据学院、专业学科的特点及发展需要,对高层次人才引进提出年度指标要求,纳入部门年度发展目标考核指标。人事处、各学院及相关部门要及时督促检查引进人才岗位职责完成情况,并适时提出意见和建议 S3f—学院成立引进人才领导小组,负责对学院人才引进工作的组织、领导和协调	组织管理:主要包括学校专门制定人才管理制度、人才管理组织等	27

关联性编码又称"主轴编码",主要是建立初始范畴与主范畴之间的关联,找出初始范畴与主范畴之间的内在逻辑,以建立典范模型。在开放性编码之后,通过主轴编码将初始范畴进一步进行概括和凝练形成主范畴。主范畴能够更为明显准确地对应初始范畴的条件及关系。主轴编码中把一级编码形成的16个初始范畴重新整合为3个主范畴(树节点),3个树节点和原来的16个子节点的相互关系和具体内涵如表2-6所示。

表2-6 关联性编码结果

序号	初始范畴	主范畴	
1	岗位职责	需求型政策工具:体现政策主体对引进人才的需求,政府和高校通过"认定"人才类型对人才学科、岗位、年龄、学历背景、工作经历和科研成果等各方面的要求引导需求型人才汇集	
2	基础要求		
3	目标规划		
4	专业要求		
5	福利津贴	保障性供给型政策工具:为人才提供物质层面的要素,目的在于满足人才的生存生活需求	供给型政策工具:体现出政策主体直接推力,据人才不同需求可进一步分为保障性政策工具和发展性政策工具
6	基础薪资		
7	家属安置		
8	住房保障		
9	科研经费	发展性供给型政策工具:满足人才更深层次精神因素,目的在于激发人才的潜力和创造力	
10	培训发展		
11	职称评聘		
12	管理考核		

续表

序号	初始范畴	主范畴
13	财政金融	环境型政策工具:体现政策主体为人才引进提供良好的外部发展环境影响人才的流动
14	平台建设	
15	引进程序	
16	组织管理	

2. 编码信度的检验

在子节点和树节点等范畴类目体系的构建中,运用政策内容进行分析的主观性较强。因此,在对政策编码的分析中信度检验是不可或缺的环节,也是能够保证政策文本分析结果可信的重要指标[①]。本文参照迈尔斯信度检验公式,利用信度系数进行检验。一般来说,系数在[0.8,0.9]之间认为分析结果是可信的,超过0.9说明可信度较高。为保证分析构建的类目范畴及编码的准确性,本文在研究者自身(编码者1)进行编码的同时又邀请了另一位编码者(编码者2)对696条政策文本再一次编码,通过计算得到信度系数为86.42%。然后,在完成编码工作后,一个月内再次对所有政策文本进行了重新编码,并与编码A进行了比较,得到信度系数为90.62%,说明归类信度较好。

3. 政策工具使用情况统计

按政策工具划分的三个分类以及每类政策工具具体的划分,将每一个编码单元按照相同或相似的标准进行编码归类后,得到每个具体工具出现的频数(参考点数),最终对这三类政策工具的编码情况统计,一共得到696个相关的内容单元编码。统计发现政策文本中三类政策工具都有运用,政策工具的运用数量和频率以及每类政策工具使用的内部结构比例如表2-7所示。总体来看,我国高职院校博士学位教师引进政策中,政策工具的运用以供给型工具为主,占51.29%;需求型工具起到关键的辅助作用,占31.75%;环境型工具运用最少,仅占16.95%。

表2-7 政策工具的编码情况统计表

工具类型	工具名称(子节点)	数量(参考点)	总占比/(%)	结构占比/(%)
需求型政策工具	岗位职责	15	2.16	6.79
	基础要求	106	15.23	47.96
	目标规划	60	8.62	27.15

[①] 吴道友,程佳琳.基于扎根理论的科技人才流动阻滞因素及作用机理研究——以企业与高校科技人才双向流动为例[J].财经论丛,2018(5):87-96.

续表

工具类型		工具名称(子节点)	数量(参考点)	总占比/(%)	结构占比/(%)
需求型政策工具		专业要求	40	5.75	18.10
		合计	221	31.75	100.00
供给型政策工具	保障性政策工具	福利津贴	48	6.90	13.44
		基础薪资	60	8.62	16.81
		家属安置	35	5.03	9.80
		住房保障	82	11.78	22.97
		合计	225	32.33	63.02
	发展性政策工具	科研经费	57	8.19	15.97
		培训发展	1	0.14	0.28
		职称评聘	17	2.44	4.76
		管理考核	57	8.19	15.97
		合计	132	18.97	36.98
供给型政策工具		合计	357	51.29	100.00
环境型政策工具		财政金融	23	3.30	19.49
		平台建设	12	1.72	10.17
		引进程序	56	8.05	47.46
		组织管理	27	3.88	22.88
		合计	118	16.95	100.00

(三) 政策工具的推拉作用模型

根据政策文本编码结果,分析高职院校博士学位教师引进政策工具的运用以及各类工具的具体使用情况,并结合推拉理论建立政策工具的推拉模型来演绎政策工具在人才引进政策中的推拉施力方式。供给型和需求型的政策工具对人才引进活动具有直接的推动与拉动作用。需求型政策工具中的部分工具与发展性供给型政策工具起着用好人才的作用。环境型政策工具通过间接影响,提供有利于人才发展的环境来增强高校和地区的综合竞争力,起到留住人才的作用。

1. 需求型政策工具:博士引进的"吸力"与"筛选"

需求型政策工具是高职院校通过设定博士引进需求、博士引进标准等方式,以需求为导向吸引博士汇聚,主要发挥引导与筛选两方面的作用。根据前文编码结果,需求型政策工具的运用占工具总量的31.75%,占比少于供给型政策工具。从内部结构来看,具体各类需求型政策工具的运用占比也存在显著差异,如图2-7所示,其中占比较高的是基础要求和目标规划,分别占比为47.96%和27.15%。此外,还明确了引进博士学位教师所需要具备的专业素养要求以及引进之后的具体岗位职责,分别占比为18.10%和6.79%。

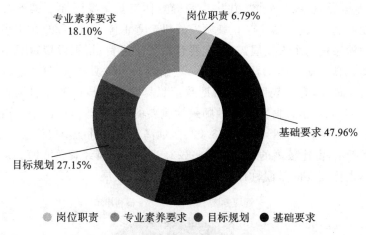

图2-7 需求型政策工具使用情况

需求型政策工具的使用较为清晰地表明了当前高职院校引进博士学位教师的需求侧重。其中最为明显的即是基础要求占比高于专业要求占比,基础要求中包含博士学位教师的学历、年龄、道德品质等基础性人才要求,专业要求则包括科研成果、就读专业等专业性人才要求。基础性要求占比高于专业性要求占比说明了两个方面的现状。一方面,高职院校在引进博士学位教师过程中较少要求博士专业性素养,表明院校并未对博士学位教师有较为明确的引进规划,往往是趋向于完成引进数量的目标,没有完全从实际需求出发,没有具体详细规划引进何种何类具有哪些具体专业素养的博士,并且从岗位职责设计仅占6.79%也可以看出院校大多缺乏对博士学位教师引进后的具体职能安排,这也验证了当前高职院校在引进博士学位教师时缺乏具体深入的专业调研。另一方面,高职院校重视博士学位教师的基础性要求表明当前高职院校十分重视教师道德品质,这与我国教育的根本任务"立德树人"相契合,教师道德品质的高低将在很大程度上影响教育教学过程中立德树人目标的实现。同时,目标规划占比为27.15%,表明高职院校在引进博士学位教师过程中大多已做好前期设计规划,明确院校引进人才目的,但大多目标规划只是较为笼统地提出是为了提升院校发展水平、充实教师队伍等,笼统而不具体,导向作用不明显。

2. 供给型政策工具:博士引进的"推力"与"发展"

供给型政策工具体现在高职院校给引进博士提供的生活、工作等方面的配套保障,是引进博士的直接推力,也是高职院校博士学位教师引进政策的重要亮点和吸引博士的主要内容。根据院校提供的不同保障条件,可将供给型政策工具进一步分为保障性供给型工具和发展性供给型工具。保障性工具涉及各类较为基础的保障条件,目的在于满足博士学位教师最为基础的生活需求、工作需求,主要包括福利津贴、基础薪资、家属安置、住房保障等具体工具。发展性工具涉及激发博士学位教师发展动力,给予博士学位教师发展机会等保障条件,目的在于满足博士学位教师更为深层次的个人发展需求,主要包括科研经费、培训发展、职称评聘、管理考核等具体工具。就整体工具占比而言,供给型政策工具占比51.29%,在三类政策工具中占比最高,充分表明了供给型政策工具在博士学位教师引进政策中的首要地位,是高职院校引进博士学位教师最为重要的"推进器"。进一步分析可知,在供给型政策工具中,保障性工具占63.02%,远高于发展性工具36.98%的占比,具体如图2-8所示,占比较高的是住房保障(22.97%)、科研经费(15.97%)、管理考核(15.97%),占比较少的是职称评聘(4.76%)和培训发展(0.28%)。

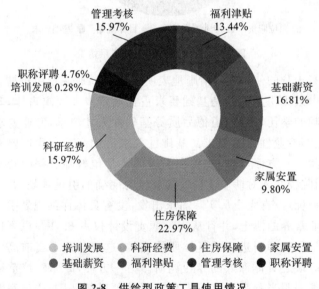

图2-8 供给型政策工具使用情况

在供给型政策工具的运用上,最为明显的特点即是各级各类高职院校保障性工具使用较多,发展性工具使用不足。通过对供给型政策工具运用的内部结构分析可以清楚地发现保障性工具的使用占比远高于发展性工具的使用。整体而言,通过对比可以发现发展性工具中管理考核与科研经费两项工具使用占比并不低,仅仅低于保障性工具的住房保障,拉低发展性工具占比的主要问题在于大多院校忽略了职称评聘以及培训发展这两项工具的使用。造成这一现象大致有两方面的原因。一方面,更多院校重视在政策文本中体现诸如住房保障、科研经费、福利津贴等可量化呈现内容,保证引进博士能更直观了解引进后的各项待遇,增强吸引力,而对于培训发展、职称评聘等不易直观呈现的内容则选择了较为简短的表述。另一方面,我们可以发现在发展性工具的使用中,与教师个人发展联系更为紧密的职称评聘、培训发展使用较少,而与院校发展同样十分紧密的科研经费、管理考核则使用较多。虽然不论是通过培训发展或是通过管理考核等手段推动教师发展,最终教师水平的提高都会反馈到院校层面,推动院校的整体发展,但显然通过科研经费的拨付或者通过管理考核的激励对院校发展产生的反馈作用更为明显。可见,院校更为期冀能在推动博士学位教师发展的同时推动院校的整体发展,对于发展性工具的使用功利价值取向更为突出,而忽略了发展性工具更为根本的发展性功能。

3. 环境型政策工具:博士引进的"场域"与"坚守"

环境型政策工具为博士引进提供良好的外部发展环境,通过建立相应的规范和标准,如平台建设、规范引进程序制度、完善组织管理等手段间接影响博士学位教师的引进与流出意愿。在三类政策工具中,环境型政策工具使用占比最低,仅占16.95%。从内部结构来看,各类环境型政策工具的运用占比也存在显著差异,如图2-9所示,其中占比较高的是引进程序和组织管理,各占47.46%和22.88%,占比最低的是平台建设10.17%,次之是财政金融19.49%。

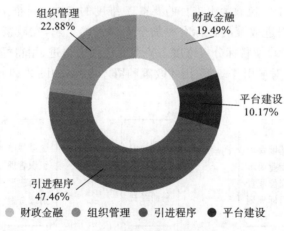

图2-9 环境型政策工具使用情况

在环境型政策工具的运用上,最为明显的特点是更侧重于关注博士学位教师引进程序的规范建设以及对于已引进博士学位教师组织管理制度的建设,而对于平台建设、财政金融制度建设的关注较少。院校重点关注引进程序的规范建设是为了给博士学位教师引进营造一个公平公开的引进环境,以程序的规范化提高高职院校博士学位教师引进的吸引力。重视组织管理制度的建设则是为了保证博士学位教师引进之后能更好地开展工作,出台专项管理制度、设立专门的管理组织或机构,体现了高职院校对博士学位教师的高度重视。平台建设与财政金融工具使用较少受两个方面的影响。一方面是因为受客观因素限制。高职院校大多属于公立事业单位,出台相应的财政金融制度往往需要得到上级政府机关的审核批准,自身在这方面自主权较小,往往只能在已有上级政策允许范围内有限度地出台部分金融制度。同时,大多高职院校建设经费相较于普通本科院校要少,没有充足的资金支撑建设各类实验室、科研基地等科研平台。另一方面是因为受主观意向的影响,以往博士学位教师的引进并不是高职院校发展的关注重点,随着近几年高职院校发展进入高质量发展阶段,各级各类高职院校才开始逐渐关注博士引进工作。之前各级各类高职院校由于缺乏经验,尚未认识到科研平台建设对于博士学位教师发展的重要作用,主观上无意识地忽略了这一方面工具的使用。此外,即使部分院校认识到了平台的重要性,积极建设了部分平台,但往往存在平台建成之后使用率不高的问题,学校投入与实际产出不相匹配,逐渐消磨了院校建设各类科研平台的积极性,体现在政策文本中则是相应政策工具使用占比较低。

三、基于政策工具的政策目标分析

本研究采用罗思韦尔和泽赫费尔德的分类标准,在此基础上构建了基于政策工具X维度和博士学位教师引进目的要素Y维度的二维分析框架。为了对高职院校博士学位教师引进政策的目标有更加全面深入的了解,在政策工具分析的基础上引入Y维度,即政策目标分析维度。Y维度包括引得进、用得好和留得住三个维度的子目标,分别对应引才政策、用才政策和留才政策,如图2-10所示。

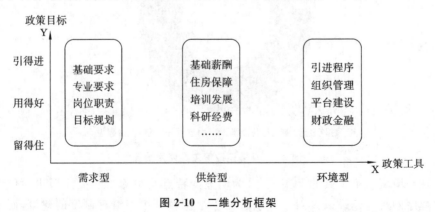

图 2-10　二维分析框架

通过编码分析得到三个维度子目标的频数统计,具体如表2-8所示。从引得进、用得好和留得住三个维度子目标对应的引才政策、用才政策和留才政策政策工具运用情况来看,高职院校博士学位教师引进政策目标以"引得进"即引才政策制定为主,引才的政策工具占所有政策工具的54.66%,用才政策和留才政策各占

26.02%和19.32%。这表明当前高职院校博士学位教师引进政策的制定致力于如何引才,而对于引才后如何用才和留才缺乏足够的重视。这也使得人才引进的三维目标无法很好地耦合同构,不利于发挥人才的效用,甚至可能会导致人才的流失,从长远来看不利于实现"引得进、用得好和留得住"的政策目标。

表2-8 人才引进政策目标对应使用的政策工具

目标维度	需求型政策工具/(%)	供给型政策工具/(%)	环境型政策工具/(%)	总占比/(%)
引得进	30.35	58.01	11.64	54.66
用得好	32.75	50.22	17.03	26.02
留得住	—	79.41	20.59	19.32

(一)引才政策

如表2-9所示,引才政策中需求型政策工具占比30.35%,需求型政策工具的运用主要明确了引才的基础要求与专业要求,形成需求型吸力,吸引人才汇集。供给型政策工具占比为58.01%,供给型政策工具的运用明确了引进博士学位教师的保障性待遇与发展性待遇,在物质层面和精神层面上满足人才需求,形成供给型推力,推动人才聚集。供给型政策工具占比最高,表明供给型政策工具是引才政策中使用最多的政策工具,最为重要。环境型政策工具占比为11.64%,通过制定科学合理的人才引进程序,保证博士学位教师引进过程公正有序,为引进博士学位教师营造良好的制度环境。

表2-9 引才政策各类工具使用详细情况

工具类型		工具名称(子节点)	数量(参考点)	占比/(%)	占比/(%)
环境型政策工具		引进程序	56	11.64	11.64
需求型政策工具		基础要求	106	22.03	30.35
		专业要求	40	8.32	
供给型政策工具	保障性政策工具	家属安置	35	7.28	58.01
		基础薪酬	40	8.32	
		福利津贴	48	9.98	
		住房保障	82	17.05	
	发展性政策工具	职称评聘	17	3.53	
		科研经费	57	11.85	

(二)用才政策

如表2-10所示,用才政策中需求型政策工具占比32.75%,需求型政策工具的运用主要明确了对人才引进目标规划以及引进后的具体岗位职责。通过明确博士学位教师具体作用、职责，明晰发展路径，保证博士学位教师在引进后能有较为清晰的发展路径，有的放矢地使用引进人才，确保人才使用效能。供给型政策工具占比为50.22%，占比最高。在用才政策中仅涉及发展性供给型政策工具的使用，通过提供科研经费、培训发展机会、开展管理考核激励引进博士学位教师不断发展，确保人才使用的可持续性。环境型政策工具占比为17.03%，通过明确院校各组织对引进博士学位教师的管理职责，构建相互协同用才组织网络，确保针对博士学位教师所制定各项政策条例能有效落实，为博士学位教师工作发展创造良好环境。如为引进博士学位教师搭建科研实验室、科研团队等发展平台，确保引进博士人尽其才。

表2-10 用才政策中各类工具使用详细情况

工具类型	工具名称（子节点）	数量（参考点）	占比/(%)	占比/(%)
环境型政策工具	平台建设	12	5.24	17.03
	组织管理	27	11.79	
需求型政策工具	目标规划	60	26.20	32.75
	岗位职责	15	6.55	
供给型政策工具-发展性政策工具	管理考核	57	24.89	50.22
	科研经费	57	24.89	
	培训发展	1	0.44	

（三）留才政策

如表2-11所示，留才政策中供给型政策工具占比为79.41%，留才政策供给型政策工具主要通过运用家属安置和住房保障两方面保障性工具以及职称评聘和培训发展两方面发展性工具，为引进博士学位教师提供稳定生活条件以及可期待的发展路径留住人才。环境型政策工具占比为20.59%，横向比较引才、用才、留才三类政策目标，留才政策目标中环境型政策工具使用占比最高，表明环境型政策工具在留才政策中发挥了最为显著的作用。通过创建科研实验室、科研团队等发展平台以及制定针对引进博士学位教师相关财政金融政策，为博士学位教师自身专业发展以及享受各类财政优惠创造良好场域环境，以此留住博士学位教师。

表2-11 留才政策中各类工具使用详细情况

工具类型	工具名称（子节点）	数量（参考点）	占比/(%)	占比/(%)
环境型政策工具	平台建设	12	7.06	20.59
	财政金融	23	13.53	

续表

工具类型		工具名称(子节点)	数量(参考点)	占比/(%)	占比/(%)
供给型政策工具	保障性政策工具	家属安置	35	20.59	79.41
		住房保障	82	48.24	
	发展性政策工具	职称评聘	17	10.00	
		培训发展	1	0.59	

第三节 高职院校博士学位教师引进与发展政策比较——部分分析

为进一步深入分析所选取文本政策特征,本研究采用相同研究方法,基于政策主题、政策工具两个维度进行不同区域、层次院校之间的比较分析,辨析不同区域、层次院校政策文本中所体现的政策主题以及所使用的政策工具存在哪些共性与差异性特征。

一、区域比较

(一)政策主题

位于不同层级城市的高职院校在政策文本主题的体现方面存在一些差异,如图 2-11 所示,不同层级城市高职院校政策文本中政策主题所占据比例有所区别,超一线城市中占比最高的是"引进程序",占 39.85%,其次为"引进要求"占 31.75%,占比最低的是"引进待遇",仅占 6.08%。一线、二线、三线城市中占比最高的皆是"管理考核",分别占 32.76%、25.28%、33.62%,占比第二高的同样是"引进程序",不同的是一线城市占比最低的是"引进待遇",仅占 13.60%,二线、三线城市占比最低的则是"引进要求",分别占 9.81%、14.01%。四线、五线城市占比最高的皆是"引进程序",分别占比为 40.15%、47.41%,占比最低的也同样是"引进目标",分别占比为 11.68%、10.40%。

通过对不同层级城市高职院校政策文本中政策主题占比比较分析,我们可以得出以下三个结论。

第一,超一线城市人才聚集度高,高职院校引进博士学位教师往往是供大于求,可以依据具体需求进行筛选。因此,超一线城市最为重视对引进博士学位教师要求的限定,按需引才,对博士学位教师的引进有较为明确、详细的需求设定。同时,超一线城市相较于其他各级城市有显著的区位优势,对于博士学位教师有较强

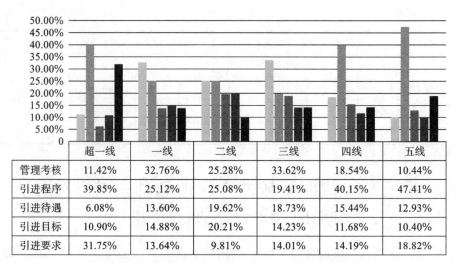

图 2-11 六级城市院校文本政策主题占比

的吸引力,而且超一线城市雄厚的经济基础保证了较高的平均待遇水平,因此,超一线城市在文本中体现"引进待遇"的占比是最低的,不需要通过过多的待遇描述来吸引博士。

第二,二线、三线城市高职院校对于引进待遇的重视程度是六类城市中最高的,期望通过较为详细的待遇描述,吸引更多博士的注意。二线、三线城市相较于超一线、一线城市区位优势不明显,对于人才吸引力较小,但同时二线、三线城市院校又往往处于发展上升阶段,亟须大量的高层次人才,高职院校引进博士学位教师往往是供不应求的状态,这也体现在二线、三线城市高职院校引进要求占比皆是最低的一项,对于博士学位教师要求相对较少,用更为宽泛的引才口径,尽可能大地囊括人才范围,满足引进需求。当然与详尽的待遇描述以及较为宽泛的引才口径相对应的是较为严格的后期管理考核,二线、三线城市管理考核占比也是六类城市中较高的。

第三,四线、五线城市高职院校对于人才引进程序的重视程度是六类城市中最高的,严格强调博士学位教师引进流程的科学性,对博士学位教师引进也有较为明确的需求设定,但对于博士学位教师引进目标的设定、管理考核细则的明确即期望博士学位教师引进后可能发挥何种作用关注较低。这表明四线、五线城市高职院校更为重视引进博士学位教师,而对于后续博士学位教师功能的发挥则不太重视。主要原因在于四线、五线城市无论在区位、经济发展水平等各方面皆不如超一线、一线、二线、三线城市,对于博士学位教师吸引力较弱,而且四线、五线城市整体发展需求也较小,各高职院校对于博士学位教师需求程度不高,供与求皆处于较低水平,进而导致高职院校在引进要求设定时尽可能详尽,希望找到院校最为迫切需要的博士学位教师,而且极为重视引进程序的规范性,保证引进质量。同时,在区位、待遇等方面皆不具备优势的情况下,期望通过减少对博士学位教师考核要求的描述,加强对博士人才的吸引力。

(二) 政策工具

不同层级城市高职院校在政策文本中政策工具的使用方面存在一些差异,如图 2-12 所示,不同层级城市高职院校政策文本中不同类型政策工具所占据比例有所区别。超一线城市使用占比最高的是需求型政策工具,占比 61.81%,其次为环境型政策工具,占 27.73%,使用占比最低的是供给型政策工具,仅为 10.46%。一线、二线、三线城市使用占比最高的是供给型政策工具,占比分别为 40.67%、38.64%、48.77%,其中二线、三线城市使用占比最低的是环境型政策工具,占比分别为 27.84%、23.92%,一线城市使用占比最低的是需求型政策工具,占比 29.00%,与环境型政策工具使用占比 30.33%相差甚小。四线、五线城市使用占比最高的政策工具都是环境型政策工具,占比分别为 42.56%、49.32%,使用占比最低的政策工具则有所区别,四线城市使用占比最低的是需求型政策工具,占比为 25.56%,五线城市使用占比最低的则是供给型政策工具,占比为 19.93%。

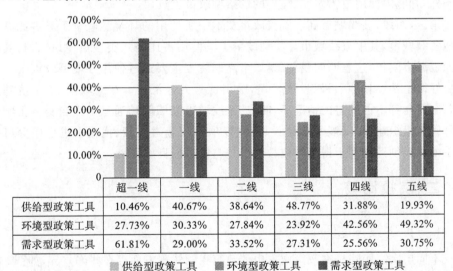

图 2-12 六级城市院校文本政策工具占比

通过对不同层级城市高职院校政策文本中政策工具使用占比比较分析,我们可以得出以下三个结论。

第一,超一线城市高职院校政策文本中所使用的需求型政策工具占比远高于其他各级城市,如前文所述超一线城市自身区位优势明显,经济基础雄厚,对于博士学位教师具有显著吸引力,因此,超一线城市更多地在文本中使用需求型政策工具形成较强的需求性吸力,吸引足量的优秀人才聚集,充分发挥大城市人才"虹吸效应",通过明确博士学位教师引进要求吸引更多院校自身发展所需人才,优中选优、优中选适,更有针对性地引进博士学位教师。超一线城市使用供给型政策工具是六类城市中占比最低的,使用供给型政策工具提供供给性推力较少,环境型政策工具使用占比则处于平均水平。

第二,一线、二线、三线城市高职院校政策文本中所使用的供给型政策工具占比高于其他各级城市,其中三线城市供给型政策工具使用占比是六类城市中最高的,其次为一线城市,再次为二线城市,显著高于其他各级城市。表明一线、二线、三线城市高职院校主要通过使用供给型政策工具形成有利的供给型推力,推动优秀人才进入院校,然后通过具体明确引进之后的保障性、发展性供给待遇,吸引优秀博士学位教师入职。一线、二线、三线城市高职院校相较于超一线城市区位优势不足以吸收足量的优秀博士人才,其中尤以三线城市院校最为明显,因此,三线城市院校有意识地较多使用供给型政策工具来弥补这一先天不足。同时,一线、二线、三线城市高职院校与四线、五线城市高职院校相比有更为优渥的经济基础和设施条件,有能力使用更为多元、完善的供给型政策工具。

第三,四线、五线城市高职院校政策文本中所使用的环境型政策工具占比高于其他各级城市,其中五线城市环境型政策工具使用占比是六类城市中最高的,其次是四线城市院校,这表明四线、五线城市高职院校主要通过使用环境型政策工具形成良好博士学位教师引进、发展环境,吸引优秀人才汇聚。在地域区位、经济基础等各个方面都不占优势的情况下,四线、五线城市高职院校通过加强自身博士学位教师管理组织建设、发展平台建设、设立专项财政金融政策、优化引进程序等可行性手段积极创建有利于博士学位教师引进与发展的良好环境。

二、院校比较

(一) 政策主题

不同层次高职院校在政策文本中的政策主题体现方面存在些许差异,如图2-13所示,不同层次高职院校政策文本中政策主题所占据比例具有部分区别及相近之处。"双高"院校中占比最高的政策主题为"引进程序",占比为32.72%,其次为"管理考核",占比为22.04%,占比最低的为"引进目标",仅为11.57%。"非双高"院校中占比最高的政策主题也是"引进程序",占比为31.01%,其次为"管理考核",占比为24.05%,占比最低的则是"引进要求",仅为13.76%。

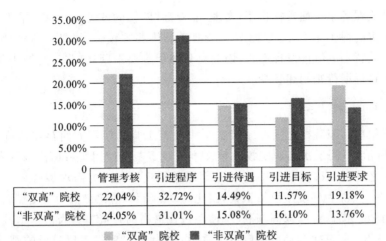

图 2-13　两类院校文本政策主题占比

通过对不同层次高职院校政策文本中政策主题占比的比较分析我们可以得出下列三个结论。

第一,两类院校都十分重视在博士学位教师引进政策文本中明确"引进程序"以及"管理考核"内容,表明无论是"双高"院校还是"非双高"院校都十分重视博士学位教师引进过程的公平规范,以及博士学位教师引进之后管理考核的科学合理性。同时,两类院校"引进待遇"政策主题在整体文本中占比不高,通过对文本深入分析,发现两类院校引进待遇具体设置相差不大,基本囊括基础薪资、住房保障、家属安置等条件,差异具体在于待遇维度中的待遇水平,例如基础薪资水平等。

第二,"双高"院校政策文本中涉及"引进要求"主题内容占比要高于"非双高"院校。表明"双高"院校相较于"非双高"院校对于博士学位教师的道德品质、专业等有更为明确的要求,"双高"院校对所需要引进的博士学位教师有更为明晰的整体画像,对于博士学位教师的引进更具有针对性。"非双高"院校相较于"双高"院校在博士学位教师引进针对性方面有所不足,在整体文本中"引进要求"主题的占比是最低的,主要原因大致有两个方面。一方面是部分"非双高"院校对于此方面重视程度稍显不足,对所需要引进的博士学位教师缺乏足够详细深入的分析描述。另一方面是部分"非双高"院校需要引进的博士学位教师范围较广,通过减少具体描绘,以扩大博士引进对象范围,尽可能多地引进各个专业方向的博士。

第三,"非双高"院校政策文本中涉及"引进目标"主题内容占比要高于"双高"院校。"非双高"院校对于引进博士所需具体要求描述较少,但是对为何需要引进博士学位教师以及引进博士学位教师期望达成何种目标相较于"双高"院校在政策文本中有更多的阐述。表明"非双高"院校对于引进博士寄予厚望,希望引进博士学位教师能在各个方面发挥作用,实现"非双高"院校的各类目标,即"非双高"院校更希望引进的博士是全才,故而对引进博士具体要求较少。"双高"院校则更期望博士能在其特定的维度发挥专长,因此对具体引进要求阐述较多,对博士学位教师引进后的目标期待则阐述较少。

(二)政策工具

不同层次高职院校之间在政策文本中政策工具的使用方面存在些许差异,如图 2-14 所示,不同层次高职院校政策文本中政策工具使用所占据比例具有部分区别及相近之处。"双高"院校中使用占比最高的政策工具为需求型政策工具,占比为 40.55%,其次为环境型政策工具,占比为 31.15%,占比最低为供给型政策工具,占比仅为 28.30%。"非双高"院校中使用占比最高的政策工具为供给型政策工具,占比为 35.87%,其次为环境型政策工具,占比为 34.38%,占比最低的则是需求型政策工具,占比仅为 29.75%。

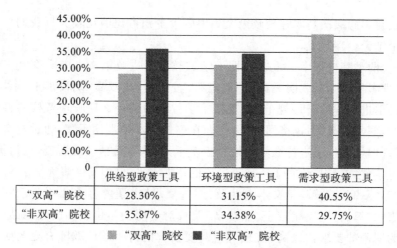

图 2-14 两类院校文本政策工具占比

通过对不同层次高职院校政策文本中政策工具使用占比比较分析,我们可以得出下列三个结论。

第一,两类院校都十分重视环境型政策工具的使用,环境型政策工具使用的主要目的在于通过创建一个良好的外部发展环境来吸引优秀博士应聘。由前期对文本的深入分析可知,两类院校都通过在文本中明确创建平台,设立专门金融财政机制,规范引进程序等内容提升吸引力。

第二,"双高"院校需求型政策工具使用占比显著高于"非双高"院校。表明"双高"院校作为国家重点支持建设院校,国家、地方、社会等各个方面对"双高"院校投入资源更多,具有相对显著的平台优势,对博士的吸引力更大。"双高"院校相较于

"非双高"院校具有一定的基础竞争优势,因此"双高"院校可以更多地在政策文本中体现自身的需求内容,通过明确引进需求,更有针对性地引进博士,确保引才工作的有效性。

第三,"非双高"院校供给型政策工具使用占比显著高于"双高"院校。正如同上文所述,"双高"院校借助国家赋予的层级地位,相较于"非双高"院校,在人才引进竞争中具有先天优势,因此,"非双高"院校需要在博士学位教师引进政策文本中使用更多的供给型政策工具,将所能给予的保障性待遇与发展性待遇阐述得更为详细明确,通过更大占比的供给型政策工具使用提升自身吸引力,从而在博士人才的引进竞争中获得一些优势。

第三章 高职院校博士学位教师引进与发展的现状调查

《国家职业教育改革实施方案》《关于推动现代职业教育高质量发展的意见》《关于深化现代职业教育体系建设改革的意见》等都对职业教育高质量发展提出了具体要求,迫切需要高水平师资队伍作为支撑,而博士学位教师则是带动高水平教师队伍建设的主力军,对高职院校高质量发展起着至关重要的作用。在此背景下,各高职院校锚定高质量发展目标,将高水平师资队伍建设摆在了更加重要和突出的位置,纷纷制定"人才强校"战略,大力引进博士学位教师,为学校高质量发展聚势赋能。因此,基于高质量发展的需求和背景,审视高职院校博士学位教师引进与发展的现状,对于推动新时代高职院校高质量发展具有重要的现实意义。

第一节 高职院校博士学位教师引进与发展的调研设计

大规模引进博士学位教师是各高职院校高质量发展阶段的必然选择。那么,高职院校博士学位教师引进情况如何?发展如何?是否很好地契合高职院校的发展需求?是否符合自身的发展期待?为了客观呈现当前高职院校博士学位教师引进与发展的现状,本研究对整个调研设计进行了规划,明确了调研目的、调研工具和调研对象。

一、调研目的

以博士学位教师为代表的高层次人才是高水平师资队伍建设的着力点,无论是高职院校还是普通本科高校,都将其作为高质量发展的重要突破口。随着实践层面的高度重视和深入推进,高层次人才引进与发展工作也引起了研究层面的重点关注,相关研究成果不断涌现。由于普通本科高校的高层次人才引进与发展工作与高职院校的高层次人才引进与发展工作具有一定的相通性,而且对高职院校具有一定的借鉴意义,因此,本研究将普通本科高校的相关研究成果也纳入其中。经过梳理发现,普通本科高校的高层次人才引进与发展工作和高职院校的高层次人才引进与发展工作的相关研究成果主要围绕"如何引进"和"如何发展"两大核心问题,主要从以下四个方面展开。一是政策文本分析。廉依婷以"区校协同"为研究视角,从优化机制的角度综合运用文献分析、调研访谈、案例研究等方法分析高职院校高层次人才引进政策机制[1]。郭书剑、王建华基于"双一流"建设背景下我国大学高层次人才引进政策,分析了不同地区、不同层次大学高层次人才需求及不同区域、不同类别高层次人才薪资待遇[2]。戴成林对天津市16所高校引进人才的政策文本进行了研究,研究结果建议基于校本特色制定人才发展规划、明确高级别岗位分级标准、建立条件灵活的引才模式[3]。二是影响因素分析。任欢欢、董永权、刘礼明运用定性分析方法探析了薪酬、编制、工作地点、晋升机会、工作环境、管理制度对高层次人才工作选择的影响,归纳出了影响高层次人才工作选择的重要因素[4]。鲁世林、杨希对高层次人才的成长周期及其影响因素进行了实证研究[5]。范冬清认为市场与信息环境、资源机制、大学组织的自身结构与文化属性是高层次人才引进风险的关键性影响因素[6]。徐娟、王建平研究发现,从总体上看,机构声望、学术绩效、收入水平、年龄、地域和海外经历对我国大学高层次青年人才流动具有较大的解释力[7]。三是人才流动与风险管控。廖冰、谢海涛、褚家佳以高层次人才为研究对象,运用DPSIR—AHP相结合的方法对高层次人才流失风险进行识别及测度,构建了高层次人才流失风险防控机制[8]。张刚刚、彭自力、王能东根据理性人假设,从混合策略纳什均衡博弈和委托—代理博弈角度出发,研究发现高校与高层次人才博弈存在博弈均衡解问题,高层次人才流动还与薪酬奖励、城市发展、家庭幸福和科研平台有直接关系[9]。徐娟、王泽东通过对我国6类项目人才9534份简历信息的提取与统计,初步分析了我国大学高层次人才流动的规律[10]。范冬清基于

---

[1] 廉依婷."区校协同"视域下高职院校高层次人才引进政策机制的优化研究[J].中国职业技术教育,2021(31):22-27+58.

[2] 郭书剑,王建华."双一流"建设背景下我国大学高层次人才引进政策分析[J].现代大学教育,2017(4):82-90+112-113.

[3] 戴成林.高校引进人才政策的文本分析——基于天津市16所高校人事部门的调查[J].黑龙江高教研究,2016(7):1-5.

[4] 任欢欢,董永权,刘礼明.省属高校高层次人才工作选择影响因素研究——基于21个案例的清晰集定性比较分析[J].高教探索,2021(8):24-28.

[5] 鲁世林,杨希.高层次人才成长周期及其对科技人才培养的启示[J].黑龙江高教研究,2021,39(9):1-5.

[6] 范冬清.大学高层次人才引进风险:影响因素与对策建议[J].高等教育研究,2014,35(6):39-45.

[7] 徐娟,王建平.中国大学高层次青年人才流动的影响因素——基于5类项目人才履历追踪的实证研究[J].现代大学教育,2021,37(3):78-87.

[8] 廖冰,谢海涛,褚家佳.高层次人才流失风险识别、测度与防控机制研究[J].黑龙江高教研究,2020,38(11):42-47.

[9] 张刚刚,彭自力,王能东."双一流"视角下高校与高层次人才流动博弈研究[J].科技管理研究,2019,39(17):171-178.

[10] 徐娟,王泽东.我国大学高层次人才流动规律研究——来自6类项目人才简历的实证分析[J].高校教育管理,2020,14(2):105-115.

情境、过程和价值,构建了大学高层次人才引进风险的管理模型①。四是问题与对策建议。罗家才基于组织分析理论的视角,认为当前大学高层次人才引进存在引才行动先于目标、人才的"镂空式"集中化与高端化引进、重外生变量轻内生变量与集群效应等三大误区,应通过重塑与回归大学人才引进的学术本位,树立组织系统与行动者互构的引才、用才观念,建立以教育性价值为基础的支持型政校信任合作体制,从而实现大学高层次人才引进的科学化②。张宝玲、吴方、王济干采用框架分析法,研究了薪酬要素与激励效应的关联,提出了高校高层次人才薪酬激励塔形模式及对应的制度保障③。王化思针对当前高校重金"挖人"的竞争怪状和高层次人才流动失控的现实情况,建议应以高校高层次人才的范围、聘用合同的性质界定为基础,加强高校高层次人才流动的契约化管理④。李雪对"双高"院校的调研分析发现,高层次人才成长发展的机制障碍主要表现为发展基础厚植不够、成长平台支撑不足、成果反哺力度不够、精神关怀深度欠缺等问题,认为应健全多样化的激励方式,建立多元化的考核评价方式,打造共育化的专业发展平台,实施立体化的思想政治引领,助推高层次人才队伍建设,推进"双高"建设稳步发展⑤。

  本研究进一步分析发现,大部分的研究成果聚焦于普通本科高校的高层次人才引进与发展,呈现出研究成果数量多、成系统、高质量的特点,而高职院校高层次人才引进与发展的相关研究成果不仅数量少、零星分布,而且多理论探析少实证调查。实际在高质量发展的驱动下,高职院校高层次人才引进与发展如火如荼地开展,那么人才引进现状如何?发展现状如何?面临哪些困境?影响人才引进的因素有哪些?不同区域、不同类型的高职院校人才引进与发展有何差异?这一系列问题亟须研究层面的引领与支撑。因此,本研究在以往研究基础上,尝试开展全国范围内高职院校博士学位教师引进与发展的问卷调查和深度访谈,通过定性和定量相结合的方法,客观呈现当前高职院校博士学位教师引进与发展的全貌。具体研究问题如下。

  (1)高职院校博士学位教师规模如何?不同区域、不同性质高职院校博士学位教师分布如何?

---

① 范冬清.风险规制、过程管控及价值衡量——大学高层次人才引进风险的管理模型解析[J].高教探索,2015(3):13-16.
② 罗家才.自为之抑或他驱之:大学高层次人才引进误区再解读——基于组织分析理论的视角[J].江苏高教,2017(5):9-14.
③ 张宝玲,吴方,王济干.基于框架分析法的高校高层次人才薪酬激励模式创新研究[J].江苏高教,2018(5):26-31.
④ 王化思.试论高校高层次人才流动的契约化管理——兼评高校高层次人才聘用合同的法律性质[J].中国高教研究,2019(11):77-82.
⑤ 李雪.基于"双高"建设的高职高层次人才成长机制研究[J].教育与职业,2021(23):82-86.

(2)高职院校引进博士学位教师的主要动机是什么？
(3)高职院校博士学位教师引进的影响因素主要有哪些？
(4)高职院校博士学位教师引进面临哪些问题？
(5)高职院校博士学位教师引进后有哪些发展路径？博士学位教师又是如何抉择的？
(6)高职院校是如何促进博士学位教师发展的？采取了哪些具体措施？
(7)高职院校博士学位教师是否存在"引得进"却"用不好"的难题？具体表现在哪些方面？
(8)高职院校与博士学位教师之间需求匹配程度如何？学校对博士学位教师的表现和贡献是否满意？是否实现预期？博士学位教师对自己的发展是否满意？是否满足个体需求？
(9)高职院校博士学位教师引得进、用得好、留得住的关键是什么？应在政策配套、引才方式、考核管理等方面如何变革？

二、调研工具

（一）调查问卷

结合前期访谈结果，本研究设计并修改完善了《高职院校博士学位教师引进与发展现状的调查问卷》，内容主要包括以下五部分，如表 3-1 所示，具体内容详见附录 A。

表 3-1　调查问卷结构表

题　项	内　容	备　注
1—10	基本信息	性别、婚姻、年龄、身份、职称、职务、毕业院校、所在学校类型等
11—12	引进动机	政策驱动、质量驱动
13—18	引进现状	规模数量、影响因素、发展规划等
19—42	发展现状	发展路径、发展环境、资源支持、岗位设置、制度体系、工作适应等
43—45	发展成效	满意度、流动可能性等

第一部分主要是为了获得高职院校博士学位教师引进与发展的基本信息，包括调查对象性别、婚姻、年龄、身份、职称、职务、毕业院校、所在学校类型、所在学校区域、所属专业大类等信息，这些信息与博士学位教师引进与发展的影响因素密切相关。

第二部分设置了两个问题，主要是为了了解高职院校引进博士学位教师的主要动机，是源自外在升本的政策驱动还是内在教学、科研的质量驱动。

第三部分是关于高职院校博士学位教师的引进现状,主要从规模数量、影响因素、发展规划等方面进行设计,调查收集的信息主要用于描述性分析。以规模数量为例,一方面可以呈现高职院校博士学位教师的具体分布,另一方面从需求和供给的角度,可以反映高职院校博士学位教师的引进问题。

第四部分是高职院校博士学位教师的发展现状,主要从两方面展开。一方面基于学校角度,从发展路径、发展环境、资源支撑、岗位设置等探讨博士学位教师的发展,另一方面则基于个体角度,从工作适应和制度体系角度探讨博士学位教师的发展。

第五部分是对当前高职院校博士学位教师引进与发展的整体评价,通过满意度和工作流动性的调查,从侧面反映高职院校博士学位教师引进与发展的成效。

(二)深度访谈

本研究针对院校领导及职能部门负责人、引进博士、内培博士、在读博士(非内培)以及离职博士,编制了半结构式的访谈问卷,访谈内容主要包括引进和发展两个方面。引进方面主要了解高职院校引进博士学位教师的动因,以及哪些因素影响博士学位教师的就业选择。具体访谈问题如:学校引进博士学位教师的动机是什么?希望博士发挥什么样的作用?您觉得学校重视博士学位教师引进吗?为何如此重视?学校引进博士学位教师待遇如何?在区域范围内是否具有一定的市场竞争力?您选择高职院校主要考虑哪些因素(如高职发展政策环境、经济待遇、科研学术压力等)?您对学校的引进待遇是否满意?发展方面主要了解高职院校为促进博士学位教师发展,做了哪些努力,存在哪些问题。具体访谈问题如:学校博士学位教师引进后发展路径有哪些?学校博士学位教师的聘期是几年,考核是如何开展的?考核对博士来说难度大不大?您所在学校是如何促进博士学位教师发展的,出台了哪些政策制度?您希望学校提供哪些方面的帮助?学校内培博士的待遇如何?您如何看待外引和内培之间的待遇差距?对于学校重引进轻内培的现象,您如何看待?如何才能实现引育并举?您觉得学校博士学位教师引得进、用得好、留得住的关键是什么?学校应在政策配套、引才方式、考核管理等方面如何变革?具体访谈提纲详见附录B。

三、调研对象

(一)问卷对象

本研究采用分层随机抽样的方法,选取东、中、西部地区高职院校的博士学位教师作为施测对象,兼顾了区域、学校类型、专业属性等多个维度,共收回问卷145

份,剔除无效问卷 11 份,有效问卷为 134 份。调研对象具体的人口统计学变量指标如表 3-2 所示。

表 3-2 问卷调查有效样本的基本情况一览表($N=134$)

人口统计学变量	类别	人数/人	百分比/(%)
性别	男	87	64.93
	女	47	35.07
婚姻状况	已婚	107	79.85
	未婚	25	18.66
	其他	2	1.49
年龄	30 岁及以下	10	7.46
	31~35 岁	50	37.31
	36~40 岁	33	24.63
	41~45 岁	26	19.40
	46~50 岁	9	6.72
	50 岁以上	6	4.48
身份	引进博士	101	75.37
	内培博士	27	20.15
	其他	6	4.48
职称	正高级	22	16.42
	副高级	46	34.33
	中级	56	41.79
	初级	10	7.46
职务	正处级	7	5.22
	副处级	18	13.43
	正科级	11	8.21
	副科级	1	0.75
	无	97	72.39
毕业院校性质	985 高校	54	40.30
	211 高校	27	20.15
	海外高校	12	8.96
	其他	41	30.60

续表

人口统计学变量	类别	人数/人	百分比/(%)
学校类型	国家"双高"校	91	67.91
	省"双高"校	24	17.91
	其他	19	14.18
城市区位	超一线	5	3.73
	一线	71	52.98
	二线	44	32.84
	三线	11	8.21
	四线	2	1.49
	五线	1	0.75
所属专业大类	农林牧渔大类	7	5.22
	资源环境与安全大类	5	3.73
	能源动力与材料大类	19	14.18
	土木建筑大类	13	9.70
	装备制造大类	20	14.93
	生物与化工大类	14	10.45
	轻工纺织大类	1	0.75
	食品药品与粮食大类	2	1.49
	交通运输大类	4	2.99
	电子与信息大类	9	6.72
	医药卫生大类	2	1.49
	财经商贸大类	13	9.70
	旅游大类	3	2.24
	文化艺术大类	2	1.49
	教育与体育大类	15	11.19
	公共管理与服务大类	5	3.73

(二) 访谈对象

根据异质性典型案例抽样原则,本研究选取了若干教师代表作为访谈对象,其中包含海外引进博士、国内引进博士、学校内培博士、职能部门负责人、二级院系领导及在读博士等,而离职博士由于较难获取相关信息,故而未纳入实际访谈对象。

为了保护受访者隐私,笔者对受访者信息做了相应编号处理。以"H-Z-1"为例,第一个字母代表学校的类型,其中 H 为"双高"院校,F 为"非双高"院校,P 为普通本科院校;第二个字母代表教师的身份,其中 Z 为职能部门负责人,L 为二级院系领导,Y 为专业教师,D 为在读博士;数字为受访者的序号。20 位受访者的基本情况如表3-3所示。

表 3-3 访谈对象具体信息和编码情况表

序号	学校	性别	身份	职务	所学专业或所教专业	入职年份/年	人才性质	时长/分钟	受访者编码
1	H	女	Z	师资科副科长	护理学	2010	/	110	H-Z-1
2	H	女	Z	人事处副处长	教育学	/	国内内培	95	H-Z-2
3	H	男	Z	人事处副处长	/	/	/	78	H-Z-3
4	H	男	Y	专业主任	生物制药技术	2017	海外引进	102	H-Y-1
5	H	男	Y	专业主任	机械制造及其自动化	2018	国内引进	85	H-Y-2
6	H	男	Y	专业主任	工业机器人技术	2017	国内引进	95	H-Y-3
7	H	男	Y	/	教育学	2021	国内引进	120	H-Y-4
8	H	男	Y	/	物联网应用技术	2009	国内内培	65	H-Y-5
9	H	男	Y	/	工业机器人技术	2021	国内引进	65	H-Y-6
10	H	男	Y	教科办副主任	岩土工程	2012	国内内培	85	H-Y-7
11	H	女	Y	专业主任	兽医学	2016	海外引进	95	H-Y-8
12	H	男	Y	/	医学检验技术	2021	国内引进	60	H-Y-9
13	H	男	Y	专业主任	药品生产技术	2009	国内引进	45	H-Y-10
14	H	女	Y	教研室主任	艺术学	2021	国外内培	50	H-Y-11
15	H	男	Y	质量办科长	教育学	2018	国内引进	125	H-Y-12
16	H	男	L	二级学院副院长	机械制造及其自动化	2013	国内引进	80	H-L-1
17	P	男	D	/	教育学	/	/	60	P-D-1
18	P	女	D	/	教育学	/	/	70	P-D-2
19	F	女	Y	/	教育领导与管理	2020	国内引进	65	F-Y-1
20	F	男	L	二级学院院长	/	/	/	100	F-L-1

第二节　高职院校博士学位教师引进现状分析

在高质量发展引领下,高职院校博士学位教师引进正如火如荼地开展,具体引进成效如何、面临哪些问题、受哪些因素影响等问题都有待深入的调研和分析。因此,本研究尝试从规模分布、需求供给、引进动力、影响因素、引进规划等方面客观呈现高职院校博士学位教师的引进现状。

一、高职院校博士学位教师规模分布差异较为悬殊

近年来,高职院校开始大规模引进博士学位教师,已悄然蓄积起了一批博士学位教师队伍,且部分高职院校的博士学位教师已经达到相当规模。据2022年各高职院校质量年报数据显示,博士学位教师主要分布在"双高"院校,其中197所"双高"院校中有95所学校有明确的博士学位教师人数。因此,本章节主要分析95所"双高"院校博士学位教师的分布及突出特征。

(一)博士学位教师院校分布极差明显

高职院校博士学位教师分布可以从数量和比例两个方面分析。首先从数量来看,据统计,95所"双高"院校共有博士学位教师4182人,平均每所"双高"院校约44人,但只有30所高职院校博士学位教师的人数在平均数之上,绝大多数都未达到平均数。可见,即使是"双高"院校之间,博士学位教师分布的差异也较大,明显的呈现出五个梯队。第一梯队是排名前5的高职院校,博士学位教师人数在100人以上,其中排名第一的是深圳职业技术学院,510人,这一类高职院校仅占5.26%。第二梯队是排名第6~24的高职院校,博士学位教师人数为50~99人,其中排名第一的是广东科学技术职业学院,99人,这一类高职院校占20%。第三梯队是排名第25~44的高职院校,博士学位教师人数为30~49人,其中排名第一的是江苏食品药品职业技术学院,49人,这一类高职院校占21.06%。第四梯队是排名第45~80的高职院校,博士学位教师人数为10~29人,其中并列第一的是山东商业职业技术学院和福建船政交通职业学院,29人,这一类高职院校占37.89%。第五梯队是排名第81之后的高职院校,博士学位教师人数在10人以下,这一类高职院校的数量也不少,占比为15.79%。其次从比例来看,高职院校之间博士学位教师人数占学校专任教师人数的比例差异同样明显。据统计,95所"双高"院校共有博士学位教师4182人,专任教师人数58276人,博士学位教师占比为7.18%,同样,也只有30所高职院校博士学位教师占比在平均数之上。第一梯队是排名前三的高职院校,比例为20%~50%,其中排名第一的是深圳信息职业技术学院,博士占比

44.31%,这一类高职院校数量较少,仅占3.16%。第二梯队是排名第4~21的高职院校,比例为10%~19%,其中排名第一的是北京农业职业学院,博士占比18.34%,这一类高职院校占18.95%。第三梯队是排名第22~47的高职院校,其中排名第一的是常州信息职业技术学院,博士占比9.87%,这一类高职院校占27.37%。第四梯队是排名第48~63的高职院校,其中排名第一的是山东畜牧兽医职业学院,博士占比4.63%,这一类高职院校占16.84%。第五梯队是排名第64之后的高职院校,共有32所高职院校,占比33.68%,这类高职院校的博士占比分布在3%以下。详见表3-4。

表3-4 "双高"院校博士学位教师规模分布情况

梯队分布	博士学位教师人数/人	学校数/所	学校数占比/(%)	博士学位教师占比/(%)	学校数/所	学校数占比/(%)
第一梯队	100及以上	5	5.26	20~50	3	3.16
第二梯队	50~99	19	20	10~19	18	18.95
第三梯队	30~49	20	21.06	5~9	26	27.37
第四梯队	10~29	36	37.89	3~4	16	16.84
第五梯队	1~9	15	15.79	3以下	32	33.68

(二)博士学位教师区域分布差异显著

高职院校博士学位教师分布有着明显的区域差异。由表3-5可知,东部地区共有68所"双高"院校,博士学位教师总数为3681人,平均每校约54人,占比高达88.02%;中部地区共有14所"双高"院校,博士学位教师总数为154人,平均每校约11人,仅占3.68%;西部地区共有13所"双高"院校,博士学位教师总数为347人,平均每校约26人,仅占8.30%。可见从东、中、西部区域划分来看,高职院校博士学位教师数量呈现东部遥遥领先、中部塌陷和西部崛起的现状。东部地区的高职院校是博士聚集区,因为东部地区经济更发达、资源更好、机会也更多,对博士人才的吸引力整体较高,每年都有大量的博士流向东部地区的高职院校,其数量是中部地区和西部地区总和的7倍之多。如深圳职业技术学院的博士学位教师数为510人,居全国之首,遥遥领先于其他高职院校,而且其增速较快,近三年博士学位教师增加了近200人;深圳信息职业技术学院的博士学位教师数为409人,居全国第二;无锡职业技术学院的博士学位教师数为131人,居全国第三。这三所高职院校博士学位教师的总数约占全国"双高"院校博士学位教师的四分之一。近年来,随着东部地区高职院校不断提高人才引进待遇标准,给中、西部地区的人才引进工作带来了很大压力。中、西部地区高职院校在人才引进方面缺乏区域优势,人才吸引力不足,甚至引进或培养的博士人才部分流失。

表 3-5 "双高"院校博士学位教师区域分布情况

区域划分	学校总数/所	博士学位教师总数/人	博士学位教师占比/(%)	每校博士学位教师平均数/(人/所)
东部	68	3681	88.02	54
中部	14	154	3.68	11
西部	13	347	8.30	26
总计	95	4182	100	44

我们学校博士的数量不多的,除去那些在读的,有博士学位的教师大概也就40来个。(H-Y-12)

二、高职院校博士学位教师引进需求大于实际供给

据调查,从需求角度看,高职院校对博士学位教师的需求较大,61人以上占11.94%,51~60人占9.7%,41~50人占8.96%,31~40人占8.21%,21~30人占9.7%,11~20人占14.18%,10人以下占1.49%,不清楚的占35.82%,如图3-1所示。从引进数量看,高职院校每年实际引进的博士学位教师人数在31人以上占17.91%,26~30人占4.48%,21~25人占6.72%,16~20人占5.97%,11~15人占10.45%,6~10人占15.67%,5人以下占7.46%,不清楚的占31.34%,如图3-2所示。从目前高职院校博士人才的招聘情况来看,多数学校都存在不同程度的指标招不满的问题。从调查结果看,有部分博士学位教师不清楚学校每年的博士需求数量和实际引进数量,且高职院校博士学位教师每年实际引进数量和引进需求不相匹配、存在较大的出入。虽然当下高职院校已在加快脚步储备博士学位教师人才,但博士人才难觅或求而不得依然是普遍现象,尤其对于"非双高"校来说,更是难上加难。未来高职院校如何更高效地引进博士学位教师人才,高质量建设师资队伍任重而道远。

去年我们学院招4~5个博士,结果5个里最后就来了1个,另外有3个都谈好了,也没进来,甚至科技处都给其中一个博士立了国家科研培育项目,最后也不来了。(H-Y-3)

学校对博士人才的需求较大,确实每一年基本都招不满。有些专业好招一点,但有些专业就很难招,像国际贸易,这两年一直在招,就是招不到。(H-Y-12)

我们不是"双高"校,但对博士也有需求,很想引进博士,现状就是我们有需求但引不进,即使引进可能也留不住。(F-L-1)

学校很重视博士人才的引进,从引进政策就可以看出来,这两年政策也在不断完善细化,我2018年来的时候,都没分这么细,但学校重视归重视,每年招进来的人依然不多。(H-Y-2)

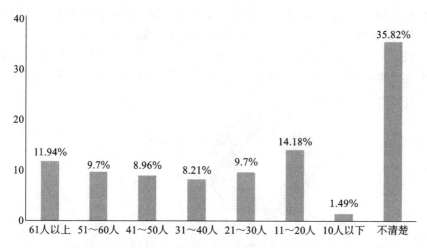

图 3-1　高职院校每年对博士学位教师人才的需求情况

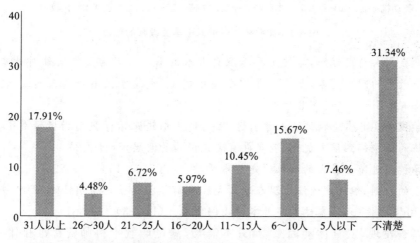

图 3-2　高职院校每年引进博士学位教师的数量情况

三、升本是高职院校博士学位教师引进最大动力源

对于高职院校来说,博士学位教师力量的注入,确实能给高职院校带来显著的变化,因而博士学位教师被寄予了重要期望。

从动机强弱来看,37.31%的教师表示学校动机较强,学校一直以来就非常重视博士学位教师引进且成效显著;50.00%的教师表示学校动机一般,在职教本科师资标准之前,学校就有引进博士学位教师,但并未如此重视;12.69%的教师表示学校动机不强,如果没有职教本科师资标准,学校应该不会大力引进博士学位教师,如图 3-3 所示。可见,超三分之一的高职院校在引进博士学位教师方面有着足够强的内驱力,通常这一部分学校也是综合实力比较靠前的高职院校,如深圳职业技术学院、金华职业技术学院等,但大部分高职院校的动机水平一般,大多是受升本的动机驱使。其实升本对学校来说,是一个不可多得的发展机遇,升本之后,学校会更加重视学科建设和科研发展,对于博士人才的吸引力也会显著增强。

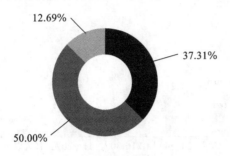

● 动机较强,学校一直以来就非常重视博士学位教师引进且成效显著
● 动机一般,在职教本科师资标准之前,学校就有引进博士学位教师,但并未如此重视
● 动机不强,如果没有职教本科师资标准,学校应该不会大力引进博士学位教师

图3-3 高职院校引进博士学位教师的动机

从我个人角度理解,学校主要是源自升本的需要。因为国家文件对升本有一个博士数量的明确要求,如果不是这个硬性规定,我想学校不会这么急迫、这么重视博士人才引进。(H-Y-3)

学校确实非常重视博士人才引进,因为博士引进来后学校的指标好看很多,师资队伍的结构得到很大优化,确实也有点充门面的意思。(H-Z-2)

学校引进博士最大的动机还是升本需要,为了达到15%……之前我们也有引进博士的规划,但力度远没有现在这么大。目前学校博士总量有140多个,去年就引进50多个博士,基本达到了升本的比例要求。(H-Z-3)

调查发现,从具体动因来看,升本需要,满足职教本科师资标准排第一,占85.82%;科研需要,补齐学校科研发展短板排第二,占70.90%;学科发展,需要有博士人才的引领排第三,占66.42%;提升综合实力,打造学校核心竞争能力排第四,占65.67%;项目需要,便利申报各类教科研项目排第五,占43.28%;教学需要,培养高素质技术技能人才排最后,占40.30%,如图3-4所示。由此可见,首先,升本是高职院校博士学位教师引进的最大动力源。当前高职院校批量引进博士学位教师,除了看重博士学位教师的能力外,更多的是看重学历指标,大幅提升学校具有博士研究生学位的教师比例,以此展示学校师资队伍建设的成绩,赢得职业本科办学的"入场券"。其次,高职院校引进博士学位教师是高质量发展的现实驱动。无论是学科发展、科研项目、团队建设等,都需要博士学位教师的支撑与引领。毕竟相比硕士研究生,博士研究生的能力相对综合,一方面他们可以充分发挥科研的

优势,反哺教学和社会服务等,另一方面他们是专业建设的主力军,被赋予了多出国家级标志性成果的重要期待,同时,他们也是团队建设的领头羊,学校迫切希望发挥博士学位教师的引领与示范作用,培养出一批高水平的教师队伍,以彰显学校办学优势。

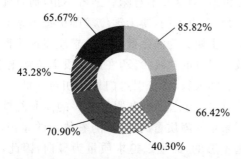

● 升本需要,满足职教本科师资标准　　● 学科发展,需要有博士人才的引领
⊗ 教学需要,培养高素质技术技能人才　● 科研需要,补齐学校科研发展短板
◪ 项目需要,便利申报各类教科研项目　● 提升综合实力,打造学校核心竞争能力

图 3-4　高职院校引进博士学位教师的具体动因

访谈中,当被问及"学校引进博士学位教师的具体动因是什么?",相关职能部门负责人、专业主任和专业教师是这样表述的。

这两年学校尤其重视,大家也都知道,申办职教本科一个很重要的指标就是博士学位教师比例要超过15%,目前,这个缺口还是比较大的。当然满足职教本科师资比例是一方面,但其实职业教育发展也需要一部分博士来引领。相比硕士,博士出成果肯定要快一点、好一点,毕竟几年的博士生涯不仅仅是学术上的训练,还有阅历、视野等的提升。学校近几年引进的博士,包括我自己,学习能力都很强,还能把自己科研的一些积累和经历反哺到教学、双创、社会服务等。(H-Y-1)

我们学校对于博士引进还是比较重视的,首先考虑的就是升本的要求,然后就是希望争取多拿下一些国家级标志性成果,比如国家在线精品课程等项目,同时通过博士的带动,培养一批真正能够出成果的团队,以帮助学校在下一轮的"双高计划"中取得一定的优势。(H-Y-12)

学校想升本,所以非常重视博士学位教师的引进,因为升本有一个比较严格的博士学位教师比例的要求,然后学校对博士的期待也比较高,希望他们对学校的专业建设、科研成果、团队发展等起到领头的作用,在成果的数量和质量方面都有比较好的提升。(H-Y-11)

一直以来,高职院校比较注重技能人才培养,科研这块比较弱。学校要发展要升本,你说研究这块靠硕士或者技能型的人才,他可能无法撑起来,还是需要博士的力量。(H-Z-1)

四、高职院校博士学位教师引进质量有较明显提升

高职院校源自多种动机竞相招揽博士学位教师,虽然高职院校对博士学位教师的需求远远大于实际供给,但这并不意味着来者不拒,而且随着学校发展阶段的不同,对博士学位教师的要求也不同,博士学位教师引进质量有较明显的提升。高职院校博士学位教师引进主要分为满足数量和追求质量两个阶段。满足数量阶段是高职院校博士学位教师引进的初级阶段,在此阶段学校博士学位教师数量紧缺,为积累足够的博士学位教师人数,学校引进门槛会相对放低。目前,在博士学位教师比例不低于15%的要求下,有志于申办职教本科的高职院校大多还处于积累教师数量阶段。数量的积累是保障质量的前提,随着数量的累积,高职院校渐渐意识到仅仅满足数量是远远不够的,必须以追求质量为导向,因此,博士学位教师引进开始由满足数量阶段向追求质量阶段转变。值得注意的是,访谈中发现虽然很多高职院校还处于满足数量阶段,但在高质量发展的驱动下,高职院校越来越意识到博士质量的重要性,而且随着院校实力和名气的提升,学校选择博士的余地也增大了。因此,很多高职院校都是一手抓数量广揽人才,一手抓质量严把入口,为学校甄选真正适合的高素质人才,争取在实现数量递增的同时完成质量的跃升。从实践来看,确实近些年高职院校引进的博士总体质量越来越好,不乏大批国内外名校出身的博士,甚至个别高职院校还开始关注博士的第一学历,很好地提升了博士学位教师群体的整体质量。如图3-5所示,40.30%的博士学位教师毕业于985高校,20.15%的博士学位教师毕业于211高校,8.95%的博士学位教师毕业于海外高校,毕业于其他院校的教师占30.60%。

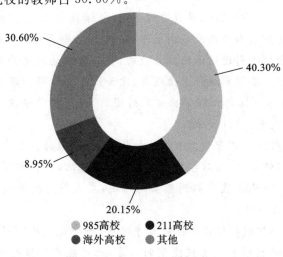

图3-5 高职院校引进博士学位教师毕业院校情况

学校博士人才引进也是分阶段的，刚开始的时候，以满足数量为主，但现在博士引进渐渐多了，我们也比较注重博士的质量，不是博士来了我们就要。(H-Y-4)

校领导一直强调人才工作要严把质量关，所以现在博士引进不单单看数量，说实话，如果单纯想引进，很多博士都会来。相比以前，现在报名的博士多了，学校的可选择性也大了，我们也开始关注博士的第一学历，谨慎选择，主要也是想提升博士的整体质量。近些年学校引进的博士，名校出身的很多，有剑桥大学、成均馆大学、京都大学、香港大学、香港理工大学、新加坡理工大学等。(H-Z-1)

为了不内卷，领导提出了"三不"原则，不在市内挖、不在西部挖、不在高校挖，这是对高校人才发展提出的新定位，要求学校积极引进海外的优秀博士。另外，政府也在积极牵线搭桥，设计了美国、加拿大、欧洲等二三十条线路，让学校报名参与人才招引。(H-Z-3)

五、高职院校博士学位教师引进因素多元共同作用

对于博士毕业生来说，其就业选择不仅是职业选择，更是生活方式的选择和对未来生活的筹划，故而更加慎重①。调查发现，博士之所以选择高职院校工作是综合考虑诸多因素后的理性选择。其主要影响因素如图3-6所示，国家重视，高职院校面临的发展机遇较好排第一，占63.43%；购房、科研、人才补贴等待遇优厚排第二，占50.00%；职称晋升渠道通畅，占20.90%；职务晋升机会和空间较大，占20.15%；编制保障，占45.52%；科研压力和竞争较小，占40.30%；亲缘或学缘等社会关系的牵引，占11.19%；相对普通本科门槛和要求较低，占20.15%；帮助解决配偶编制，占8.96%；帮助解决孩子入学问题，占3.73%；城市区位优势明显，占37.31%。可见，大多数博士选择高职院校主要看重以下方面。一是发展机遇较好。从国家层面看，当前国家前所未有地重视职业教育，职业教育也步入了前所未有的好时代；从学校层面看，学校也前所未有地重视博士学位教师，无论是职称还是职务的晋升，其机会和空间都较大，为博士学位教师较快地脱颖而出创设了得天独厚的发展条件。二是经济待遇优渥。相对来说，选择高职院校后，一方面购房、科研、人才补贴等待遇丰厚，另一方面收入也颇丰。访谈中绝大部分的博士学位教师对自己的收入待遇较为满意，而且他们认为，只要博士个人能力比较强，在高职院校的收入是不会差的。三是生活稳妥安定。相对普通本科高校，高职院校既没有非升即走的求职风险，又没有那么大的科研压力，整体工作氛围相对宽松，对于有家庭的博士来说，这方面的吸引较大。综合来看，大多数博士学位教师认为选择高职院校工作，整体性价比较高，不失为一个不错的工作选择。

---

① 翟月,张辉,沈文钦.什么是"好地方"——博士毕业生就业地点选择的质性研究[J].中国高教研究,2022(11):81-88.

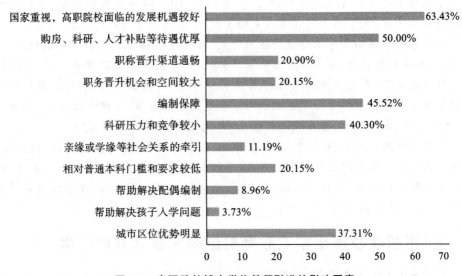

图3-6 高职院校博士学位教师引进的影响因素

工资收入的话,说实话,新进的博士肯定是高不到哪里去。但是进来后,只要你想干事,有能力干事,能够承接各类项目,那收入的涨幅是非常快的。(H-Y-2)

平时和博士聊的时候,发现他们觉得高职最有吸引力的就是职称直聘,包括我们现在正在谈的一个博士也是,让我们一定要承诺即使年龄超了,也能够直聘。还有一个快50岁了,他原来在的学校正高上不去,也很想过来。(H-Z-1)

博士选择高职院校,最看重的就是待遇问题。大家都是这样的,哪里待遇好往哪里跑。(F-Y-1)

六、高职院校博士学位教师引进受多阻力因素制约

博士选择高职院校工作的因素各异,但是影响高职院校博士学位教师引进的阻力因素却较为统一。据调查,这些阻力因素主要表现在以下方面。缺乏科研平台、设备等硬件资源支持,占82.09%;缺乏科研团队、氛围等软件资源支持,占79.85%;无法带研究生,缺少学术传承,占60.45%;重教学轻科研,重行政轻学术,占56.72%;自身学术成长与发展空间受限,占53.73%;学校名气不好,社会认可度偏低,占44.78%,详见图3-7。可见,高职院校博士学位教师引进最大的阻力因素来自科研方面,而科研又恰恰是大多数博士的核心追求。假若博士选择高职院校,他很可能因缺少科研平台、团队、设备等资源支持,无法很好地延续自身的学术研究,从而感到迷茫,这将直接影响博士学位教师的专业成长。访谈中也有个别学校谈到,由于学校提供的安家费、薪资待遇等条件达不到博士人才的心理预期,所以学校到现在也还没有博士学位教师。

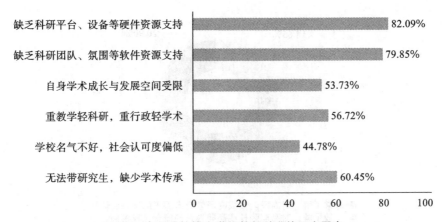

图 3-7 高职院校博士学位教师引进的阻力因素

学校目前没有博士，之前引进过 1 个博士，但被其他学校挖走了……我们也一直在努力引进博士，但博士提出的年薪 30 万或者享受人才福利分房的条件，学校无法满足，所以一直谈不拢。(F-L-1)

此外，社会认可度也是一个很重要的因素。如图 3-8 所示，只有 20.90% 的博士在入职前对高职院校或高职教育非常了解，有深入的调查和认知；60.45% 的博士在入职前对高职院校或高职教育一般了解，概念比较模糊；18.65% 的博士在入职前对高职院校或高职教育一片空白，没有相关概念。访谈中也发现，很多博士学位教师在选择高职院校前，除了一些教育学专业的博士对职业教育有一定的认知，很多其他专业的博士对职业教育或者高职院校的认知几乎是空白的，他们不清楚高职院校的整体运行和育人模式，甚至有博士学位教师表示，如果当初知道高职院校是这样的情况，可能就不选择在高职院校工作了。因而，分析高职院校博士学位教师引进的阻力因素，有利于高职院校明晰短板所在，从而有针对性的提高改善，既有利于更好地引进博士人才，又有利于更好地创造博士人才的发展环境。

对职业教育的认知是一张白纸，我就没听说过，也没关注过，如果知道是这个样子，肯定不会来了。(H-Y-3)

关起门来实话实说，我当时来学校工作都不知道这世界上还有这么一个层次的学校。(H-L-1)

我觉得博士为什么来高职，其实对高职有一个错误的认知，以为来上上课，搞搞科研就好了，是比较轻松的。像我来学校之前，对高职一点概念都没有，可能听说过职业教育、中职、高职，但也就是知道有这个名词存在而已。(H-Y-2)

博士所接受的教育都是在普通高校里完成，所以他对高职的运行生态、运行模式一点都不了解。(P-D-1)

我在硕士、博士就读期间，对高职教育有所耳闻，但并不是那么了解。当时我

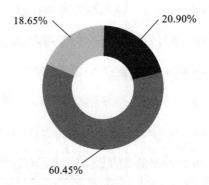

- 非常了解，对高职院校或高职教育有深入的调查和认知
- 一般了解，对高职院校或高职教育的概念比较模糊
- 一片空白，对高职院校或高职教育没有相关概念

图3-8 博士入职前对高职院校或高职教育的印象

的认知可能和社会大众对职业教育的看法是一样的，总觉得有点低人一等。（H-Y-12）

七、高职院校博士学位教师引进缺乏合理系统规划

高职院校高层次人才引进规划是根据学校的战略规划，基于现有的教师资源状况，并考虑未来的人才资源需求和供给状况，对学校岗位编制、师资配置、教师培训、招聘和选拔等内容进行的人才资源的智能性规划。高职院校制定高层次人才引进规划是避免人才盲目引进与应急人才招聘的基础，而当前高职院校博士学位教师引进普遍缺乏合理系统的规划。调查显示，只有26.87%的教师认为学校博士学位教师引进规划基于学校和专业深入而广泛的调研制定非常合理；67.91%的教师认为学校的博士学位教师引进规划只基于部分专业的浅层次调研制定一般合理；甚至还有5.22%的教师表示学校人才引进存在一定的盲目性，没有制定博士学位教师引进规划，如图3-9所示。如果博士学位教师引进缺乏合理系统的规划，必然导致博士学位教师专业分布零星散乱，无法形成聚合力。很多博士学位教师访谈中也提到这个问题，博士引进不仅仅是一个数量的问题，还涉及高职院校结构和内部资源整合的问题。一个专业若只有零星几个博士，是很难成气候的，毕竟每个人的专业出身、发展方向、个体差异是客观存在的，不仅很难组建团队，而且个体的力量有限。当然，也有一些高职院校已经意识到博士学位教师引进规划的重要性，并基于专业发展和教师团队发展的需要，有意识有目的地引进相应的博士。只有合理配置教师团队资源，才能发挥博士学位教师的最大优势，才能把相关专业或者学科做大做强。

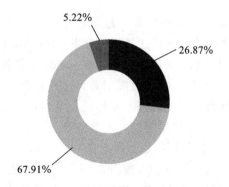

- 非常合理，基于学校和专业深入而广泛的调研制定
- 一般合理，基于部分专业的浅层次调研制定
- 没有规划，人才引进存在一定的盲目性

图 3-9 高职院校博士学位教师引进规划制定情况

据我了解，现在引进的博士都是散点状的，一个专业只要满足大类方向就好。这是不对的，因为每个博士的研究方向相差太远，这会影响到后面个人、团队和学科的发展。博士引进方向一定要聚焦，比如我们学校 50 多个专业，每个专业都引进 2 个博士，也有 100 个博士了。但如果这 100 个博士集中在十几个专业，每个专业有 10 来个博士，同样的博士数量，发挥的作用绝对是不一样的。(H-Y-1)

我觉得博士的优势当然应该发挥，但是 1 个人的带动作用毕竟是有局限的，若 5 个人都是 1 个方向的，肯定比 1 个人带动的力量强得多。如果没有聚焦，力量就分散了。(H-Y-6)

博士数量太少，是没有意义的，因为博士引进来后无法组建团队，然后每个人都有自己的研究方向，所以学校现在引进博士就会按照团队发展或学科发展的需要有意识地去筛选，不像以前单纯为了引进而引进。(H-Y-5)

搞科研和教学还不太一样，科研讲究团队作战。如果这个学科没有一个很厉害的人把大家聚合在一起，就算博士引进来之后也很分散，搞科研其实也没有什么优势。(H-Z-1)

第三节 高职院校博士学位教师发展现状分析

高职院校博士学位教师引进是前提，发展才是根本。因此，本研究尝试从发展路径、资源支持、发展适应、岗位设置、制度体系、流动风险等方面客观呈现高职院校博士学位教师发展的现状，以期提升高职院校的纳才效能。

一、博士学位教师担任行政管理职务是发展常态

高职院校实施科层管理体制，在这样的管理体制下，组织内部从高到低构成一

个权责序列,权责自上而下逐级递减,每一层级接受上一层级的领导并领导和指挥下一层级的工作,形成类似于金字塔式的组织结构和领导体系。因此,可以说行政管理职务是一种制度化的政治权利,能够带来一定的物质和人力资源,且层级越高,享受的权益越大,这也在很大程度上吸引着博士学位教师。但受性别意识和个人生涯期望的影响,担任行政管理职务不是生涯发展的唯一目标。据调查,约三分之一的博士学位教师有担任不同层级的行政管理职务,其中担任中层管理者(如副院长)占17.16%,担任基层管理者(如专业主任)占16.42%,另外,也有66.42%的博士学位教师没有担任任何行政职务,如图3-10所示。可见,在高职院校中有部分博士学位教师正朝着行政管理职务的方向发展,也有部分博士学位教师对行政职务没有兴趣。

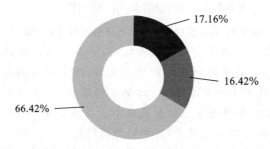

图3-10 高职院校博士学位教师担任行政管理职务情况

学校进来的博士经过几年的发展,基本都走上了行政管理岗位。但这也分人,一个看他个人是否有意愿,二也要看他有没有这个能力,不是所有的博士都适合担任行政管理职务。(H-Y-8)

博士进来后主要分两类,一类是专注于科研,另一类是专注于走行政。其实要想博士发展好,学校应该充分了解并满足博士的发展需求,因为每个人的志向是不一样的。(H-Y-3)

不同的博士学位教师担任行政管理职务的动机各异,如图3-11所示。在这些动机中,提升自身各方面能力素养占比最高,占68.89%;拓宽视野,占66.67%;获得上级领导的认可,占22.22%;实现职务晋升,占22.22%;有助于职称晋升,占20.00%;有助于申报各类项目,占13.33%;其他占20.00%。可见,博士学位教师对自我的要求较高,也希望自己通过担任行政管理职务获得更好的发展。

搞行政是很复杂的,有的人可以上去的,他会努力干,有的人上不去的,他也不想干,没什么动力。(F-Y-1)

有的博士,他自身情商比较高,对于管理方面也许有一定的期待。(H-Y-12)

第三章 高职院校博士学位教师引进与发展的现状调查

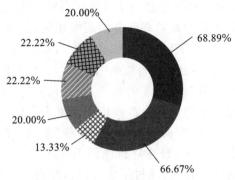

图 3-11 高职院校博士学位教师担任行政管理职务的动机

虽然有一部分博士学位教师担任了行政管理职务,但事实上,这部分博士学位教师担任行政管理职务的获得感或者成就感并不强烈。44.44%的博士学位教师表示感受挺好,希望自己能够实现进一步提升;48.89%的博士学位教师表示感受一般,有时会想放弃行政职务;6.67%的博士学位教师表示感受较差,希望赶紧推掉行政职务,如图 3-12 所示。可见,从整体来看,博士学位教师担任行政管理职务的体验一般,导致其动机不强。86.67%的博士学位教师表示行政事务太花费时间;51.11%的博士学位教师表示影响自身专业发展;42.22%的博士学位教师表示做的很多事情没有价值;42.22%的博士学位教师表示任务很难布置下去;15.56%的博士学位教师表示考核压力太大了;还有 6.67%的博士学位教师感到自己无法胜任管理工作;其他占 6.67%,如图 3-13 所示。行政事务太花费时间和影响自身

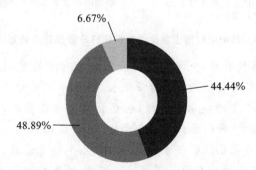

图 3-12 高职院校博士学位教师担任行政管理职务的个人感受

专业发展成了很多博士学位教师不愿意担任行政管理职务的最大顾虑。其实这很大程度上和博士学位教师担任行政管理职务的层级相关,因为大多博士学位教师还处于职务的起步阶段,主要担任专业主任职务。在科层制组织体系中,专业带头人处于整个科层架构的最底层,也并没有被组织赋予与责任相匹配的职权,而且从事专业建设工作不仅不能为其带来更多的收益,还会在和其他教师的横向比较中产生相对剥夺感。一方面专业建设任务都向这部分博士学位教师聚集,专业带头人所肩负的责任越加艰巨,另一方面专业带头人不能"依葫芦画瓢"——通过行政命令的方式向下级分配相关任务,最终导致他们不得不在体制的夹缝中"闪转腾挪",要么逃避上级布置的任务,要么应付了事,因而,在责、权、利背离的境遇下专业带头人面临"上下夹击",成就动机弱化[①]。而且高职院校内部权利分布呈"金字塔"结构,越往上层级越高,职位数越少,难度也就越大。假若博士学位教师一直处于专业主任的层级,难以实现职务的晋升,也将不可避免地产生挫败消极的心理。

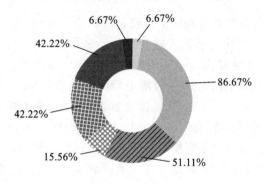

图 3-13 高职院校博士学位教师担任行政管理职务的烦恼表征

担任行政职务有利有弊,一方面他可能需要把有限的时间和精力投入行政管理事务中,不利于教师的科研产出和专业成长,但另一方面对于个人也是一种能力的锻炼,他会站在管理者的视角看问题,也更会统筹相关资源,甚至还可以将管理方面的优势转化为教学、科研和社会服务优势。(H-L-1)

身边的博士,我感觉已经担任专业主任的好几个都想请辞,然后新进的几个博士好像对行政管理职务的兴趣也不是很大。感觉本身工作已经够忙了,如果再加

---

① 王亚南,石伟平.高职院校专业带头人成就动机弱化的体制成因——基于Z省3所高职院校的质性研究[J].中国职业技术教育,2019(22):21-26+63.

上行政管理工作,根本忙不过来,还会导致好不容易累积起来的研究水平很快就会废了。(H-Y-2)

二、博士学位教师教学方面投入意愿和动力不足

高职院校的教学可分为常规教学和成果教学两个方面,但无论是常规教学还是成果教学,博士学位教师的投入意愿和动力普遍不足。访谈中很多博士学位教师反馈,其实博士学位教师不是搞不好教学,而是不愿意搞教学,而高职院校又是以教学为主导,这是矛盾的根本所在。

从常规教学来看,70.90%的博士学位教师十分愿意积极投入备课、课堂教学等常规教学工作之中,认为教学是一项良心工程,是老师的基本职责;25.37%的博士学位教师投入常规教学工作的意愿一般,认为只要基本完成任务、基本达标即可;另外还有3.73%的博士学位教师不太愿意投入常规教学工作,觉得教学的投入与产出不成正比,而且即使有产出,产出的成效也难以衡量,不想花费太多时间,如图3-14所示。那么,博士学位教师为何不愿意投入常规教学呢?据调查,61.54%的博士学位教师认为课堂教学氛围差,学生学习动机弱,这主要和高职院校学生的素质有关;58.97%的博士学位教师认为常规教学很难进行评价,教好和教不好的区别并不大;30.77%的博士学位教师认为常规教学对职称评审帮助不大,无利而不趋;23.08%的博士学位教师认为学校对常规教学重视不够,因为学校教学的重心在于标志性成果的获得,而非日常的课堂教学;也有17.95%的博士学位教师表示,自己对常规教学不感兴趣,如图3-15所示。

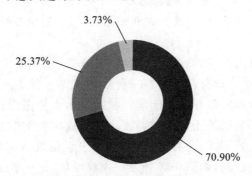

图3-14 高职院校博士学位教师投入常规教学的意愿情况

大部分博士对常规教学都不感兴趣,也不擅长,博士的课堂效果不一定比其他老师就好,相对来说,企业引进教师的课堂氛围是最好的。(H-Y-4)

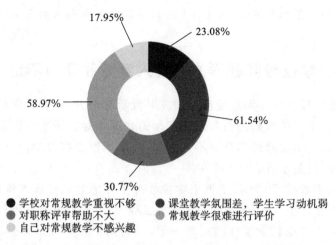

图 3-15 高职院校博士学位教师不愿意投入常规教学的原因

其实单纯从教学来说,博士不一定有优势,肯定是教学名师、有技能大赛或教学能力竞赛奖项的教师更适合一些,而且据我了解,有些博士是不愿意搞教学的,他就愿意专心搞科研。(H-Z-3)

博士不会把时间和精力放在教学方面,现在课堂教得好坏,没什么统一的标准。即使教得很烂,也可以让学生考试全部通过。督导听课也没什么用,你听的时候我认真上一下,你走了我就诓一下,所以上课真的是一门良心活,很难评价。(H-Y-3)

我第一学期上课,前几分钟讲什么,后几分钟讲什么,我都弄得很详细很清楚,但后来发现就算我讲得再好,对我一点好处也没有,无论是显性的还是隐形的激励很少。(H-Y-1)

你说老师课讲得太好了,这有什么用呢?"双高"院校教学业绩考核又没有这一项,但如果说你这个专业获得了国赛一等奖,那就不一样了。(H-Y-10)

从成果教学来看,53.73%的博士学位教师表示十分愿意投入成果教学,这是学校重点工作;33.58%的博士学位教师表示投入成果教学的意愿一般,毕竟成果教学和个人发展的关系不大;还有12.69%的博士学位教师意愿较差,不想在成果教学方面投入太多的时间,如图3-16所示。由此可见,有一半以上的博士学位教师愿意投入成果教学。其中,62.50%的博士学位教师表示自己对成果教学很感兴趣;59.72%的博士学位教师表示成果教学是学校工作的重心,博士应该积极参与其中;56.94%的博士学位教师表示成果教学对自身的职称晋升有非常大的帮助,因为成果教学是职称评审的重要条件;22.22%的博士学位教师表示上级领导对自己有很大的期待;22.22%的博士学位教师表示成果教学有丰厚的物质奖励;其他占5.56%,如图3-17所示。

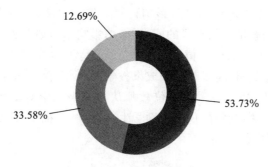

图 3-16 高职院校博士学位教师投入成果教学的意愿情况

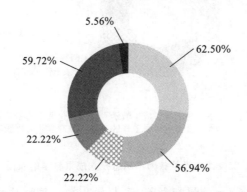

图 3-17 高职院校博士学位教师愿意投入成果教学的原因

让博士参加比赛或者带竞赛,有些还是愿意的,毕竟有经济和荣誉的驱动,而且学校领导看重这些成果。(H-Y-6)

我觉得教学能力比赛是一个不断反省、创新的过程,迫使老师对整个课程进行梳理,确实能提升教师教学能力。对于学校来说,不管你是博士还是硕士,总归是要回归课堂,你要输出就有必要提升自己。所以说博士参加教学能力比赛还是很有必要的,而且博士的加入会给课程团队带来很多有用的东西。(H-Y-11)

我跟他聊的时候,他说不管今年成绩怎么样,这是他最后一年参加比赛,如果第三年还逼他参加就辞职不干了,其实博士们内心都是抗拒的。(H-L-1)

但也有近一半的博士学位教师不太愿意投入成果教学,其中 70.97% 的博士学位教师认为成果教学需要投入很多的精力时间,要想取得好成绩,几乎要占据所有工作时间和休息时间;51.61% 的博士学位教师认为自身不擅长成果教学;43.55%

的博士学位教师认为成果教学严重影响科研工作的进度,毕竟人的时间和精力是有限的,在满足成果教学时间投入的同时,必然影响了科研工作的进度;38.71%的博士学位教师认为这些工作价值意义不大,大多是为学校排名;20.97%的博士学位教师表示现在高职院校越来越重视成果教学,每个学校都铆足了劲,成果教学的压力也与日俱增;19.35%的博士学位教师认为成果教学对学生发展没有太大价值,比如学生技能竞赛,受益的仅限个别学生,而相对忽视了其他学生发展;其他占6.45%,如图3-18所示。

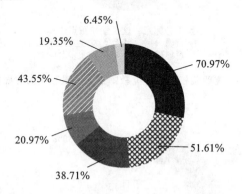

图3-18 高职院校博士学位教师不愿意投入成果教学的原因

教学能力竞赛是真忙啊,一是周期太长,基本要准备一年的时间,二是每年省赛、国赛交材料的时间基本都在节假日后,然后学校教务处还要逢节检查材料,一年下来,几乎所有的节假日全没有……我已经带了好几年,太累了,我跟我们院长提了好几次,我说我不带竞赛了。(H-Y-3)

假如博士学位教师的职称已经评上去了,那就没什么动力了,而且现在学校之间的竞争太激烈了,要想竞赛拿一等奖也很难很难。(H-Y-6)

千万不能用学生的技能竞赛代表学生的技能,这是非常危险的。(H-Y-5)

当然带竞赛是比较辛苦的,成果是时间和精力磨出来的,可能很多博士不太愿意带竞赛。(H-Y-1)

三、教学科研并重是博士学位教师发展的主路径

高职院校为博士学位教师提供的专业发展路径是多元的,但博士学位教师的选择却相对一致。调查发现,70.90%的博士学位教师选择教学科研并重型;23.13%的博士学位教师选择科研为主型;只有5.97%的博士学位教师选择教学为

主型,如图3-19所示。也就是说,即使科研条件不成熟,科研之路困难重重,但博士学位教师还是倾向于走科研之路,只有21.84%的博士学位教师表示有科研转向教学的想法,感觉科研已经进入瓶颈期了,难以做出新的成绩;50.57%的博士学位教师表示,偶尔想过从科研转向教学,毕竟教学是学校的发展重心;27.59%的博士学位教师表示,没有考虑过,还是一心想从事科研工作,如图3-20所示。再退一步说,即使不能纯粹地从事科研工作,博士学位教师也希望教学和科研能够并重而不至于荒废科研工作。

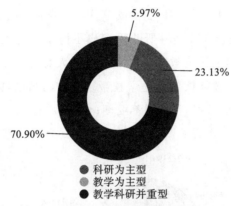

图 3-19　高职院校博士学位教师发展路径选择

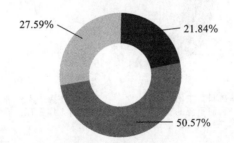

图 3-20　高职院校博士学位教师科研转教学意愿调查

学校希望你是教学科研并重型,你像我本来可以专心搞科研,但为了评职称有优势,表格好看一点,所以我也带学生比赛,也搞社会服务……我们学院一个博士很早就拿下国家基金了,她现在就一心搞教学能力竞赛,如果拿了个一等奖,那评职称就有很大的优势。(H-Y-1)

我现在就遇到了科研瓶颈期了,以前积累的论文已经发完了,接下来只能逼着自己放弃原来的科研方向,看看能不能搞点教学方面的科研。(H-Y-2)

进一步分析博士学位教师选择科研型发展路径的原因,个人更喜欢从事科研工作,占67.74%;做科研工作更有利于个人发展,占61.29%;学校期待其在科研工作中做出成绩,占45.16%;学校能支撑个人科研工作的开展,占16.13%;能够获得校外科研资源的支持,占16.13%;其他占3.23%,如图3-21所示。对博士学位教师来说,在高职院校坚持做科研是很不容易的,既需要博士学位教师的持久热情支撑,又离不开学校的科研条件支持,二者缺一不可。而当下,大多高职院校支撑博士学位教师走科研之路的条件不是非常成熟,因而,导致事实层面选择科研型的博士学位教师数量不是很多,教学科研并重型成了博士学位教师发展的主要路径。究其原因,60.00%的博士学位教师认为主要是个人意愿为主,对两个方面都感兴趣;42.11%的博士学位教师认为这是学校激励导向的结果,因为学校希望博士学位教师能够教学、科研两手抓,且两手要硬;42.11%的博士学位教师认为职称评定导向,做好两个方面工作晋升概率大;其他占10.53%,如图3-22所示。

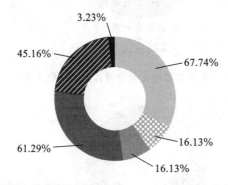

图3-21 高职院校博士学位教师选择科研型发展路径的原因

在高职院校单纯做科研不是很现实,像我们学校,研究中心的岗位很少,所以博士进来后还是要走教学路线的。我看学校做得比较好的博士,也都是在上课的,把教学和科研结合起来,相互促进可能是最好的。(H-Y-11)

你是专注于教学还是专注于科研?我觉得如果科研能够继续发展,在这个学科上是有创新的,那当然是第一选择,毕竟当时学校面试你的时候看重的也是科研能力。这几年我能够稍微被大家知道,也是因为这个,我基本上每年都会保证有1~2篇SCI,每年都会有厅局级以上的课题。我来学校5~6年了,正好有6个课题,10多篇文章,我觉得做科研对学科发展和对自己发展都是利滚利的好事情。(H-Y-1)

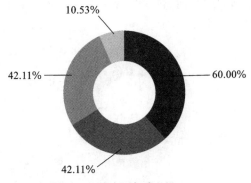

- 个人意愿为主,两个方面都感兴趣
- 学校激励导向,学校希望两个方面都能做好
- 职称评定导向,做好两个方面工作晋升概率大
- 其他

图 3-22 高职院校博士学位教师选择教学科研并重型发展路径的原因

四、博士学位教师在科研发展路径上偏理论科研

随着 2011 年全国首届职业教育科研工作会议的召开,学界进一步明确了高职院校的科研使命。关于高职院校科研主题的讨论逐渐从"科研使命之探讨"转变为"科研定位之关注",即话语风格从"要不要做科研"转变为"要做什么样的科研",且基本达成高职院校应该开展具有应用属性与特征的科研[①]的共识。据调查显示,在科研发展路径选择上,35.07%的博士学位教师选择应用科研,64.93%的博士学位教师选择理论科研,如图 3-23 所示。从理论科研角度看博士学位教师更偏向理论科研的原因是 76.60%的博士学位教师认为他们较为熟悉理论科研范式;70.21%的博士学位教师认为经过博士期间的科研规训,具备较好的理论科研基础;14.89%的博士学位教师认为理论科研在职称评审中占优势,更有助于职称晋升;8.51%的博士学位教师认为学校比较重视理论科研;4.26%的博士学位教师认为理论科研可以获取丰厚的科研奖励;其他原因的占 4.26%,如图 3-24 所示。从应用科研角度看,缺乏必要的企业资源成为博士学位教师未选择应用科研的最大因素,占 70.21%;57.45%的博士学位教师对应用科研范式不熟悉;31.91%的博士学位教师认为学校缺乏开展应用科研的条件;17.02%的博士学位教师认为学校缺乏校企合作应用科研平台;10.64%的博士学位教师认为学校缺乏应用导向的科研制度;8.51%的博士学位教师认为学校对应用科研重视不够;2.13%的博士学位教师认为应用科研对职称晋升帮助不大;其他的占 6.38%,如图 3-25 所示。因而,在研

---

① 郝天聪,石伟平.知识论视角下的高职院校科研定位探析[J].江苏高教,2021(6):25-30.

究基础、研究范式、激励制度导向、科研平台支撑等因素影响下,博士学位教师在科研发展路径上偏向理论科研。

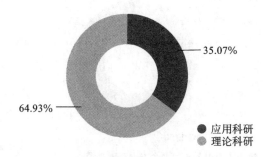

图3-23　高职院校博士学位教师科研发展路径选择

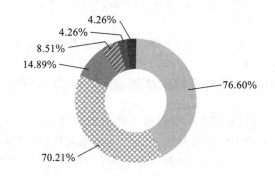

图3-24　高职院校博士学位教师选择理论科研的原因

学校科研奖励制度是比较诱人的,一般年终的时候以科研点数计算奖励金额,像北大核心、浙大核心、浙大一级、权威期刊等等都是有奖励的,我听说一个老师光科研奖励一年就拿了28万。(H-Y-12)

技术服务我觉得越来越局限了,为什么?因为这几年引进的高层次的人大多是应届的博士生,从学校到学校这个过程还是与产业多少有点脱钩,这个问题我跟院长也提了好多次了。(H-Y-1)

没有理论研究哪来应用研究,应用研究也是将理论研究应用到实践当中,如果博士连理论都不会,怎么可能应用?(H-L-1)

其实博士学位教师无论是从事理论科研还是应用科研,都面临着一定的现实困难,这些问题具有共性和差异。经调查,理论科研主要面临以下问题。一是单打独斗、缺乏团队支撑,占74.47%,很多博士学位教师都谈到这是当前科研工作最大的瓶颈,没有团队支撑,科研工作很难取得重大的突破;二是在论文发表、课题申报

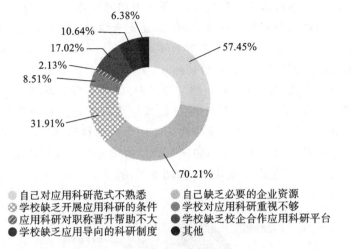

图 3-25　高职院校博士学位教师未选择应用科研的原因

中因高职身份受到歧视,占 68.09%,虽然歧视不是必然发生的,但很多博士学位教师确实有真切的体会,感觉身份从本科院校换到高职院校后,论文比以往要难发表得多,尤其高级别的期刊很难发表;三是缺乏实验设备场地等科研物质基础,占 40.43%;四是学校对科研重视不够,重结果轻过程,占 36.17%,对学校来说,科研更多是教师个体的事情,学校较为注重最后的成果数量和质量,而不太重视科研的过程;五是学校科研激励制度体系不健全,占 29.79%;六是学校科研资源投入不足,占 27.66%;其他占 4.26%,如图 3-26 所示。

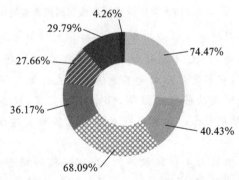

图 3-26　高职院校博士学位教师从事理论科研的困难所在

我觉得单位歧视是存在的,像高职的博士们在投稿的时候,可能人家不管你什么学历、什么职称,看到你是高职院校的,第一时间就给你拒了。(H-Y-11)

我私下里问过他们是怎么评项目的,他说先看学校,先把高职拿掉,虽说这种评价不合理,但这就是现实。因为当不了解的时候,一个高职院校和本科院校的项目放在一起,我肯定觉得本科院校的好一点,实现的可能性更大一点。(H-L-1)

应用科研主要面临以下这些问题。73.56%的博士学位教师认为学校缺乏开展应用科研的条件;55.17%的博士学位教师认为学校缺乏校企合作应用科研平台;45.98%的博士学位教师认为学校缺乏应用导向的科研制度;35.63%的博士学位教师认为学校对应用科研重视不够;16.09%的博士学位教师认为应用科研对职称的晋升帮助不大;其他的占6.90%,如图3-27所示。

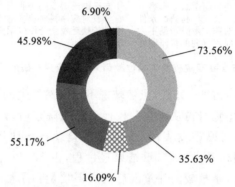

图3-27 高职院校博士学位教师从事应用科研面临的问题

我觉得高职院校的科研还是要应用导向,搞科研不是说弄几篇论文就可以了,一定要真真实实地去落地,论文只是附加产品。但现在的科研很多时候就停留在项目申请下来就结束了,它不管你后面是不是实实在在在做。(H-Y-3)

个人觉得高职的科研最缺的就是做实,哪个学校做实,现在可能看不出来,但是10~20年后肯定会脱颖而出。你看现在本科重点实验室建设玩法不一样了,这就是风向。(H-Y-6)

高职院校本身科研功能与本科院校不同,高职院校的博士们做研究需要更接地气,但是这些博士们本身从学校过来,也缺乏产教融合、校企合作的平台。(H-Y-6)

五、设立专门的科研岗成为博士发展的迫切需求

教师岗位分类管理是强化高校特色定位、发挥高校多元功能、改革人事管理制度、服务教师学术职业发展的重要举措,它能够引导教师按照自己的能力专长和学

术旨趣,结合高校的特色和发展定位,选择适合自己的岗位,实现个人职业发展与高校事业发展的目标融合[①]。因而,设立专门的科研岗既是学校高质量发展的需要,又是博士学位教师发展的渴求。

首先,从学校角度来看,作为一种制度化常规活动,科研早已引入高职院校,并在大部分高职院校推广开来,但离真正意义上的高职院校科研功能开发还相差甚远。在步入内涵式发展阶段后,高职院校的科研短板进一步凸显[②]。随着职教本科的发展,学校势必重视学科发展,学科发展又离不开科研支撑。因而,对于志在升本的高职院校来说,设立专门的科研岗尤为必要,只有这样学校和博士学位教师的发展需求才能越发契合,也越发能发挥博士研究所长,助力高职院校高质量发展。但是在师资本就紧张的情况下,设立专门的科研岗对学校或者二级学院来说具有一定的压力和风险。

设立专门的科研岗是非常有必要的,现在大家对科研都这么重视,只不过目前可能一些条件不成熟。对于一个学院来说,教学肯定是排在首位的,然后你再养一波人搞科研,这样学院的压力会很大。但我觉得设置专门的科研岗肯定是趋势,特别是发展职教本科后。目前学校的二级学院也在尝试设立专门的科研岗。(H-L-1)

设立单纯的科研岗,风险还是比较大的,因为我们目前研究平台和研究资源不足以支撑你搞很好的科研。我们有二级学院开始实施,就是和博士签三年的科研岗协议,这三年你课只需要上平时的一半,系数还是给你按平均系数来,但是三年内需要完成科研考核的任务。(H-Y-1)

设专门的研究岗让博士一心做科研,可能是发展趋势,特别是本科以后,学校的科研肯定要提升,这样对博士的吸引力也更大。(H-Z-1)

博士有太多行政事务要忙了,会牵涉较多的时间和精力,学校应设置专门的岗位,明确科研岗的工作内容,然后突出以科研为主的工作任务安排。(H-Z-2)

其次,从博士发展角度看,基于上文对博士学位教师发展的路径分析,高职院校博士学位教师科研情结浓厚,只是因为现有科研条件的局限,使得科研面临诸多瓶颈与制约。在科研方面,博士学位教师往往面临双重压力。一方面,高职院校为提高办学水平,彰显办学实力,秉承科研兴校理念,高度重视科研成果,以期通过引进博士学位教师解决科研短板,因此对博士学位教师科研产出有着明确的数量和质量要求,尤其是"双高"院校,对科研成果的考核要求不断提高,却没有提供适合科研成果产出的条件和土壤;另一方面,博士学位教师在课题申请、论文投稿时经常遭受单位歧视,很难申请高级别的基金项目和发表高水平的论文。一边是"逼

---

① 陈志军.上海高校教师岗位分类管理及其对教师行为取向的影响研究[D].上海:华东师范大学,2023.
② 郝天聪,石伟平.知识论视角下的高职院校科研定位探析[J].江苏高教,2021(6):25-30.

着"搞科研,而另一边又难以搞科研,这导致博士学位人才"左右为难",纷纷想跳槽去平台更好的普通本科高校[①]。长此以往,可能会导致两种截然不同的结果。一是消磨了博士学位教师的科研热情和学术自信,使其容易产生职业倦怠和躺平心理;二是激发了博士学位教师越挫越勇的斗志,更加明确做科研的志向,同时也坚定了其跳槽的决心,暗自深耕蓄力,以寻求更好的发展平台。访谈中,很多博士也坦言道,"在高职院校,要想做科研太难了,一是没时间,很多时候科研反而成了副业;二是没氛围,没团队没人指导,也没人交流;三是吃老本,大多研究成果都是之前的学术积累;四是不延续,研究面临青黄不接的问题"。因此,绝大多数博士学位教师都希望学校能够设立专门的科研岗。从引进视角来看,设立专门的科研岗有利于提高博士的吸引力,满足博士做科研的需求;从发展视角来看,博士本身具有一定的科研基础和科研优势,设立专门的科研岗可以将之从繁杂的事务中解放出来,专心从事科研工作,有利于科研成果的产出。调查显示,63.43%的博士学位教师认为设立专门的科研岗非常有必要,可以充分发挥博士研究专长;32.84%的博士学位教师认为设立专门的科研岗一般必要,博士教学科研并重更有利于专业发展;2.99%的博士学位教师认为没有必要设立专门的科研岗,博士应当更多地参与和投身专业建设;其他占0.74%,如图3-28所示。

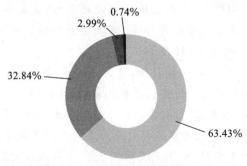

图3-28　高职院校设立专门科研岗的需求调查

我做过一个简单的统计,学校每年发TOP期刊的数量其实很少,连续发TOP期刊的人就更少,可能就两三个人。这和学校提供的科研帮助和支持不大有关系,大部分都是基于教师个人的努力,以及之前的科研基础和人际关系。比如,一个老

---

① 邱亮晶,李祖民."双高"院校高层次人才引进与培养问题研究:内涵、瓶颈、对策[J].广东交通职业技术学院学报,2021,20(04):69-72+94.

师今年有一个很好的想法,于是和本科院校合作发了一篇 TOP 期刊,这足够评副教授了,所以接下来他可能就不想发了,毕竟发 TOP 期刊需要付出很多的时间和精力,不是那么简单的,也有可能人家不和他合作了,所以也就只有这么一篇,研究的延续性很难得到保障。(H-Y-1)

为什么现在很少听到说博士进来后科研做得不错的。因为大多时候,就他一个人,也没人指导,也没人交流。做科研这个东西氛围感还是比较重要的,你说在本科院校,大家相互之间有个带动、有个交流,到高职院校就变成做不做也无所谓了,因为你做的东西别人也不懂。(H-Y-7)

就拿我自己来说,我申报的就是研究岗,当时天真地以为高职院校的研究岗跟本科院校差不多,但后来才发现,其实可能研究只占 20%～30%,行政事务占了 70%～80%,所以很多博士到高职院校面临水土不服的问题。(H-Y-12)

六、高职院校博士学位教师发展制度体系较完善

制度体系是高职院校博士学位教师发展的根本性保证,高职院校为博士学位教师打造了人才引进、职称直聘、科研奖励、项目培育等各类发展制度。调查显示,高职院校博士学位教师发展制度体系较为完善,如图 3-29 所示。85.82% 的学校有高层次人才引进若干意见,尤其是近些年,为引进优质师资资源,已出台有高层次人才引进若干意见的学校开始积极修订意见,原来没有出台高层次人才引进若干意见的学校开始积极研制;61.94% 的学校有在职攻读博士学历(学位)管理办法,鼓励在职教师攻读博士学历(学位)成了高职院校改善师资结构、提高师资水平、补齐师资短板的重要举措;57.46% 的学校有高层次项目奖励实施办法,以期通过物质奖励的形式激励教师多出高水平、高质量的教科研成果;52.99% 的学校有高层次人才高级专业技术职务直聘规定,这是高职院校吸引博士人才的重要法宝;50.75% 的学校有高层次人才服务期业绩考核;41.04% 的学校有科技成果转化制度;32.09% 的学校有高级别科研项目培育制度;还有 32.84% 的学校制定有其他教师发展相关制度,如有些学校专门制定了柔性引进人才制度。从整体来看,高职院校非常重视博士学位教师发展,绝大多数学校都建立了贯穿引进、培养、考核、激励全过程的制度体系,为博士学位教师发展创设了良好的制度环境。

我觉得学校除了地域上没有优势外,另外可能高职院校在知名度上有些还在接受过程中外,其他真的已经很尽力了,像制度设计方面能做的都做得很细致。(H-Z-1)

学校各类制度基本都有,一是引得进,二是发展好,三是留得住,这是我们制定制度的出发点和落脚点。(H-Z-2)

每个博士都有所长,博士的发展也不是固定的,学校在制定制度的时候要善于

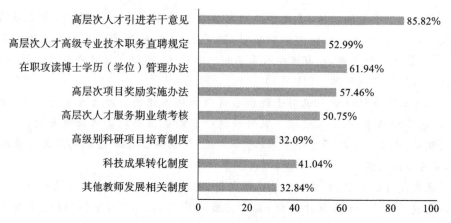

图 3-29 高职院校博士学位教师引进相关制度情况

用其所长。博士的发展一般分两类,一类是专注搞科研的,你就让他扎扎实实搞研究,另一类就是搞行政管理,你就让他一心一意谋职务。(H-Y-3)

现在人才竞争处于白热化状态,面对人才大战,学校去年出台了新的人才引进政策,大幅提高了安家费……所以去年博士引进效果比较好,新引进了 50 多个博士。(H-Z-3)

七、高职院校博士学位教师发展整体适应性较强

从适应性来看,高职院校是教师工作生活的外部环境,博士学位教师的发展要以适应学校为要求,和学校需求保持一致,如此才能使个体和学校更好地融合在一起,最终可使博士学位教师获得成就感和归属感。据调查显示,40.30%的博士学位教师表示非常适应当前的工作节奏和状态,能够胜任教学、科研、竞赛等多种角色,能够很好地将个体融入学校发展之中;50.00%的博士学位教师表示一般适应当前的工作节奏和状态,学校重教学轻科研导向明显;还有 9.70%的博士学位教师表示不太适应,认为高职院校工作强度大,专业建设任务繁杂,与个人发展需求和发展期待相悖,如图 3-30 所示。访谈中发现,高职教育发展主要跟着政策走,因而,在项目制的环境下,博士学位教师大多挑重担,参与重大项目的申报和建设。同时,博士学位教师在适应的过程中可能涉及转研究方向,因其博士在读期间的研究不一定契合学校发展的重点方向,还可能涉及转型,如从科研型转成教学型或社会服务型等。另外,也有部分博士学位教师一心只想搞教学和科研,不太适应高职院校这种项目化的工作方式,这也成为他们离职的重要原因。由此可见,高职院校博士学位教师总体的适应性较强,博士学位教师的发展既符合学校环境条件,又满足学校发展需求。博士学位教师只有在教学、科研等实践中取得更多更好的成绩,满足学校场域对个体角色的要求,才能使个体更好地适应学校场域。

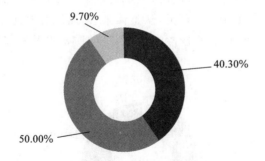

- 非常适应，能够胜任教学、科研、竞赛等多种角色
- 一般适应，重教学轻科研导向明显
- 不太适应，工作强度大、任务繁杂

图 3-30　高职院校博士学位教师适应性情况

博士在高职院校的发展路径还挺多，关键是个人对自己要有一个发展规划，是一心搞科研呢，还是教学科研并重，还是搞社会服务，搞技能竞赛等。其实博士整体的能力是较强的，很多博士都是全能型的，科研、教学、社会服务、竞赛样样都能搞得好，适应性很强。（H-Y-7）

你说博士，他的科研能力很强吗？其实有些要打个问号，但他总归是学习能力很强，所以你让他转教学，他也能够适应而且能够做出成绩。（H-Z-1）

博士的能力还是强的，可挖掘性还是比较高的，但是因为高职院校的条件限制，想让博士发挥百分之百的专业能力是比较难的，但可以利用博士的思维、知识积累等，尽量发挥博士所长。（H-Y-8）

博士进来后，如果三年后科研方面有苗头的，是可以继续做下去，但如果没有很大起色的，我觉得可以考虑转型，带竞赛，搞社会服务也未尝不可。现在学校的发展路径还是比较宽的，比如带技能竞赛，如果你能够拿到国赛一等奖也可以代替1个省级课题或1篇核心论文。（H-Y-1）

从考核压力来看，它逐渐成为普遍性的高等教育激励性政策，成为一流大学建设的主流趋势，绩效考核制度能够平衡和约束教师的教学、科研行为，对教师的工作形成潜在的驱动，很好地辅助了高校教育教学与科研管理[1]。高职院校为引导和激励博士学位教师的成果产出，均与博士学位教师签署了服务期考核协议。据调查显示，36.57%的博士学位教师表示服务期考核压力很大，考核任务较重，时刻担心完不成；58.21%的博士学位教师表示服务期考核压力一般，考核任务还好，基本

---

[1] 崔光彩,姜姜,吕志英.高校教师绩效考核的现状与优化探讨——以南京 H 大学为例[J].中国高校科技,2022(8):51-55.

能够完成;还有5.22%的博士学位教师表示服务期考核没有压力,考核任务较轻,能够轻松完成,如图3-31所示。可见,从整体来看,高职院校博士学位教师服务期考核压力不大,很大程度上和博士学位教师引进的质量以及发展的适应性相关,且呈正相关关系。

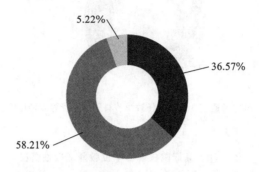

图3-31　高职院校博士学位教师考核压力情况

博士们对学校考核意见还蛮大的,既然考核我科研,为啥还让我干那么多教学的事情。那天我问一个新来的博士,他说压力还蛮大的,所以他现在比较抵触教学,准备专心发论文。(H-Z-1)

服务期考核压力还好,到目前为止,项目、论文、发明专利、课程、竞赛等七七八八的任务基本完成了,就剩一个省自然基金就全完成了。(H-Y-3)

我觉得有考核才有约束,但是学校像教授、副教授三年聘期考核其实是很宽松,但是博士的服务期考核就很严,也有一定难度。(H-Y-1)

八、学校面临博士学位教师再次流动的现实挑战

人才流动是人才工作的重要组成部分,是合理配置国家人力资源、科学解决人才供求矛盾、不断优化人才结构布局、稳步推进人才效能发挥的有力举措[①]。它是人力资本配置结构调整的主要方式,但无序的人才流动会扰乱人才市场,降低人力资本的配置效率[②]。高职院校的博士学位教师流动也如此,是常态化的资源再次配置的自然过程,只不过高职院校博士学位教师体量不大,才显得人才流失问题较为严峻。

调查发现,从人才引进与发展的总体情况来看,引得进也用得好,博士和学校

---

① 龙梦晴,邹慧娟,吴蓓.新时代高校人才流动的生态位理论研究[J].中国高等教育,2022(19):44-46.
② 刘军,周绍伟.人力资本承载力与有效人才流动[J].管理世界,2004(8):139-140.

双方受益的占35.82%;引得进但用不好,造成博士和学校资源的浪费占59.70%;甚至有4.48%的博士学位教师表示引不进则更不用提发展了,如图3-32所示。可见,当前高职院校博士学位教师引进与发展普遍存在"重引进、轻发展"现象。博士学位教师认为,高职院校引进博士学位教师已经不是问题的重点,关键在于如何用好引进的博士学位教师,避免人才资源的浪费,这才是学校人才战略布局需要重点关注的领域,否则一味地重引进而轻发展,势必会陷入越引进越缺乏的恶性循环。

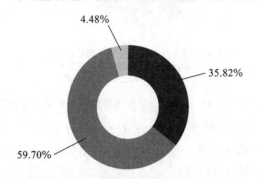

■ 引得进,也用得好,博士和学校双方受益
■ 引得进,但用不好,造成学校和博士资源的浪费
■ 引不进,更不用提发展了

图 3-32 高职院校博士学位教师引进与发展的总体情况

进入高职几年后,博士们发现都遇到科研瓶颈期了。如果学校体制机制不变,说白了,招聘硕士就够了,没必要引进博士,浪费资源。(H-Y-3)

学校博士引进主要是两个问题,一个是引不进,一个是留不住,我觉得可能留不住的问题更大一点。(H-Y-12)

从发展现状满意度来看,调查显示,32.84%的博士学位教师表示对当前的现状非常满意,觉得与自己的发展预期相符合;61.19%的博士学位教师表示对当前的发展现状不太满意,与自己的期望有一定差距;还有5.97%的博士学位教师表示不满意自己当前的发展现状,远未达到自己的发展预期,如图3-33所示。由此可见,从整体来看,高职院校博士学位教师对自身的发展现状不太满意,这也为人才流失埋下了隐患,但也有部分博士学位教师觉得投身职业教育、全程参与学校重大发展是一件相当有成就感的事情。

对于目前的发展总体是比较满意的,比如待遇方面,随着职称评下来,个人能力提升,科研能力强了,校企合作多了,最后这些都以待遇的形式反馈给你,所以总体还是比较满意的。(H-Y-3)

处于国家重视职业教育的节点上,你有幸参与,然后你又正好还能把这个节点跨过去,全程参与学校从高职变成了职业本科的过程,其实也挺有成就感的……我觉得能够参与学校双高申报的撰写以及重点校的验收是非常荣幸的,虽然当时经

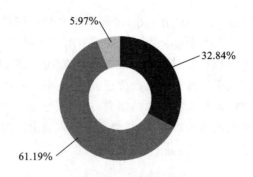

- 非常满意，与自己的发展预期相符合
- 不太满意，与自己的期望有一定差距
- 不满意，远未达到自己的发展预期

图 3-33 高职院校师博士学位教师发展现状满意度情况

常熬夜到两、三点，然后直接睡在办公室沙发上。但对于打拼过的共患难过的一些行政人员以及战友，我觉得这是一笔宝贵的财富，跟他们在一起的时间感觉比跟自己老婆在一起还长。（H-Y-12）

从流动意愿来看，影响人才流动的因素有很多。陈春花等认为个人的期望值是影响流动的主要因素①。刘军等认为市场机制与行政手段均是人才流动的重要影响因素②。Ehrenber 等基于劳动经济学视角，认为人才流动是劳动者对其流动所获得的预期收益与其所承担的物质和心理成本的权衡结果③。另外，学界基本达成一个共识，即年龄与流动性之间呈负相关关系。从调查结果来看，假设服务期满，8.21％的博士学位教师表示肯定会流动，希望换一个更好的发展平台；69.40％的博士学位教师表示不确定是否流动，视当时情况而定；只有 22.39％的博士学位教师表示应该不会再次流动，也比较适应和满足当前的现状，如图 3-34 所示。由此可见，高职院校博士学位教师流动的不确定性因素较大，综合考虑收益、成本、能力、压力、年龄等因素，大多博士学位教师持观望态度。当然，如果选择流动，那么自身是否具备流动的能力和优势至关重要。在访谈中，不少博士都表达了他们的忧虑，认为自己学术生产力的高峰是刚进入高职院校的时候，而后逐步缓慢下降。所以，很可能不是博士学位教师不想流动，而是他们已经在年复一年、日复一日的行政和专业建设事务中丧失了再次流动的能力。但也存在一批这样的博士学位教师，他们两耳不闻行政事，一心一意只专注自己的科研，因而，积累了较多的科研成果，也拥有再次流动的重要筹码。

---

① 陈春花，肖智星.人才流动的微观动因分析[J].科技进步与对策，2000(6)：104-105.
② 刘军，周绍伟.人力资本承载力与有效人才流动[J].管理世界，2004(8)：139-140.
③ 罗纳德·G·伊兰伯格，罗伯特·S·史密斯.现代带动经济学：理论与公共政策[M].10 版.北京：中国人民大学出版社，2012：56.

第三章 高职院校博士学位教师引进与发展的现状调查

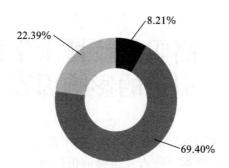

● 肯定会，希望换一个更好的发展平台
● 不确定，视当时情况而定
● 不会，比较适应当前现状

图 3-34 高职院校师博士学位教师再次流动意愿情况

我肯定不会走,因为我家就在这里,老婆孩子都在这里,不可能走的。(H-L-1)

博士服务期满还有没有跳到本科院校的能力这都难说。如果搞行政基本等于放弃了科研,如果丧失了科研能力,就很难再跳到本科院校了,当然人家也不一定想跳。(H-Y-10)

你会发现以前刚来的时候学术已经是最高点了,后面是在缓慢下降。我都好几年没写文章,没看科研论文了,天天围着学生那点事,搞这些有的没的东西,你说我还能进步吗?别说你的科研没有进步,干个 8 年后,你的科研基本就废了,都不是退步的问题……我感觉学校一边在玩命地用博士,一边在慢慢消磨博士的科研能力,基本上科研能力磨掉了,他也就走不掉了……虽然普通本科高校的科研压力大,但是你在那样的环境下干个几年,是有沉淀和积累的。(H-Y-3)

如果有重新选择的机会,我可能还真不一定考虑高职,感觉性格不太适合高职院校的工作状态,我比较喜欢纯粹地做一件事情,而不是把精力一会用于这,一会用于那……这样我会觉得每件事情都在应付,结果就是每件事情都做不好。(H-Y-2)

我所知道的,很多一部分不适应高职院校离职的博士,有的待了半年一年的,也有待了十多年的,但后来都去了本科院校。之所以能跳到本科,很大一部分是因为他们拒绝行政等杂事,把大量的时间和精力投入自己的科研中,也积累了相当丰厚的科研基础,以至于本科院校都对他们刮目相看。(H-Y-12)

第四章 高职院校博士学位教师引进的影响因素

随着我国经济进入高质量发展新阶段,对技术技能人才提出了更高质量和层次的要求。职业教育作为技术技能人才重要的供给主体,要想实现新时代职业教育高质量发展,迫切需要一大批高水平师资的引领与支撑。引进博士学位教师自然成为职业教育高质量发展阶段的必然趋势。在此背景下,对博士学位教师的需求旺盛,各高职院校纷纷抛出"橄榄枝",竞相争夺人才资源,为高质量发展蓄势赋能。但已有研究大多仅仅分析了高职院校博士学位教师引进与发展的现状,并据此提出相应对策建议,而对于高职院校博士学位教师引进的影响因素却并未深入探究。基于此,本研究尝试以推拉理论为视角,构建高职院校博士学位教师引进的推拉动力模型,并结合质性分析,深入剖析高职院校博士学位教师引进的影响因素,以此透视高职院校博士学位教师的行为选择,有助于增强高职院校博士学位教师引进的针对性和成效性,更好地支撑高质量发展需要。

第一节 高职院校博士学位教师引进影响因素的分析框架

高职院校博士学位教师引进看似是一个确定性的结果,但对于博士学位教师来说,是基于不同情境对多种因素考量和权宜的复杂过程。

一、高职院校博士学位教师引进影响因素的推拉模型

推拉理论的提出主要用于解释人口或劳动力流动,最早可以追溯到19世纪。英国学者 E. G. Ravenstein 调查了19世纪英国境内的流动人口迁移情况,从中总结出七项人口流动规律,并分别从人口迁移的空间特征、性别差异等方面进行阐述。虽然他没有明确运用"推拉"的概念,但实质上已初步表现出推拉理论的雏形[①]。1938年,Herberle 与 Mitchell 等将劳动力转移因素提炼为迁出地推力与迁入地拉力作用,由此推拉理论被正式提出[②]。20世纪60年代,美国学者 E. S. Lee

---

[①] RAVENSTEIN E G. The Laws of Migration[J]. Journal of the Statistical Society of London, 1885, 48(2):167-235.

[②] 程名望,史清华,徐剑侠. 中国农村劳动力转移动因与障碍的一种解释[J]. 经济研究,2006(4):68-78.

提出了系统的人口迁移理论——推拉理论,他将与人口流动过程有关的因素分为四类,即拉力、推力、中间障碍因素和个人因素。E.S. Lee指出,人们在比较过流入地和流出地的推力和拉力之后,才做出流动的决定,距离和交通等障碍因素的存在,会对不同地区的推力和拉力造成一定影响。同时,他更强调了个人因素的作用,因为个人对即将流入的城市产生的主观看法将会对其流动行为造成实质性影响[①]。在他看来,推力是消极因素,因为这些因素促使移民离开原居住地,拉力是积极因素,因为这些因素吸引怀着改善生活愿望的移民迁入新的居住地。

随着理论内涵的不断丰富和演化,推拉理论被广泛地应用于各领域,用于解释乡村人才振兴、区域人才流失、学校教师人才流失、养老、出国留学、教育国际化、大学生就业创业等社会现象。其实,高职院校博士学位教师的引进,究其本质也属于人口流动的范畴,借用推拉理论模型具有一定的适切性和较强的解释力。因而,本研究在以往研究的基础上,从组织维度的推力-阻力体系和个体维度的拉力-斥力体系双重角度,构建了高职院校博士学位教师引进的推拉动力模型,如图4-1所示。

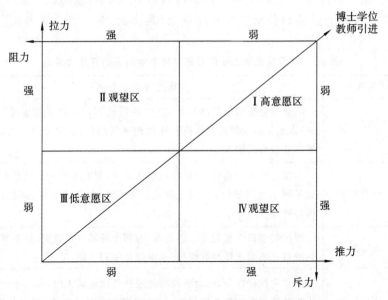

图4-1 高职院校博士学位教师引进的推拉动力模型

该模型的核心思路是,高职院校博士学位教师引进受诸多因素影响,是组织层面推力-阻力体系和个体层面拉力-斥力体系共同作用、博弈权衡的结果。其中,部分因素是基于所处环境中的正面或积极因素,即推力和拉力,部分是负面或消极因素,即阻力和斥力。这一模型综合了组织和个体的双重视角,清晰明了地勾勒出组

---

① LEE E S. A Theory of Migration[J]. Demography, 1996, 3(1):47-57.

织与个体之间的张力,较适用于高职院校博士学位教师引进意愿的影响因素分析。具体而言,Ⅰ区是高意愿区,推力强、阻力弱,净推力强;拉力强、斥力弱,净拉力强。这意味着高职院校和博士学位教师是双向奔赴,成功引进博士学位教师的可能性较大。Ⅲ区是低意愿区,推力弱、阻力强,净推力弱;拉力弱、斥力强,净拉力弱。这意味着高职院校对博士学位教师的吸引力较弱,高职院校想要引进博士学位教师很大程度上只是一厢情愿,成功引进的可能性极低。Ⅱ区和Ⅳ区都是观望区,其中Ⅱ区推力弱、阻力强,净推力弱;拉力强、斥力弱,净拉力强,而Ⅳ区推力强、阻力弱,净推力强;拉力弱、斥力强,净拉力弱。这意味着博士学位教师引进意愿不强不弱,大多处于观望状态,高职院校有引进博士学位教师的可能,也可能求而不得。

二、高职院校博士学位教师引进影响因素的编码结果

根据质性研究编码的要求,本研究基于高职院校博士学位教师引进与发展研究的访谈资料,通过开放式编码、主轴式编码和选择性编码,获得以下编码结果。

开放式编码通过编码分析以及整理概括,共得到 27 个概念化类属,如表 4-1 所示。

表 4-1　高职院校博士学位教师引进影响因素的开放式编码

序号	概念化类属	描述性文本举例
A1	发展形势	职业教育这两年发展形势很好,特别是职教本科带来了重要发展机遇;近些年职业教育的地位和作用越来越凸显,国家也提出了高质量发展职业教育的要求
A2	政策要求	国家近两年很重视,大家应该也都知道,职教本科一个很重要的指标,就是博士比例要超过 15%,这是一条红线;如果不达标,那职教本科就没你啥事
A3	现实需求	现在很多高职院校一心想升本,对博士的需求量很大;对于博士来说,只要自己愿意选择高职院校,基本都能顺利入职
A4	住房保障	我来学校比较早,那时学校的待遇还是比较诱人的,有房子分;很多人不理解我怎么选择高职院校,其实房子占了很大比重;对于年轻的博士来说,高职院校给一套房的吸引还是很大的
A5	补贴多元	现在各个地区各学校为争夺人才,纷纷出台了高层次人才引进政策,各类津贴、补助多元,博士进高职院校整体的待遇相对比较好
A6	追求稳定	本科院校太卷了,动不动非升即走;对于有家庭的人来说,风险有点高
A7	躺平心理	像我们工科专业毕业来职业院校,第一个就是说我不想太累,不想像本科院校那么卷才来高职院校;有些老师甚至为了轻松不要待遇

续表

序号	概念化类属	描述性文本举例
A8	高职工作认知	我以为去高职院校是比较轻松的,平时上上课,发发论文就好了
A9	解决编制	如果去本科,没有编制,三年考核若不合格,不见得留下来,风险太大
A10	解决家属编制	本来我准备去普通本科高校,但不解决家属编制,只承诺解决配偶工作,而我比较看重的就是解决老婆编制问题
A11	解决孩子入学	学校在孩子转学方面非常尽心地帮忙
A12	职称晋升	当时有了解,高职院校的职称晋升还是比较快的;平时和博士聊的时候,发现他们觉得高职最有吸引力的就是职称直聘;一般来说,博士在高职院校都有职称晋升的绿色通道,甚至单列指标
A13	职务晋升	如果年轻博士自身有这方面的想法,他在高职院校确实容易脱颖而出,起点高,发展机会也多;说实话,如果博士愿意干,发展肯定会比本科院校要快很多,他会很快地得到提拔,进入行政管理岗位;总体来说,博士的综合能力肯定比硕士强很多,他的学习力、领悟力、耐受力等各方面都要强
A14	承诺搭平台、建团队	入职洽谈的时候,学校承诺投入建设实验室等科研平台;大多博士还是有学术追求和学术情怀的,他们希望能够组建自己研究方向的团队,而高职院校一些优势专业也确实积累了一定数量的博士,并在努力朝着团队的方向发展
A15	高职人才竞争相对小	高职院校教师大多是硕士研究生,博士人才稀缺;物以稀为贵,高职院校对博士的重视程度肯定比普通本科高,资源投入也向博士靠拢
A16	年龄限制放宽	高职院校对博士人才的年龄要求放得比较宽,不再局限于35岁,即使是40+的博士,也依然有较多的选择机会
A17	成果要求较低	相对普通本科高校,高职院校对其科研成果的要求并非那么严苛;招聘要求上要求有代表性的课题、论文等,这些成果对博士来说不是很难
A18	科研平台	相比普通本科高校,高职的平台低了一点,难以支撑博士的学术研究;只有部分高水平高职院校拥有省级及以上的科研平台,大部分高职院校缺乏高端科研平台;感觉学校的平台和资源局限性较大,对研究的支撑不足,平时我基本都是和本科院校合作

续表

序号	概念化类属	描述性文本举例
A19	团队搭建	高职院校的教师团队实力偏弱,且大多处于单打独斗状态,缺少团队合作的长效机制
A20	时间、精力投入	现在博士大部分都是身兼数职,又搞科研、又搞行政,还要搞教学,带比赛;很多博士以为来高职是比较轻松的,殊不知高职一样很累,而且绝大部分时间都用于事务性工作,而不是科研工作;有些老师打听后,很多人就不想来了
A21	高校竞争激烈	现在普通本科高校的竞争太激烈了,一是入职门槛比较高,好的学校甚至对第一学历有明确要求;二是取得编制很难,大多高校都推行"非升即走";三是年龄限制严格,基本要求在35周岁之内
A22	学校认可度	来之前我对高职教育或高职院校没有一点概念,都不知道还有这样类型的学校;在大家的固有观念中,读书差的学生才去高职院校,名声不好
A23	学校层次受限	受专科层次影响,博士在高职院校要想取得国家级的研究项目、发表高水平的学术论文是比较难的;因为当不了解的时候,一个高职院校和本科院校的项目放在一起,我肯定觉得本科院校的好一点,实现的可能性更大一点
A24	学术传承	进了高职院校,基本与自己原来的学术圈无交集了,因为发展方向基本不一致,更谈不上学术传承了,毕竟高职的学校只是专科生;在高职院校,你带不了研究生,也就难以形成师生的学术共同体
A25	亲缘关系	我当时选择工作,主要考虑家里因素,从小就不愿意离开家;有家庭自然会比较多的考虑家庭因素。我老婆家在本地,亲戚也都在本地,所以我也就选本地工作
A26	学缘关系	今年我们新引进的一个博士,就是我师弟;我之所以来这所学校,很大程度上也是导师的推荐
A27	工作地点	我当时在选择工作的时候,很注重学校的区位因素,学校所在的城市是否宜居,是否满足生活发展所需;能选省省会城市的高职院校肯定不会选择地市层面的,毕竟省会城市教育、医疗、生活各方面的资源更为集聚,也更为优质

本研究通过对27个概念化类属的比较分析之后,得到了10个范畴化类属。这10个范畴化类属分别为发展机遇、目标驱动、发展愿景、学校条件、科研支持、外部

环境、刻板印象、学术生命、社会关系、区位因素，如表4-2所示。

表 4-2　高职院校博士学位教师引进影响因素的主轴式编码

序号	范畴化类属	概念化类属	类属性质
B1	发展机遇	A1 发展形势；A2 政策要求；A3 现实需求	高职院校博士学位教师引进恰逢高职教育高质量发展机遇
B2	目标驱动	A4 住房保障；A5 补贴多元；A6 追求稳定；A7 躺平心理；A8 高职工作认知；A9 解决编制；A10 解决家属编制；A11 解决孩子入学	博士学位教师选择高职院校的具体动因
B3	发展愿景	A12 职称晋升；A13 职务晋升；A14 承诺搭平台、建团队	博士学位教师对自己在高职院校的发展期待
B4	学校条件	A15 高职人才竞争相对小；A16 年龄限制放宽；A17 成果要求较低	高职院校在引进博士学位教师时的条件
B5	科研支持	A18 科研平台；A19 团队搭建；A20 时间、精力投入	博士学位教师对高职院校科研支持的感受
B6	外部环境	A21 高校竞争激烈	博士学位教师对于进入高校工作的感受
B7	刻板印象	A22 学校认可度；A23 学校层次受限	博士学位教师对于高职院校的印象和看法
B8	学术生命	A24 学术传承	博士学位教师对学术传承的看法
B9	社会关系	A25 亲缘关系；A26 学缘关系	博士学位教师选择高职院校的关系牵绊
B10	区位因素	A27 工作地点	博士学位教师对于工作地点的考虑

结合推拉模型分析框架，高职院校博士学位教师引进影响因素的选择性编码如表4-3所示。

表 4-3　高职院校博士学位教师引进影响因素的选择性编码

序号	核心类属	范畴化类属	概念化类属
C1	推力因素	B1 发展机遇	A1 发展形势；A2 政策要求；A3 现实需求
		B2 目标驱动	A4 住房保障；A5 补贴多元；A6 追求稳定；A7 躺平心理；A8 高职工作认知；A9 解决编制；A10 解决家属编制；A11 解决孩子入学
		B3 愿景激励	A12 职称晋升；A13 职务晋升；A14 承诺搭平台、建团队
C2	阻力因素	B5 科研支持	A18 科研平台；A19 团队搭建；A20 时间、精力投入
C3	拉力因素	B4 学校条件	A15 高职人才竞争相对小；A16 年龄限制放宽；A17 成果要求较低
		B6 外部环境	A21 高校竞争激烈
		B9 社会关系	A25 亲缘关系；A26 学缘关系
C4	斥力因素	B7 刻板印象	A22 学校认可度；A23 学校层次受限
		B8 学术生命	A24 学术传承
C5	中间障碍因素	B10 区位因素	A27 工作地点

第二节　高职院校博士学位教师引进的推力-阻力体系

高职院校博士学位教师引进的推力-阻力体系是基于组织视角，来探讨高职院校博士学位教师引进的影响因素。

一、推力因素

在高职院校博士学位教师引进过程中，推力因素主要包括高职教育发展机遇前所未有、人才引进待遇丰厚、人才发展前景广阔等方面。

（一）政策导向：高职教育发展机遇前所未有

十八大以来，以习近平同志为核心的党中央对职业教育重视的程度之高前所未有，推动职业教育改革发展的力度之大前所未有，中国职业教育迎来的重大发展机遇前所未有[①],主要表现在以下几个方面。

1. 理念革新

职业教育重要地位和作用越来越凸显。技能人才是支撑中国制造、中国创造的重要力量。一直以来,深受"重学历、轻技能"的思想桎梏,社会上对承担技能人才培养重任的职业教育存在广泛的歧视和偏见。但近年来,随着进入新发展阶段,产业升级和经济结构调整不断加快,各行各业对技术技能人才的需求越来越紧迫,国家也越来越重视职业教育的发展。尤其是党的十八大以来,职业教育发展理念发生了重大变化,党和政府把职业教育摆在经济社会发展和教育改革创新更加突出的战略位置,陆续出台"一揽子"政策文件。2019年2月,国务院发布《国家职业教育改革实施方案》首次明确提出,"职业教育与普通教育是两种不同教育类型,具有同等重要地位"。这是国家层面对职业教育重要地位的首次公开肯定。2022年4月,《中华人民共和国职业教育法》重磅发布,将"同等重要、不同类型"从政策层面上升到了法律层面,还规定"职业教育是国民教育体系和人力资源开发的重要组成部分,是培养多样化人才、传承技术技能、促进就业创业的重要途径"。这是跨越式的进步,不仅明确了职业教育的类型属性,还展现了新时代职业教育的使命担当。2022年10月,中共中央办公厅、国务院办公厅印发《关于加强新时代高技能人才队伍建设的意见》,明确提出全面实施"技能中国行动",健全技能人才培养、使用、评价、激励制度,打造一支爱党报国、敬业奉献、技艺精湛、素质优良、规模宏大、结构合理的高技能人才队伍,将加强新时代高技能人才队伍建设上升到国家战略发展的高度,也赋予职业教育新的发展使命。关于职业教育的重要地位,习近平总书记强调,职业教育作为国民教育体系和人力资源开发的重要组成部分,作为广大青年打开通往成功成才大门的重要路径,前途广阔、大有可为,必须摆在更加突出的战略位置[②]。在向世界职业技术教育发展大会致贺信中,习近平主席指出,职业教育与经济社会发展紧密相连,对促进就业创业、助力经济社会发展、增进人民福祉具有重要意义。另外,放眼全球,发展职业教育已经成为世界各国应对经济、社会、人口、环境、就业等方面挑战,实现可持续发展的重要战略选择。可见,发展理念的革新,正在重塑职业教育发展的大环境,人们对职业教育的刻板印象正渐渐祛除,职业教育"低人一等"的标签也在慢慢摘掉。职业教育大环境的改变,为高职教育发展开创了新的天地。

近年来,国家对职业教育越来越重视,整体的发展环境越来越好,这对职业教育来说是难得的机遇。虽然公众对职业教育还是有看法的,但总体在向好的方向发展。(H-Y-4)

---

①② 陈子季.教育要守正创新[M].南昌:江西高校出版社,2021.

2. 政策引领

高职教育迈入高质量发展新阶段。在国家政策引领下,高职教育发展始终紧贴经济社会发展的脉搏,为经济社会高质量发展提供了重要支撑,做出了突出贡献。回顾高职教育发展历程,主要经历以下发展阶段。一是规模扩张阶段。我国高职院校发展最早可以追溯到1980年,原国家教委批准建立了金陵职业大学、天津职业大学等13所职业大学,标志着我国高职院校的正式诞生[①]。随后,国家大力发展高职教育,扩大办学规模,先后发布《关于加强高职高专教育人才培养工作的意见》等一系列政策文件,有力推动了高职院校的规模发展和规范发展。据2021年全国教育事业发展统计公报显示,当前全国高职(专科)学校1486所,比上年增加18所,高职(专科)招生552.58万人(含五年制高职转入专科招生45.20万人),在校生1590.10万人,毕业生398.41万人[②],已稳稳占据高等教育的"半壁江山"。二是内涵发展阶段。经过二十多年波澜壮阔的发展,规模体量的问题已经基本解决,继而面临内涵和质量提升的问题。于是,"十一五"和"十二五"期间,国家先后实施了两轮"国家示范性高等职业院校建设计划",遴选了100所示范性高职院校和100所骨干高职院校进行重点建设。国家示范建设项目以提高质量为核心全面推进高职院校内涵发展,夯实了高职教育质量发展的根基。"十三五"期间,国家又启动了《高等职业教育创新发展行动计划(2015—2018年)》,经过全面建设,高职教育整体实力显著增强,人才培养的结构更加合理、质量持续提高。三是提质培优阶段。十九大以来,高质量发展成了新时代发展的主旋律,高职教育经过多年的实践积淀,也顺势进入了以提质培优为主要特征的高质量发展阶段。"提质"是高职教育永恒不变的目标,"培优"是高职教育回应当下的价值追求[③]。2019年2月,国务院印发《国家职业教育改革实施方案》,这是国家推动职业教育大改革大发展的重大决策部署。2019年3月,教育部、财政部启动实施了中国特色高水平高职学校和专业建设计划,集中力量建设一批引领改革、支撑发展、中国特色、世界水平的高职学校和专业群,引领新时代职业教育实现高质量发展,首批遴选了高水平学校建设单位56个,高水平专业群建设单位141个。作为新时代高职教育质量提升的重大工程,中央财政每年引导资金20余亿元投入"双高计划",主要用于打造人才培养高地、创新服务平台、高水平专业群、高水平双师队伍,提升信息化水平、国际化水平等。其中,包括深圳职业技术学院、金华职业技术学院、山东商业职业技术学院、天津职业大学等在内的10所高水平学校建设单位A档院校,代表着国内高职的顶

---

① 董刚.提高质量,高职教育发展的主旋律[N].中国教育报,2020-11-03(09).
② 教育部.2021年全国教育事业发展统计公报[EB/OL].(2022-09-14)[2023-03-16]. https://baijiahao.baidu.com/s? id=1743926702765413869&wfr=spider&for=pc.
③ 董刚.提高质量,高职教育发展的主旋律[N].中国教育报,2020-11-03(09).

尖水平,在师资、科研、教学等方面具备扎实的基础和较强的综合竞争力,同样可以为高层次博士人才提供发展的机会和平台。这些高职院校即使与一些本科高校相比,也并不逊色,甚至因占据直辖市、省会、长三角、珠三角的区位优势,在部分资源上反而更胜一筹。为了更好地把习近平总书记对职业教育"大有可为"的殷切期盼转化为"大有作为"的生动实践,推动我国职业教育实现提质培优、增值赋能,2020年9月,教育部等九部门联合颁布了《职业教育提质培优行动计划(2020—2023年)》,将《国家职业教育改革实施方案》部署的改革任务转化为具体化的举措。2021年10月,为贯彻落实全国职业教育大会精神,推动现代职业教育高质量发展,中共中央办公厅、国务院办公厅印发了《关于推动现代职业教育高质量发展的意见》,全面布局"十四五"时期职业教育高质量发展。这一阶段,国家关于职业教育发展的重大政策频出,对职业教育的鼓励和支持不断加码,为扎实推进职业教育高质量发展指明了方向,高职院校也在利好政策的大力支持下取得飞速的进步和发展,迎来了质的飞跃,同时为招揽人才创设了优良的外部环境,备受博士学位教师的青睐。

我觉得主要是国家政策在引领,整个高等教育普及化和高质量发展背景下,高职教育要发展必须摆脱原先那种低水平的服务,势必要引进博士这种高层次人才来充实整个队伍。(P-D-2)

3. 现实需求

职教本科博士层次师资缺口巨大,职业本科教育是我国教育改革的新生事物,是职业教育发展制度的重大突破。2014年6月,《关于加快发展现代职业教育的决定》首次提出"探索本科层次职业教育"。2019年2月,《国家职业教育改革实施方案》提出,"开展本科层次职业教育试点,完善高层次应用型人才培养体系"。同年,教育部批准设立南京工业职业技术大学等一批职业本科学校,从政策上、实践上打破了职业教育止步于专科层次的"天花板"[①]。自此,职教本科试点开局起步,进入独立建制的本科职业大学办学阶段。2021年1月,《本科层次职业学校设置标准(试行)》和《本科层次职业教育专业设置管理办法(试行)》两个规范性文件相继印发。其中,《本科层次职业教育专业设置管理办法(试行)》更是明确规定,设置本科层次职业教育专业须有完成专业人才培养所必需的教师队伍,其中具有博士研究生学位专任教师比例不低于15%。2021年3月,教育部印发了《职业教育专业目录(2021年)》,完善了职业本科专业设置目录,将职业本科专业分为19个专业大类、90个专业类和247个专业。2021年10月,《关于推动现代职业教育高质量发展的意见》首次对职业本科招生规模进行了量化,要求到2025年职业本科招生规模不

---

① 谢永华.打破学历"天花板" 让学生有更多选择[N].中国青年报,2022-08-31(08).

低于高等职业教育招生规模的 10%。2021 年 11 月,为确保本科层次职业教育授予学士学位质量,促进本科层次职业教育高质量稳步发展,国务院学位委员会办公室印发了《关于做好本科层次职业学校学士学位授权与授予工作的意见》,确定了职业本科和普通本科同等质量,正式将职业本科纳入现有学士学位体系[①]。系列政策为职教本科试点稳步发展提供了重要的制度保障,职业本科也迎来了稳步发展的重要窗口期。截至 2022 年 3 月,全国共有 32 所学校参与职业本科试点,覆盖全国 31 个省份(港、澳、台除外)。虽然当前职教本科试点多点布局、全面推进,但与"2025 年职业本科招生规模不低于高等职业教育招生规模的 10%"的目标相距甚远。为此,教育部在 2022 年职业教育重点工作中明确提出,一方面科学设置,支持符合条件的国家"双高计划"建设单位独立升格为职业本科学校,支持符合产教深度融合、办学特色鲜明、培养质量较高的专科层次高等职业学校,升级部分专科专业,试办职业本科教育;另一方面打造示范标杆,以部省合建方式"小切口""大支持",遴选建设 10 所左右高水平职业本科教育示范学校,打造标杆、提振信心、改变形象、趟出路子,力争让更多的职业学校毕业生接受高质量的职业本科教育。由此可见,职业本科教育方兴未艾,随着国家稳步推进,职教本科试点学校将会增设,招生规模也将扩大,职教本科博士层次师资数量不足、缺口大的问题也将进一步凸显。依据设置本科层次职业教育专业具有博士研究生学位专任教师比例不低于 15%的要求,若按高职百所国家示范校每校 10 名、百所国家骨干校每校 5 名、其他高职院校每校 2~3 名、本科层次职业院校每校 20 名、百个"双师型"教师培养培训基地每个基地 30 名、1000 所中职示范校每校 1 名来测算,目前全国职业院校至少需要 7000 名博士层次"双师型"领军人才和优秀专业带头人[②]。由此可见,一方面,高职院校对博士学位教师的需求非常旺盛,缺口巨大,这为博士人才就业提供了广阔空间;另一方面,很多高职院校有可能升为职业本科学校,本科层次的办学性质也将会吸引越来越多的博士人才选择高职院校工作。

如果学校变成本科了,我想对博士的吸引力肯定会提高,毕竟挂有本科两个字。但前提是学校运转体系肯定要发展质的变化,如果只是专科的翻版,估计区别不大。(H-L-1)

(二) 经济驱动:高职院校人才引进待遇丰厚

经济待遇是一个地区、一座城市、一所学校吸引并留住博士人才的关键。总体来看,高职院校的人才引进待遇较为丰厚,基本都一人一策、一事一议,很大程度上

---

① 罗校清,李锡辉.本科层次职业教育试点现状、困境及推进策略[J].教育与职业,2022(13):12-19.
② 陈泳竹,刘卫东,戴青云.职教高质量发展呼唤博士层次"双师型"师资[N].中国教育报,2022-02-22(05).

解决了博士人才的后顾之忧。

1. 编制保障：体制内的工作相对稳定轻松

博士学位教师就业有着较广泛的选择，比如普通本科高校、企业、高职院校等。尤其是已婚的博士学位教师，求稳是其首选因素。相比普通高校和企业，高职院校编制保障的优势较为明显。一方面，企业就职不确定因素较多。从大环境来看，过去经济高歌猛进的时代一去不复返，受疫情和经济下行压力叠加影响，企业生存压力较大，降薪裁员成为行业的必要选择，即使是华为这样的龙头企业，也宣布进入"寒冬"模式。从个人发展来看，无法跨越行业发展的年龄槛。日益突出的"35岁现象"成为人们就业的"拦路虎"。35岁是一个敏感词，是每一个职场人都必然会经历的时间节点，却成为职场筛选的重要标尺，很多如金融、广告、互联网之类的行业在招聘条件里将年龄限制在35岁以下，而且35岁也是企业裁员的高危人群。这也是为什么当下考编成为年轻人稳定就业的首选。面对越来越严峻、复杂的就业形势，进编制无疑是性价比最高的选择。一句"宇宙的尽头是编制"，看似调侃，却也是现实中年轻人就业选择的真实写照。据统计，清华大学2021届毕业生中有70%的毕业生选择进入体制内就业，其中去到党政机关的毕业生占比是15.8%，进事业单位的毕业生占比是30.3%，国企的占比是23.8%[①]。另一方面，普通本科高校"非升即走"考核压力巨大。"非升即走"是高校为优化师资队伍、提升管理绩效而采取的一项竞争性淘汰政策[②]，具有突出的甄别与筛选、监督与激励功能[③]。1993年，清华大学首次引入"非升即走"制，其后很多高校陆续开始了改革。在"双一流"建设的助推下，越来越多的高校深化教师人事制度改革，推行"预聘制＋长聘制"的优选机制。理论上，"非升即走"制有利于打破以往高校教师一聘定终身的弊端，更好地"识才辨才"，筛选出适合契合学校发展需求的教师，同时也通过选拔性考核"激才励才"，引导教师产出高质量的学术成果。但在实际执行过程中，确实暴露出不少矛盾和问题。其中，筛选功能被误读成"末位淘汰"的"试用期"概念，激励功能从明确目标的达标赛变成了持续加码的锦标赛[④]。很多高校青年教师表示，他们的职业焦虑非常普遍，因为"非升即走"制的残酷性就在于新入职的青年教师必须先接受预聘岗位的考验，在聘期内完成相应绩效考核要求，顺利晋升为副教授，才有机会进入长聘阶段，否则将淘汰出局、自动解除聘用关系。这意味着高校青年教师一入

---

① 2022届大学生好难，近7成清北毕业生进体制内，宇宙尽头还是编[EB/OL].[2022-09-20]. https://baijiahao.baidu.com/s?id=1743926702765413869&wfr=spider&for=pc.
② 田贤鹏，姜淑杰.为何而焦虑：高校青年教师职业焦虑调查研究——基于"非升即走"政策的背景[J]. 高教探索，2022(03):39-44+87.
③ 张东海."非升即走"的逻辑及其引入我国高校的可能性[J].比较教育研究，2013,35(11):55-60.
④ 朱玉成.高校教师非升即走的制度误用及纠偏[J].中国高教研究，2021(12):64-69.

职就要面临绩效考核和失业的双重压力、自我认同和他者认同的双重焦虑,必须凭借出色的能力、旺盛的精力和顽强的拼劲,全身心投入"科研大战",争取立项高级别课题,发表高水平论文,以赢取预聘期的"通关卡",如逆水行舟,不进则退。另外,尤为需要注意的是,"非升即走"制对于女性博士来说可能显得更加严格。女性受年龄、婚姻、家庭、精力等多重因素影响,其所承担的考核压力可能随时间的推移呈指数形式倍增,而且相较于男性,女性更容易产生焦虑、抑郁、挫败等不良情绪。然而,若博士入职高职院校,工作环境相对宽松,工作压力相对较小,会有较强烈的"一编在手"的安全感、稳定感和幸福感。入职高职院校相比企业收入稳定、待遇完善,无须过多担心失业风险和中年危机;相比普通本科高校又能较好地兼顾和平衡教学和科研、工作和生活的关系,摆脱"想卷卷不动,想躺躺不平"的科研困扰,也无须一直处于紧张忙碌的科研压力中,时刻担心自己因课题、论文数量不够多、级别不够高而被边缘化。

  当时普通本科高校开出的条件是给一套房,但要求三年内完成1个国家自然基金、1个省自然基金、5篇SCI论文发表。如果没完成的话,相当于三年考核不合格,不仅房子拿不到,也不见得能留下来。当时我30多岁了,感觉风险太大,就犹豫了,所以最后选择没有去。(H-Y-3)

2. 补贴多元:购房科研各类经费多管齐下

  博士学位教师除了承担教学和科研的压力,还面临着生存的压力,这不利于青年博士的成长。而高职院校博士人才引进待遇体系较为完善,除了基本的薪资外,购房补贴、科研启动费、福利津贴等保障多元,能够较大程度减轻博士学位教师的经济压力。首先是购房补贴。一般博士或博士后毕业大致30多岁,这个年龄阶段开始职业生涯,也正处于成家立业的重要阶段,购房也成了基本需求。而我国绝大多数博士来自一般家庭,在经历了长期的求学后,已经花费了家庭中大量财力,住房等问题是其面对的基本现实[①]。虽然当前居高不下的房价让很多年轻的购房者望而却步,但对于博士人才而言,购房补贴政策有效降低了购房成本,帮助其缓解了现实经济压力。笔者通过分析高职院校高层次人才引进的政策文本,发现高职院校的购房政策主要有两种,一是直接享受分房福利,二是给予购房补贴。但近年来,分房的福利越来越少,大多数高职院校都采用购房补贴的方式,补贴标准主要依据人才层级进行划分,大致在10万~100万元,能够缓解博士学位教师的购房压力。其次是科研启动经费。"兵马未动,粮草先行",高职院校建立了专项的科研启动经费,为博士学位教师科研路上提供"第一桶金"。同购房补贴一样,科研启动经费也依据人才层级进行划分,大致在5万~80万元。一般来说,自然科学的科研启

---

① 万淼.对博士生"逃离科研"的反思[J].中国青年研究,2014(8):16-20.

动经费较多,而人文社科的科研启动经费相对偏少。最后是人才津贴。与购房补贴、科研启动经费相比,人才津贴的额度不大。一般高职院校的人才津贴为1000元/月,补助年限为5年。此外,除了高职院校提供的各类津贴补助,各地市还为博士人才提供住房补贴、租房补贴、生活补助、人才津贴等。其中住房补贴可能具有一定的排他性,有些地方不能与学校的购房补贴同时享受,但可以就高选择,其他各类津贴补助可以叠加享受。以金华市为例,近年来,金华市为推进人才强市建设,出台了《"智选金华"优秀高校毕业生集聚工程的若干意见》《关于"双龙引才"新政20条若干政策的实施细则(试行)》等系列引才政策,引才力度不断加大,2018年的博士人才安家补助为10万元,2020年的博士人才生活补助增加至25万元,大大提高了补贴标准,增强了对博士人才的吸引力。

我2017年进来的,那时学校的待遇还是比较诱人的,有人才用房,大家都比较看重这一点,放到现在大家也是比较看重的。(H-Y-1)

现在直接给房子的学校越来越少了,除非是非常优秀的人才学校才会给房子。其实我们在和博士谈的过程中,也很关心别人给多少筹码,一般我们给出的待遇会高出本科院校30万元左右,基本上他们会来了。(H-Z-1)

我们是充分用好国家、地市、学校各方面政策,算起来的话,一个博士各方面待遇加起来差不多在110万元左右,这在西部来说,还是比较有吸引力的。(H-Z-3)

3. 隐性福利:解决配偶编制、孩子入学问题

已婚博士学位教师在选择工作的时候,会更加全面地权衡工作对个人和家庭成员整体生活的影响,其中考虑最核心的问题就是配偶编制和孩子入学。首先是配偶工作。解决配偶编制对博士人才引进起着决定性作用。当下,普通本科高校的门槛越来越高,对于引进的博士人才都实行"非升即走"制,更不用说帮助解决其配偶编制了。而高职院校为引进博士人才,一般都承诺帮助解决配偶编制。但随着高职院校高质量发展进程加快,也不是所有引进的博士都会被帮助解决配偶编制,基本只针对优秀的博士人才。访谈中不少博士学位教师表示,当初之所以选择高职院校工作,很大促成因素就是学校帮助解决配偶编制,而普通本科高校只是帮助解决工作问题。其次是孩子入学。孩子入学对高职院校博士人才引进的影响并没有那么大。很多普通本科高校都有自己的附属中小学,解决孩子入学并不是很大的难题。虽然高职院校没有附属的中小学,但也想尽一切办法为博士人才的子女提供当地最优质的教育资源,周到、贴心的服务会让新引进的博士学位教师感到无比温暖。

本来我准备去普通本科高校,但他不给编制,只承诺解决老婆工作问题。而我比较看重的就是解决老婆编制问题,所以思前想后,还是选了高职院校,因为这样两个人的编制问题都解决了。(H-Y-3)

在女儿转学的事情上，无论是院领导还是人事处都给予我特别多的帮助，特别是人事处的老师，几乎是每一个星期都要给我发信息，了解孩子转学的进度，让我特别感动，很暖心，感觉自己有坚强的后盾。(H-Y-9)

以前学校人才引进是能帮助解决配偶编制的，但是现在这条已经拎出来了。像我们今年本来要招3个博士的，结果有2个不来了，就是因为没法解决配偶工作。(H-Y-2)

（三）愿景激励：高职院校人才发展前景广阔

高职院校迫切渴求一大批博士层次高水平师资力量的引领和带动，同时也为博士学位教师施展才干创设了重要条件和广阔空间，成为高职院校吸引博士学位教师的重要因素。换言之，博士学位教师在高职院校同样能有所作为。

1. 科研条件：承诺搭平台、建团队

相较于普通本科高校来说，高职院校的科研条件先天不足，但也一直在努力补齐科研短板，持续发力并全面提升科研能力，一些入选"双高计划"的高职院校在科研方面甚至已经超过了部分本科院校的水平，具体体现以下两个方面。第一，高职院校的科研实力正在迅速崛起。从自然指数来看，在2022年最新一期自然指数公布的学术机构排名中，深圳职业技术学院跻身全国前200，位列第182名，将众多本科院校甩在身后。从国家级科研项目立项来看，国家社会科学基金和国家自然科学基金项目是学校科研能力的重要表征。近年来，国家社会科学基金和国家自然科学基金项目均有高职院校的身影，而且立项数呈递增趋势。据统计，"十三五"期间，全国高职院校共立项85项国家社会科学基金项目，比往年累计的立项数还多34项，相当于平均每年立项17项，其中2019年立项数最多，高达22项；立项国家自然科学基金项目64项①，平均每年立项16项，其中2019年立项数最多，高达19项。如深圳职业技术学院"十三五"期间共立项15项国家自然科学基金项目，其中2019年立项了8项国家自然科学基金项目，立项数远超一些普通本科院校，科研实力不容小觑。可见，高职院校科研发展势头强劲，正在向国家级科研项目立项冲锋。第二，高职院校正大刀阔斧地搭平台、建团队。从平台来看，深圳职业技术学院的霍夫曼先进材料研究院就是典型代表，该研究院拥有2500平方米的办公场地，包含6个材料制备实验室、8个仪器室、2个器件实验室、3个计算机实验室等，投入设备价值约4000万元，为专职科研人员提供了丰富的科研平台资源，这在高职院校是比较难得的。假若博士选择高职院校，其专业发展方向又契合学校专业发展的重点，很多高职院校在引进时都会承诺建设相应方向的实验室，为其科研发

---

① 注：2020年国家自然科学基金项目立项名单未公布，故暂未统计在内。

展提供支撑。特别是理工科专业的博士,其科研的资源依赖特点决定了平台的重要性,没有平台支撑,就无法完成实验,科研也就失去了根基。从团队来看,假若博士选择高职院校,鉴于其综合能力较为出众,学校会为其组建相应的研究团队,而且自身也会吸引一些高职院校教师的加入。在各方支持及自身努力下,新引进的博士人才很快会成长为团队的带头人并开展自己感兴趣的科研工作。而假如博士选择普通本科高校,基本会成为众多团队中的一员,需要很长的时间才能跳脱出来并拥有自己的研究团队。这也是很多博士学位教师未选择普通本科高校而选择高职院校就职工作的主要原因。换言之,只要博士愿意来,有条件的高职院校会倾尽全力打造相应的科研平台、团队,为其学术发展创设更好的科研条件。

引进的时候说特别优秀的可以给你单独建一个实验室平台。目前我们机电学院为1位博士建了一个农机实验室。因为这位老师是带着国家基金项目进学校的,所以学校花了几百万打造了农机实验室,目前该实验室被评为浙江省重点实验室,是省内高职院校首家省级重点实验室。(H-Y-1)

学校鼓励博士们组建团队,会从政策、资金方面给予很多倾斜,比如项目申报的时候优先考虑。(H-Y-12)

2. 职称晋升:设有专属绿色通道

职称是教师职业生涯发展的重要指挥棒,是加强高职院校教师队伍建设的重要制度保障,是国家和社会尊重劳动、尊重知识、尊重人才和尊重创造的重要体现。在高校没有职称寸步难行,因为它关系到教师们的薪资福利、职业声望和科研经费,是衡量大学教师才学、知识、贡献的重要指标。举个例子,比如在项目申报上,虽然在政策法规中并没有哪条规定年轻教师不得申请省部或国家级课题,但在实际操作中却完全不是这样,像国家社科一般项目或重点项目、教育部重大攻关项目等,其项目规定中几乎都有一条,即只有副高以上职称才可以申报[①]。其实,高级职称不仅是大学教师申报课题的首要前提,也是博士学位教师职业生涯发展的重要一环。从访谈中发现,很多博士学位教师没有选择普通本科高校而选择高职院校,职称是一个重要的考量因素。当前,普通本科高校的职称评审竞争越来越白热化,一方面职称指标紧缺,受专业技术岗位结构比例设置标准影响,普通本科高校教师的职称晋升指标基本饱和,正高级职称一般是退一个进一个;另一方面晋升条件加码,由于指标紧缺,晋升条件水涨船高,演变成了教师之间科研成果持续加码的锦标赛。如此一来,职称晋升拥堵和内卷现象非常严重,不仅副高晋升正高很难,而且讲师晋升副高也困难重重。对于新进的博士学位教师来说,首先就是要解决副高职称,而从讲师中脱颖而出成功晋升为副高也成为其职业生涯发展中较难突破

---

① 陈彬.专家称青年教师缺乏学术独立也因自身能力不足[N].科学时报,2013-04-04(05).

的困局。相比较而言,高职院校的职称晋升相对容易。一是职称指标有空缺,高职院校正高职称和副高职称指标都相对宽裕,基本能够满足教师职称晋升需求。二是评审条件较友好,高职院校教师晋升正高职称,基本条件是要求有国家级或省部级以上项目,晋升副高职称仅要求有厅局级以上项目,而且博士学位教师经过严苛、规范的学术训练,科研方面具有明显的竞争优势。三是晋升通道顺畅,大多高职院校建立了以学术水平和应用技术能力为导向的高层次人才直聘高级专业技术职务的方案,这意味着新进的博士学位教师再也不用"熬年头""熬资历"。四是晋升年限大大缩短,有学者对136位华东地区四所研究型高校教师调查后发现,教师获得讲师职称的平均年龄为29.8岁;教师晋升至副教授职称时的平均年龄为34.2岁;由讲师晋升至副教授所需时间的平均值为5.5年;教师获得教授职称的平均年龄为40.8岁;由副教授至教授所需时间的平均值为7年[①]。也就是说,在普通本科高校,教师从讲师到正高职称一共需要12.5年,而在高职院校,博士学位教师进入学校第一年后就可以参加职称评审,申报副高职称,满5年后可以申报正高职称,若成果特别突出,还可以申请破格。那么,高职院校博士学位教师从讲师到正高职称只需短短6年甚至更短时间。这对于博士学位教师来说吸引力极大。

职称是高校教师长久的伤痛,从讲师到副教授,再从副教授到教授,按照正常的晋升年限,快则8~10年,慢则一生……甚至有老师表示,评上副高就准备"躺平"了,至于为何不继续冲刺正高职称?理由只有一个——太难了。(H-Y-10)

在高校,职称关系很多东西,无论是课题,还是个人的发展,职称都是很重要的。我当时也问过学校人事处,他说高职博士学位教师职称晋升相对来说比较快的,也较为容易。(H-Y-1)

发展空间确实是比本科要大,这个实话实说,高职院校也有好的地方,不能说全都不好,像我们副教授一般都是直聘的,这也是很多博士选高职院校的一个重要原因。(H-L-1)

3. 职务晋升:职场晋升空间宽广

博士学位教师通常是高学历、高职称、高水平的代表,在高职院校较容易脱颖而出。一是高职院校高度重视人才发展。对于高职院校而言,博士学位教师属于稀缺资源,仅占学校教师比例的3%~6%,虽然数量少,但是分量重。高职院校对博士学位教师寄予了厚望,希望他们成长为学校高质量发展、专业高水平建设的重要驱动,同时也高度关注和重视博士学位教师的发展,为他们创设各种发展条件。如金华职业技术学院在职能部门、二级学院为青年骨干人才专门设置了实践锻炼专聘副职岗位,着力培养一批专业强、管理强的"双强型"高素质青年专业人才,为

---

① 岳英.我国高校教师职称晋升影响因素的事件史分析[J].教育发展研究,2020,40(Z1):90-97.

青年骨干人才提供施展才干、锤炼本领的广阔舞台。截至目前,金华职业技术学院已确定了18位"双强型"青年专业人才实践锻炼计划人员,分别担任教务处、人事处、科技处、国际合作交流处和各二级学院的专聘副职岗位,其中博士学位教师12人,占比66.7%。二是博士学位教师综合能力突出。虽然学历和能力是两回事,两者不能直接等同,但是学历也是博士学位教师能力表征的重要方面,尤其代表了专业水平。很多学校也都会培养博士学位教师担任专业主任,并鼓励其朝着更高职务的方向发展。访谈中发现,很多博士学位教师在入职后的若干年后都会获得职务晋升,走上专业主任等管理岗,担负着专业发展的前瞻者、专业课程的规划者、专业教学的组织者、专业资源的整合者、专业质量的守护者、专业团队的打造者、专业文化的塑造者、专业教学的示范者、专业创新的拓荒者、专业科研的引领者等建设职责[①]。当然也有些博士在走向了专业主任岗后,因受繁重的专业建设任务牵制分身乏术,想辞去相应职务,这是个人的选择,也是个别的案例。但总的来说,高职院校博士学位教师职务晋升通道是畅通的,对于想走行政管理路线的博士学位教师来说,是一个非常难得的机会。虽然担任专业主任是一个苦差事、辛苦活,但该岗位既磨人又锻炼人,它既是走向管理行政岗的起点,又是博士学位教师走上更高级别管理岗位的重要跳板。

现在博士走上管理岗的挺多,这主要看个人选择。有些博士情商智商都在线的,又有比较好的协调沟通能力,是比较适合做管理岗。(H-Z-1)

现在博士进来2~3年基本都会让你担任一定的职务,比如说专业主任。但当专业主任是很累的,像我们专业没有课程组长,没有副主任,所以很多事情只能专业主任自己干。(H-Y-1)

行政岗对博士一点吸引力没有是骗人的。说实话,如果真的没有一点吸引力,那你为什么要做呢,也没有人拖着你非要做。在高职院校里,担任行政领导职务,总体来说资源统筹确实会好一点,而且做行政岗之后,你对专业的发展站位会更高,原来你可能主要考虑个人的事情,但是你到了行政岗位上,考虑的就是一个小团体或者一个部门的事情,认知和眼界会不一样。(H-Y-1)

职务上的发展个人主观意愿是比较强的,博士起点肯定也比硕士高。只要博士愿意干,他会很快进入行政管理岗位,发展肯定比在本科快很多。(H-L-1)

二、阻力因素

高职院校引进博士学位教师的阻力主要来自科研因素,具体体现在平台、团队

---

① 王亚南,石伟平.转型发展背景下高职院校专业带头人角色定位的实证研究——基于对专业带头人岗位职责书的内容分析[J].中国职业技术教育,2017(15):14-21.

和时间三个方面,而这是科研成果产出的必要条件。

(一) 发展平台:科研平台支撑力量薄弱

平台是博士学位教师大显身手的舞台,是科研成果培育产出的土壤,是博士学位教师发挥作用的"标配"。近年来,随着高水平建设进程深入推进,不少高职院校牵头组建高端科研平台,在教研联动、技术服务和成果转化等多方面跑出了自己的加速度。据对长三角41所"双高计划"学校中期自评报告校企合作相关内容编码发现,平台建设出现的频次为2165次,其中以智库、研究院、研究中心为代表的研究平台出现的频次为141次,以职教集团(联盟)、产业学院、产教融合示范基地等为代表的育人平台出现频次为1545次,以重点实验室、协同创新中心、研发中心为代表的创新平台出现频次为479次[1]。但由于"双高计划"实施时间不长,即使是"双高"院校,拥有国家级、省级等高端发展平台的数量也屈指可数,这严重影响博士学位教师的引进,也在很大程度上制约着博士学位教师引进后的发展。其实,博士学位教师选择高职院校就职,并不意味着他们没有科研的追求,事实上访谈中发现,大部分博士学位教师都有着一定的科研情结,也较为看重学校科研平台的建设。毕竟科研平台是其专业发展和学术研究的重要依托,特别是自然科学类,若没有实验室、协同创新中心等科研平台的支撑,也就无法产出相应的科研成果。因而,高端科研平台的稀缺成了高职院校吸引和招揽博士学位教师的最大阻力,也是高职院校高层次人才引进中的痛点和难处所在。换言之,高职院校并不是一个避免"内卷"、适合"躺平"的理想科研平台[2]。

学校一直说教学科研引领校企合作、成果转化,你连科研平台都没有,你怎么转化,不可能让老师天天跑到企业里去吧。(H-Y-1)

如果学校没有支撑博士发展的科研平台,不能提供一个良好的科研环境,其实引进博士的意义不大。(F-L-1)

虽然高职院校的研究不需要太前沿的,但我觉得博士自身还是要有学术追求。目前,感觉学校的平台和资源局限性较大,对研究的支撑不足。平时我基本都是和本科院校合作,借用人家的实验室,好的论文也是和他们合作的。(H-Y-1)

不同研究方向对于科研平台的依赖程度不一,像人工智能方向,做算法的只要电脑验证就好,而像制药和我这个方向的,就要依赖实验设备,如果没有,出不了数据,也做不了研究。(H-Y-3)

---

[1] 王安安.中国特色高水平高职学校助力区域产业发展的成效与推进策略——基于长三角41所学校校企合作中期建设进展的分析[J].中国职业技术教育,2022(23):28-34.
[2] 吴秋晨,徐国庆.职教科研视角下职教博士与高职院校之间的关系审思[J].教育与职业,2023(5):44-50.

（二）团队合作:缺乏团队合作长效机制

教师团队是高职院校内涵发展、师资力量和综合实力的重要表征,也是教师专业成长的重要抓手。近年来,国家层面高度重视职业教育教师团队建设,先后遴选建设了360个高水平、结构化的国家级职业教育教师教学创新团队。学校层面也源于高质量发展需要,将教师团队建设作为高水平师资队伍建设的重要举措,并给予制度供给、发展平台、经费保障等组织支持。据统计,在56所"双高计划"高水平学校建设单位中期绩效自评报告中,共有46所"双高"院校拥有国家级教师教学创新团队,20所院校拥有全国高校黄大年式教师团队[1]。但国家级、省级教师团队等荣誉加身并非意味着团队建设的完成,而恰恰是团队建设的开端。在实践中,很多高职院校教师团队建设都面临仅有团队之名、缺乏团队之实的现实问题,"名不副实"的尴尬处境导致在实践层面上无法凝聚教师的集体智慧,主要表现为团队合作意识不强、合作领域窄化等问题[2]。访谈中发现,其实博士学位教师早已深谙"抱团取暖"的重要性,他们纷纷表示"单兵作战"不是长久之计,无论是做纵向科研项目或是横向技术服务,要想做大做强,单独依靠个人能力是非常有限的,必须依赖团队力量,发挥集体作用,个人强则团队强,团队强则个人强。但现实是,虽然高职院校团队合作有深厚的群众基础和现实需求,但大多数博士学位教师都处于渴望团队合作却又不得不"孤军奋战"的状态。可见,没有良好的团队合作机制,教师们无法由"单兵作战"走向"团队协作",团队服务价值和成效也便无从谈起,无疑造成高职院校博士学位教师资源的巨大浪费,同时也进一步阻滞了高职院校博士学位教师的引进。

> 本科院校的团队都是有一个大的领导,下面几个人分工,跑市场的跑市场,做科研的做科研,搞技术的搞技术。现在学校的情况就是宣传上是有团队的,但实际上没有。没有团队做科研就是扯淡,你一个人做科研,能做得多好是不可能的。(H-Y-3)

> 每次出去开会看到别人都有团队,而且团队都由硕士研究生、博士研究生、副教授、教授组成,非常强大。而自己在高职院校,没有团队,做科研压力非常大,危机感很强,可能前期好不容易积累的微薄优势会在很快的时间里被抹杀掉。(H-Y-8)

> 我们有一个老师专门搞科研的,做金属激光加工,他现在最大的困境就是没有

---

[1] 王露莹,刘晓.中国特色高水平高职学校教师队伍的建设成效与优化策略——基于56所"双高"院校中期绩效自评报告的分析[J].中国职业技术教育,2022(23):13-20.

[2] 徐珍珍,邵建东,孙凤敏.从分散到整合:高职院校专业教师团队建设研究[J].中国职业技术教育,2021(23):25-30.

团队。因为激光要机器人去操作,他又不懂机器人,现学又很慢,只能是我让学生去帮忙把机器程序调好。(H-Y-3)

(三) 时间投入:事务挤占大量科研时间

管理学之父彼得·德鲁克说:"时间是一个人最稀缺的资源。"对于高职院校从事科研的博士学位教师来说尤其如此,他们不想、也不太愿意将太多的精力投入科研以外的其他事务上。但高职院校的工作现状是繁重的工作任务挤占了博士学位教师大量的时间和精力,使其无暇兼顾科研。高职院校在事务时间投入方面对博士学位教师的影响有以下三点。一是教学工作任务较重。高职院校生师比较大,教师的紧缺无形中增加了每一位教师的教学工作量。据不完全统计,高职院校教师一年的教学工作量约360课时。再加上入职初期博士学位教师往往会面临学情把握不足、内容变通较弱、教学方法死板等问题,亟须提升教学能力。因而,面对饱满的教学工作量和教学能力提升需求,即使博士学位教师想教学、科研两手抓,也显得心有余而力不足。二是行政工作千头万绪。很多博士学位教师表示,高职院校具有鲜明的行政色彩,学校行政事务繁多,评估、检查、督导、学生管理等事务层出不穷、应接不暇,他们基本上长期处于时间上的繁忙、精力上的不济和精神上的高压状态。与行政事务相比,科研反而成了事关个人发展的副业。三是项目竞赛费时费力。项目竞赛是新时代职业院校人才培养的重要引领,是高职院校人才培养质量的竞技场,因附加的评价性作用备受高职院校关注,让博士学位教师担任竞赛指导教师或直接参加教学能力竞赛已不鲜见。原本适度争奖项、比项目、赛成绩等对教学和科研具有一定的积极作用,但当这种追求和竞争过于激烈,其直接结果无疑异化了项目竞赛的内涵,也使得博士学位教师长期处于竞争性努力和紧张性忙碌的竞赛环境中,科研时间零碎,不利于高质量科研成果的产出。可见,在高职院校,行政事务挤占大量科研时间是常态,而这与博士学位教师的发展意愿和发展期待相悖,也在一定程度上影响了博士学位教师的引进。

手头工作繁多,各种竞赛项目、教育教学、科研论文等,哪一个都不能掉以轻心,可我一天的时间就这么多,忙于各类教学事务,势必没有那么多时间专注自己的科研。(H-Y-8)

学校对于博士的期待比较高,让博士扮演各种角色,像我现在专业主任当着,支部书记当着,双强当着,班主任当着,什么留学生联谊会还给我个理事当。太多事情,精力太分散了。我看了一下身边的博士,大部分想做点事情的博士都是这样的状态。(H-Y-1)

现在博士大部分都是身兼数职,又搞科研、又搞行政,还要教学,带比赛。不过

我抱怨归抱怨,接触这么多事情,也是锻炼的机会,通过锻炼,也可以发现自己更适合走哪一条路。(H-Y-1)

我们干的活太散了,像游击队一样,这里打一枪,那里放一炮,把你所有的精力都散掉了,哪还有时间沉得下心搞科研。(H-Y-2)

第三节 高职院校博士学位教师引进的拉力-斥力体系

高职院校博士学位教师引进的拉力-斥力体系是基于个体视角,来探讨高职院校博士学位教师引进的影响因素。

一、拉力因素

在高职院校博士学位教师引进过程中,拉力因素主要包括外部人才竞争激烈、高职门槛相对较低、个人情感或社会关系的牵绊等方面。

(一)外部环境:高校学术圈内卷化愈演愈烈

内卷化最初是由美国人类学家戈登·威泽在解释文化到达一定阶段后不能实现新发展只会内部不断复杂化的模式时提出的概念[1]。他将内卷定义为一种社会或文化模式在某一发展阶段达到一种确定的形式后,内部不断精细化和复杂化,但本质上停滞不前或无法转化为另一种高级模式的现象[2]。近年来,内卷化逐渐成为一个热词,在社会、经济、文化、教育等领域受到广泛关注。就高校学术圈领域,内卷化之所以愈演愈烈主要在于博士供求关系的变化。根据教育部发布的历年《全国教育事业发展统计公报》数据统计可知,截至2020年,我国博士招生人数约148.6万人,共有94.65万博士毕业生(这个数据还不包含从海外读博回流的毕业生),博士生规模早已超过美国,跃居全球第一。近年来,特别是"十三五"期间,随着高等教育扩招势不可挡,博士研究生教育也一直紧跟步伐。2017年1月,教育部印发了《学位与研究生教育发展"十三五"规划》,从建设教育强国和创新型国家高度出发,提出扩大高校自主权,探索开展高水平大学自主确定研究生招生计划,稳步发展博士研究生教育,适度扩大博士学位研究生教育规模。2018年8月,《关于高等学校加快"双一流"建设的指导意见》提出,推进高层次人才供给侧结构性改革,优化不同层次学生的培养结构,适应需求调整培养规模与培养目标,适度扩大

---

[1] 鲁沛竺.内卷化:一个跨学科理论话语的教育领域误用与反思[J].苏州大学学报(教育科学版),2022,10(3):71-80.

[2] 刘世定,邱泽奇."内卷化"概念辨析[J].社会学研究,2004(5):96-110.

博士研究生规模,加快发展博士专业学位研究生教育。2020年3月,《关于"双一流"建设高校促进学科融合 加快人工智能领域研究生培养的若干意见》,再次强调扩大研究生培养规模,安排研究生尤其是博士生招生计划专项增量。在扩招的大趋势下,全国不少高校都放开了博士招录门槛,增加了博士招生指标,涨幅基本在10%左右,有些甚至接近20%。根据数据显示,我国高校招收博士生人数从2012年的6.84万人增加至2021年的12.58万人,特别是"十三五"以来,每年的博士招生规模都在以10%左右的增长率持续扩大;毕业博士生人数从2012年的5.17万人增加至2021年的7.20万人,虽然受学制延长和延毕率高等因素影响,毕业博士生人数增长幅度没有招收博士生人数那么大,但依然呈现爆发式增长,如图4-2所示。

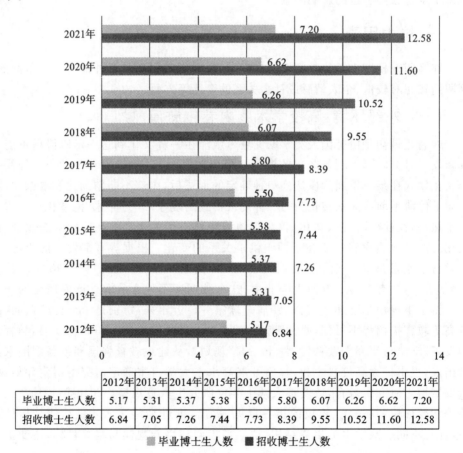

	2012年	2013年	2014年	2015年	2016年	2017年	2018年	2019年	2020年	2021年
毕业博士生人数	5.17	5.31	5.37	5.38	5.50	5.80	6.07	6.26	6.62	7.20
招收博士生人数	6.84	7.05	7.26	7.44	7.73	8.39	9.55	10.52	11.60	12.58

图4-2 2012—2021年博士招收与毕业人数(单位:万人)

一方面,在高校扩招的背景下,每年越来越多的博士涌入社会和职场,再加上海外人才回流加速,博士市场供应充足;另一方面,各个高校的大部分专业博士需求已经接近饱和,显然不可能满足所有博士的求职需求,由此不可避免地带来高校招聘要求水涨船高的现象,主要表现在以下三个方面。一是应聘门槛高。高校对于博士毕业的学校、科研成果(论文、课题、专利等)的级别和数量都有明确且具体的要求,而且层次越高的学校内卷化越严重。在科研成果达标的情况下,有些高校还对海外背景有要求,没有海外背景想进好的高校很难,因为很多高校将拥有海外博士学位或有海外科研经历当成招聘的默认门槛,有些高校还对第一学历也有要求,如果是非985、211、双一流的博士可能也无法进好的高校。二是取得编制难。在过去,一旦入职高校,就意味着有了"铁饭碗",而当下却"一编难求"。越来越多的高校实施"非升即走"的"预聘-长聘制",新聘任的教师进校以"预聘-长聘制"的形式签订劳动合同,通常3年为一个聘期,需要完成规定的考核指标才能获得长期聘用或转为事业编制。一般来说,完成聘期考核的任务绝非易事,通常是立项国家级、省部级课题、发表高水平论文等。这对新入职的博士学位教师来说是一个不小的挑战和考验,若没有完成聘期考核的任务,随时面临被解聘的风险。三是年龄限制严。大部分高校对博士的年龄都有硬性要求,不过学校的不同、职称的不同所要求的年龄也不尽相同。如浙江大学要求自然科学领域年龄一般在35周岁左右,人文社科领域年龄可适当放宽,原则上不超过40周岁。南昌大学要求理工医科32周岁以下,人文社会科学35周岁以下。浙江工业大学要求年龄在35周岁以下,具有副高职称者年龄要求可放宽到38周岁;具有正高职称者年龄原则上可放宽到40周岁。不过大部分高校都倾向于招聘35周岁以内的博士,因为这一年龄阶段的博士,年轻气盛、精力充沛,富有干劲和创造力,是从事科研的黄金年龄阶段。由此可见,普通本科高校的门槛越来越高,也越来越卷,好中选优、优中选强的招聘机制,让大批博士难以企及、望而却步。好多博士无奈地表示,满足了海外经历的硬杠,第一学历又成了硬伤,还有一道难以逾越的年龄坎。但其实反过来看,高校激烈的就业竞争态势也在无形中推动了博士向高职院校流动,意味着高职院校有更多的选择将优质人才吸纳进来。对于很多博士来说,退而求其次,选择高职院校也未尝不可。

虽然进本科院校是博士就业的主要流向,但随着博士扩招、高校科研压力和就业压力渐增,我想一部分博士的就业选择也会逐渐从本科院校转向高职院校。(H-Z-2)

学历是第一硬伤,如果头顶没有985、211的第一学历光环,想留在好的高校几乎不可能。(H-Y-4)

去本科高校,说实话,一个是人才引进拿不到很好的条件,只能在底层做起,另外本科高校的科研压力太大,动不动"非升即走",风险较大。网上不少高校青年教

师感慨,生活不只是诗和远方,还有眼前的压力。(H-Y-1)

今年我把自己优秀的师弟介绍到学校来工作了,他读博期间 TOP 期刊都发了10篇,本来郑州大学都已经给他校聘副教授的待遇了,但要求三年考核期内拿到国家基金项目,拿不到就走人,后来想想还是来我们学校了。(H-Y-1)

之所以选高职院校,考虑科研压力没有本科院校那么大,现在越来越多的本科院校实行"非升即走"的政策,而我本身是一个比较佛系的人。(H-Y-12)

(二) 学校自身:入职门槛低而发展空间较大

与普通本科高校相比,高职院校在平台、团队等方面的条件稍显逊色,但是在吸引博士人才方面也有自身独特的优势。高职院校一方面大大降低博士人才的引进门槛,另一方面着力创设博士人才发展的广阔空间。相信不久的将来,会有越来越多的博士人才选择高职院校,具体体现在以下三个方面。

第一,人才竞争相对较小。与普通本科高校相比,高职院校的人才竞争没有那么激烈。从引进的角度看,源于高质量发展的现实需求,博士人才缺口较大。各高职院校求贤若渴,纷纷加入博士"争夺战",铆足劲地开展博士人才引进工作,而且动辄十几人、几十人的招聘博士等高层次人才。尤其是对有志于升本的高职院校来说,大规模招聘博士,优化学校师资结构更是成了学校升本准备的必要工作。从发展的角度看,高职院校博士入职后的竞争也相对较小,毕竟高职院校教师主体的学历是硕士研究生,博士人才稀缺,仅占全校教师比例的 3%～6%。相比之下,博士人才具有明显的比较优势,进入学校后脱颖而出的概率非常大。以科研为例,虽然高职院校平台、团队等条件上有所不足,但有弊有利,高职院校博士申请国家基金、申报省级项目、参与国际交流与学习等的机会,可能比留在普通本科高校要多得多,毕竟高职院校会将所有优势资源集中投入博士人才发展上。最典型的就是课题申报,现在很多省部级、国家级课题基本都有限项要求,这无疑增加了普通本科高校青年博士教师课题立项的难度,他首要先从学校层面众多的课题申报书中脱颖而出,才有申报的资格,而高职院校的博士一般无须考虑限项的问题,而且学校还会尽全力做好项目推荐工作。

虽然高职的科研平台是硬伤,但有弊也有利,毕竟高职院校的科研竞争小,博士还是有很多比较优势的。你看我们学校好多博士都立项了国家自然基金,也发了好几篇 SCI 文章。(H-Y-10)

第二,年龄限制相对宽松。不同高职院校对不同层级、不同职称的博士人才引进年龄要求不同,给了更多博士人才就业、入职的机会。如深圳职业技术学院规定,引进的博士学位优秀青年学者年龄一般在 35 周岁以下,具有副高级以上职称的博士,可放宽至 40 周岁;浙江机电职业技术学院要求引进的博士人才年龄一般不超过 45 周岁,正高职称一般不超过 50 周岁;无锡职业技术学院要求博士研究生的年龄在40周岁以下,具有副高职称人员年龄在45周岁以下,具有正高职称人员年龄在50周岁以下;广州番禺职业技术学院要求博士人才年龄在40周岁以下,博士后或有三年及以上企业工作经历的年龄可放宽到45周岁;常州工业职业技术学院高层次人才招聘公告显示博士研究生40周岁以下,正高级专业技术人员放宽至50周岁;嘉兴职业技术学院《高层次人才引进实施办法》规定,引进的高层次人才的年龄一般不超过40周岁,正高级专业技术职务的年龄一般不超过50周岁;衢州职业技术学院规定,博士研究生年龄一般不超过45周岁,特殊人才或特殊岗位可以适当放宽。可见,整体来看,无论是"双高"院校,还是"非双高"院校,高职院校对博士人才的年龄要求放得比较宽,35岁不再是年龄的红线,即使是40+的博士,也依然有较多的选择机会。

我们在招聘的时候,更看重个人的成果积累,年龄方面相对放得比较宽,如果他是正高职称,可以放宽至50周岁。(H-Z-1)

第三,科研成果要求较低。从引进角度来看,高职院校在引进博士人才时,对其科研成果的要求并没有普通本科高校那么严苛。课题方面,一般要求主持或作为重要成员参与1项省部级及以上课题,或主持2项厅局级以上课题;论文方面,一般要求以第一作者或通讯作者在本专业领域发表高水平学术论文,论文期刊的级别标准依据学校标准而定;学历方面,对第一学历没有硬性要求,当然一些头部高职院校,也会提出一流大学建设高校和研究院毕业博士、所学专业属于一流学科建设高校相应学科毕业博士、所学专业属于国内一级学科博士点毕业博士等要求,但并非必要条件。另外,也有参与其他国家级、省级成果奖获奖要求等。但高职院校对于博士人才科研成果的要求并不是每项必备,而是只需满足其中几项条件就可。从考核的角度来看,高职院校的科研压力不大,对博士人才的科研成果考核也无非是课题、论文、成果奖、专利等方面数量和级别的要求,而且不同级别引进的高层次人才,所享受的人才引进待遇不同,最终考核的要求也不同。若引进级别较高的人才,考核的难度系数会大一点,一般来说,博士基本上能完成相应的考核任务。在当前高校拼成果拼数量如此内卷的情况下,高职院校对博士学位教师科研成果要求显得更为宽松。同时,有很多博士确实出于逃避普通本科高校高压科研环境而选择高职院校工作。

说实话,我当时有两个选择,一个是去浙江师范大学,一个是去高职院校。后来之所以没有去浙江师范大学,主要考虑到本科高校的科研压力较大,现在越来越多的本科院校实行"非升即走"的政策,再加上自己是一个比较佛系的人,就想找一家科研平台比较好但科研考核压力不太大的学校,于是就选择了现在的学校,也是一所"双高"院校,可能平台比"非双高"院校要好那么一点点。(H-Y-12)

我8年服务期的考核要求大概是4篇SCI,1个国家自然基金或者2个省级项目,然后 2 个发明专利,2 门课程开发等,压力大也是大的,但比普通本科轻松很多。我 2017 年进来的,到现在差不多 5 年时间,基本都完成了,就剩一个课题了。而普通本科当时要求我 3 年内完成 1 个国家自然基金、1 个省自然基金、5 篇 SCI。(H-Y-3)

(三) 情感牵引:亲缘、学缘多重社会关系牵绊

我国是一个关系本位社会,人们因血缘、地缘、学缘和业缘关系而联结。研究发现,博士选择高职院校就职也深受亲缘、学缘等多重社会关系的牵绊,具体表现如下。

首先,亲缘倾向特征凸显。亲缘关系是指生物类群在系统发生上所显示的某种血缘关系。受传统文化影响,家庭观念深入人心,亲缘关系对博士个体的就业选择影响深远,成为博士人才选择工作的一个重要考虑因素。在访谈中,通过问及博士为何选择高职院校就职、主要考虑哪些因素,结果发现在众多影响因素中,亲缘因素的作用非常明显。很多博士都是因为自己是本地人,或者家属是本地人,才选择本地区的高职院校就业,属地就业在某种程度上是对家庭、对亲缘关系的回归。

我当时选择工作,主要考虑家里因素,从小就不愿意离开家,都说好男儿志在四方,但我就不愿意离开。(H-Y-12)

我当时选择高职院校主要是考虑到自己成家了,然后老婆是本地的,受家庭的束缚,也不允许我再跑到其他的地方,所以那时候从日本回来,就等着学校面试,一步一步就来到了我们学校。(H-Y-1)

有家庭自然会比较多的考虑家庭因素。我老婆家在金华,亲戚也都在金华,所以我也就选金华工作。(H-Y-3)

其次,学缘牵引作用突出。学缘关系是指在共同学习过程中与同学、校友、师生等构建成的各种人际关系,已成为人际关系中具有多重社会价值的第四种关系①。简单地说,"学缘关系"主要指同学之情、师生之缘。随着社会化程度日益提高以及教育的普及和开放,学缘关系成为继血缘、地缘和业缘关系之后的重要社会关系。有学缘关系的人们在交往过程中依循"人情法则",透过受恩回报来维持与经营关系,同时以宽宏和互惠为互动原则,在对待彼此的方式上表现为信任、社会性协助和偏私②。学缘关系无论是对个人的发展还是对社会的发展都影响重大。研究生阶段教育尤其注重师门概念,是学缘关系的集中体现。调研发现,很多博士选择高职院校与学缘关系密不可分。一方面是导师推荐。高职院校一般都会主动与本科高校有关专家联系,通过项目、专家指导等方式开展合作。这种经常性的互惠互动,为专家推荐自己的博士生到高职院校入职提供了可能,奠定了基础,也有

---

① 杨勇,张丽英.人际关系的第四缘——学缘关系[J].中北大学学报(社会科学版),2014,30(5):61-64.
② 刘立明."学缘关系"初探[J].现代企业教育,2011(24):278-279.

利于进一步深化合作关系。另一方面是师门引导。除了导师推荐外,同伴的影响也巨大,很多博士选择高职院校很大一部分原因就是师门同伴的引导。因为已在高职院校就业的同门师兄师姐,对入职高职院校后的工作环境、薪酬待遇、科研压力、生涯发展等有着切身感受和真实体验,能够较为客观地提供就职高职院校的利弊分析,对具有相同专业背景博士的就业选择有着很大的参考价值。

今年我们新引进的一个博士,就是我师弟,以他的条件完全可以去本科院校,但去本科院校只能从最初级的开始做起,给大老板打工。反正我是实事求是跟他说的,我说如果你有科研追求,想在学科上留下一点名声的,你要付出很大的代价,就是前5年你可能跟着大老板干活,过了5年你才有自己的国家课题,然后慢慢有名,那时候你年纪也差不多了。相比本科院校,高职院校的科研压力肯定小一点,生活也安逸一点,职称也好评一点。(H-Y-1)

我当时浙大毕业,想着在杭州或者周边找工作,本科院校我也去过,就是待遇低一点,然后三年一考核。正好我有一个师兄在学校工作,他说你也可以考虑一下高职院校。(H-Y-2)

师门是一个很重要的影响,肯定是尽量保持师门的关系纽带,往这个方向去靠。(P-D-2)

二、斥力因素

研究发现,高职院校引进博士学位教师的斥力主要来自固有观念和学术传承的顾虑。

(一) 固有观念:高职院校刻板印象根深蒂固

高职院校的社会地位和认可度普遍不高,主要表现在以下几个方面。一是地位边缘。高职教育既是职业教育体系中的高层次教育,又是高等教育体系中的类型教育,是高等教育体系的重要组成部分。但由于我国高职教育发展时间较短,且长期止步于专科层次人才培养,人们普遍认为高职教育是高等教育中的"次等教育",是在水平上低于其他高等教育的一种教育,处于高等教育"鄙视链"的下游。高职院校作为高职教育的培育主体,被误认为是高等院校中的"次等院校",入学要求、办学条件以及办学水平都是"次等"的。二是名气低落。访谈中很多博士表示,在入职高职院校之前,对高职院校不甚了解,仅有的认识也是模糊的。三是科研平平。相比普通本科高校,科研是高职院校的短板。而博士人才经过长期的学科培养和学术训练,较为看重学校科研水平。若高职院校没有良好的科研条件支撑,基本也不会得到博士人才的青睐。尽管近年来国家大力发展职业教育,高职教育也打破了职业教育止步于专科层次的"天花板",开始探索职业本科教育特色发展之路,但人们对于高职院校的刻板印象根深蒂固,短期内难以完全消除。高职院校引进博士学位教师依然任重而道远,但相信随着职业本科教育的稳步发展,地位边缘、名气低落、科研平平的刻板印象会被逐渐打破。

高职院校层次相对较低,虽然国家越来越重视职业教育,但整体大环境来说,人们对职业教育、对高职院校的偏见依然存在。(H-Y-12)

上次给亲戚打电话说我在高职院校工作,他说,我知道,是专科。(H-Y-2)

我也听到过一些博士的想法,他们觉得职业院校,跟本科高校相比肯定有一定的差距。(H-Y-11)

以我身边的同学为例,在他们的就业设想中,就没有想说要去高职就业。在他们的刻板印象中,觉得高职就是大专,层次低。(P-D-1)

(二)学术生命:高职院校缺失学术传承

从学术传承的长远角度来看,博士若选择普通本科高校,意味着他不仅可以带本科生,还可以带硕士研究生,甚至经过若干年的积累和沉淀可以带博士研究生。而且在普通本科高校,教师和学生的关系不仅限于教与学,他们还是学术共同体的关系,尤其是硕士研究生和博士研究生,他们是学术共同体中学术传承和创新的重要力量。一届又一届的学生在参与教师学术研究的同时,也逐渐成长为学术传承人,经年累月必将形成广泛而稳固的学术传承网络。而博士若选择高职院校,则意味着学术传承的断裂。因为在高职院校,教师和学生的关系通常仅限于教与学,因为大多高职院校的学生都是专科层次的,即使个别有本科层次的,也难以参与教师的学术传承和创新中,自然也难以形成学术传承之链。这也是很多博士选择高职院校的顾虑所在。

我觉得大部分博士还是比较看重或者追求学术圈的身份,或者说某种共同体的身份,如果去了高职院校,就意味着脱离了原来的学术圈,更不用提学术传承了。(P-D-1)

我是很希望带着学生一起做科研的,但是高职院校学生确实在理论能力、学习态度上和本科院校学生有较大的差距,很难用得上。就拿今天的事情说,我让学生帮我打印专利许可,5个公司我都告诉他了,每个公司2个专利,到企业盖章的时候,发现错了,有公司没打印。你说数数这么简单的事情都能搞错,真的是有点出乎我的意料。(H-Y-3)

高职院校搞科研,没有学生可用,科研成就感不强。(F-Y-1)

此外,高职院校博士学位教师引进还深受区位因素的影响。当下,人才竞争已经不只是学校和学校之间的争夺,更是城市和城市之间的比拼,在区位因素影响下人才虹吸效应明显。得益于良好的产业基础和发展优势,大部分博士学位教师集中在东部地区的高水平高职院校。

之所以选择杭州的高职院校,除了离家近,就是觉得杭州的学校平台总要高一点,各种资源总要好一点。(H-Y-12)

第四节　高职院校博士学位教师引进的实践样态

高职院校博士学位教师引进是多因素共同作用的结果，没有任何一个因素能够单独起决定性作用，但有相对重要并起着关键作用的影响因素。本研究结合上文推拉因素的分析，从博士学位教师自身动因出发，将高职院校博士学位教师引进的实践样态划分为区位偏好、家庭偏好、待遇偏好、环境偏好、事业偏好和编制偏好六种类型，如图4-3所示。

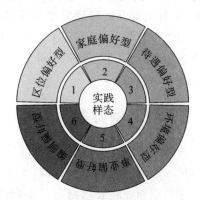

图 4-3　高职院校博士学位教师引进的实践样态

一、区位偏好型

工作地点对博士人才工作选择的影响正日益增强，它关系到博士未来生活的各个方面，一般来说分为两类。一类是倾向选择经济发展水平较高的地区。地区经济水平对博士毕业生就业具有重要影响，越是经济发达的地区，城市吸引力越强，越可能吸引博士人才前来就业，如深圳、无锡等地，这些城市在经济快速发展和学校综合实力强劲的双重利好因素叠加下，集中了各种优质资源，成为博士工作的首选之地，也是高职院校博士分布集中度最高的区域。相比之下，一些同属"双高"建设单位的高职院校，由于区位不占优势，对博士人才的吸引力也相对较弱，人才流失现象严重。另一类是倾向选择离家近的地区。研究发现，人们在选择就业地点时，除了考虑收入回报外，还会考虑情感需要，例如选择离家庭和朋友近的地方[①]。一方面离家近可以更好地承担家庭责任，赡养父母或子女教育已经成为他们需要承担的重要责任，另一方面离家近意味着可以延续之前稳固的社会关系网络，从社会学的角度，稳定的社会关系属于社会资本范畴[②]，而亲朋好友是社会资本的重要来源，可以提供更多的社会资源支持。

二、家庭偏好型

市场经济中的家庭面临职场这一"贪婪制度"（greedy institution）的入侵，员工

---

① DAHL M S, SORENSON O. The social attachment to place[J]. Social Forces,2010,89(2):633-658.
② 赵延东,洪岩璧.社会资本与教育获得——网络资源与社会闭合的视角[J].社会学研究,2012,27(5):47-69+243-244.

往往难以平衡家庭照料与工作要求之间的关系①。尤其是女性,兼具物质生产者与社会再生产者的双重身份,面临双重负担②。因而,家庭偏好型的博士学位教师主要出于能够更好照顾家庭的角度而选择高职院校工作,且有较明显的性别倾向,一般女性较多。随着老龄化趋势增大、三胎政策放开、独生子女赡养父母现象越来越普遍等,社会对女性照顾家庭的需求陡增。所以,这一类博士人才在引进时,更看重工作能否兼顾家庭,而不太看重学校提供的经济待遇,甚至愿意不享受高层次人才待遇,甘愿当一个普通的专业教师,只为有更多的时间能够更好履行家庭陪伴责任,照顾家庭和孩子。

三、待遇偏好型

待遇是高职院校吸引博士学位教师的重要筹码,哪里待遇高,博士人才就会流向哪里。近年来,高职院校招聘的砝码越提越高,薪酬待遇也一路飙升,并根据不同人才类别和业绩要求制定了不同待遇标准。在众多待遇中,薪资和购房补贴为最核心的待遇。从薪资来看,大多数高职院校的薪资水平都不错,如深圳职业技术学院博士起薪为 38 万元;汕头职业技术学院规定,全日制博士研究生的年工资福利待遇不足 35 万元(不含省市住房补贴、生活补贴,试用期按 80% 计算)的部分由市予以补足,发放至首次聘用协议年限;浙江金融职业学院给引进的高端人才开出了年薪 30 万~60 万元的高价;义乌工商职业技术学院博士起薪在 25 万~30 万元。从购房补贴来看,很多高职院校为招揽优秀博士人才入职,提供分房福利,大大提升了高职院校对博士人才的吸引力。据调查,早些年入职高职院校的博士们基本都享受了人才福利分房的政策。尽管当下能够享受分房福利政策越来越少,但是 10 万~100 万元的购房补贴也不少。总体来看,高职院校虽然平台低了一点,但薪资水平不低,又能解决或缓解购房压力,成为吸引博士人才的有利因素。

四、环境偏好型

在内卷化的推波助澜下,博士进入普通本科高校的门槛越来越高,学校越好即内卷越严重,且即使应聘成功,也同多数高校青年教师一样面临在科研和生存双重压力中挣扎的困境。而高职院校内卷化的程度相对较轻,一是博士人才需求较大,当下高职院校求贤若渴,大规模引进博士已渐成趋势;二是入职门槛较低,高职院

---

① SULLIVAN T A. Greedy Institutions, Overwork, and Work-Life Balance[J]. Sociological Inquiry, 2014, 84(1):1-15.

② 计迎春,郑真真. 社会性别和发展视角下的中国低生育率[J]. 中国社会科学,2018(8):143-161+207-208.

校对博士教学、科研成果的要求比普通本科高校要低很多,而且年龄上也放宽至40周岁左右;三是科研压力较小,高职院校对博士的科研要求和考核基本都在博士的能力范围之内,并不会给博士带来很大的科研焦虑和恐慌心理。因此,虽然高职院校整体科研能力偏弱、科研条件资源不足,但整体工作环境相对宽松、科研压力小,很多想从事科研工作但又不想有太大科研压力的博士在综合权衡下选择了高职院校,甚至一些博士学位教师抱着"躺平"的心理选择了高职院校。

五、事业偏好型

薪酬待遇是影响博士就业选择的重要因素,但博士群体对自我发展基本有着清晰的规划,择业时除了考虑眼前的薪酬待遇,更加注重职业的长远发展。博士在付出长期的时间成本获得学历后,不单单只是追求一份工作,更在意工作中个人价值的实现,认为获得职业成就感至关重要[1]。一般来说,事业源自追求,因此事业偏好型大致可以分为以下三类。一是追求职称。对于一个教师来说,职称是代表专业技术人才学术技术水平和专业能力强弱的主要标志,是他在高校立足的重要支点。相较于普通本科高校,高职院校博士学位教师职称晋升通道顺畅,晋升优势非常明显。二是追求职务。高职院校博士学位教师的职场晋升空间宽广,若自身能力优势凸显,很容易脱颖而出走上行政管理的岗位。三是追求应用科研和成果转化。应用导向科研是高职院校的应然科研定位[2]。当下,很多高职院校比较注重横向科研,较契合追求应用科研和成果转化的博士学位教师的需求,而且他们相信,以项目制为载体,真抓实干地做应用科研,学校、学生和自己都是最大的受益者。

六、编制偏好型

安居才能乐业,当下稳妥的生活成为绝大多数人的普遍追求,博士也不例外。尤其是已婚的博士,在选择工作时考虑的首要因素就是稳定。近几年,国家一直在推进高校教师编制岗位管理改革,随着"非升即走"制度的落地实施,潜在的失业风险使得普通本科高校对博士人才的吸引力有所下降。而高职院校编制的稳定优势逐渐凸显,针对优秀的博士人才,不少学校承诺不仅解决博士本人的编制问题,还帮助解决配偶的编制问题。在追求编制和稳妥的前提下,高职院校更受博士人才的青睐。访谈中,不少博士也表示相对于薪酬待遇还不错但没有编制的学校,更倾向于选择高职院校,一是工作稳定,二是性价比较高。

---

[1] 卿石松.博士生就业问题调查及对策分析[J].学位与研究生教育,2017(1):43-49.
[2] 郝天聪.高职院校应用导向科研行动困境的案例研究——组织社会学的视角[J].高等工程教育研究,2022(4):182-187.

第五章　高职院校博士学位教师生涯发展的路径

博士学位教师进入高职院校的场域环境中,其在学术型高校浓厚学术氛围环境下所养成的价值观念、行为模式等习惯必然会受到一定的冲击与挑战。高职院校场域内部的游戏规则、阶层跃升的关键资本都同学术型高校存在较大的差异。为了能够深入了解博士学位教师进入高职院校之后,如何进行生涯发展路径的抉择,在抉择过程中受到哪些因素的影响和制约,本研究需要首先清晰明确高职院校为博士学位教师所提供的生涯发展路径,因为博士学位教师在高职院校场域内部生涯发展路径的选择不是全凭个人主观意愿,还深受场域内结构规则与制度激励的影响和制约。

第一节　高职院校博士学位教师生涯发展路径的分析概况

一、高职院校博士学位教师生涯发展路径的分析目标

教师生涯发展并非完全取决于个人主观意愿,其生涯发展决策都是在学校特定的制度环境下做出的,而且学校通常会对博士学位教师生涯发展提供一定的路径并通过制度激励来引导博士学位教师的抉择。因此,在对高职院校博士学位教师生涯发展决策机制进行分析之前,有必要明确高职院校为博士学位教师提供的生涯发展路径。第一,高职院校为博士学位教师的生涯发展提供了哪些发展路径;第二,高职院校博士学位教师在不同发展路径需要完成哪些任务;第三,高职院校为博士学位教师所提供的生涯发展路径之间的差异;第四,高职院校博士学位教师在不同生涯发展路径晋升的关键为何;第五,高职院校通过制度设计如何引导博士学位教师的生涯发展决策。

二、高职院校博士学位教师生涯发展路径的分析依据

高职院校之所以投入较大的人、财、物资源来招聘博士,意味着学校对博士学

位教师的发展期待较高,希望博士学位教师能够为学校发展带来较大的助力。为了了解高职院校对博士学位教师的期待内容,本研究尝试以教师职称评定和学校与博士学位教师签订的服务期考核任务两个关键制度设计为基本依据,审视高职院校对博士学位教师生涯发展的期待。职称评审制度是高职院校教师管理制度体系的核心,前文在对高职院校博士学位教师引进影响因素的研究过程中就已经发现,职称晋升或"直聘"通道的畅通是吸引博士学位教师到高职院校任职的一个关键影响因素。因此,职称由于附着了物质待遇、社会声望、退休福利等多种高价值锚定物,追求职称晋升也成为每个高职院校教师生涯发展的重要追求,博士学位教师也不例外。正因为职称晋升制度是激发教师生涯发展动力的重要制度设计,高职院校会在职称晋升资质以及标准的设定上将组织期待赋予其中,尤其近年来高职院校纷纷获得职称评定自主权后,在职称评定标准的设计上都充分体现了高职院校对教师的组织期待。

除了职称评审制度外,很多高职院校会在博士学位教师正式入职后与之签订服务考核协议,该协议通常会约定双方的权利及义务,并细致规定了在固定服务期内,作为乙方的博士学位教师要完成相关的工作任务并取得相应的量化成果,如若未能完成,博士学位教师将按照协议约定退还相应的人才引进待遇。因此,通过服务考核协议中的相关条款也可以探究高职院校对博士学位教师的组织期待。除此之外,本研究还结合高职院校人事部门管理者、二级院系管理者以及博士学位教师的访谈来确定高职院校对博士学位教师的生涯发展期待。因为通过职称评定文件和服务协议书可以判断博士学位教师专业技术生涯发展的路径,但专业技术生涯发展路径不是博士学位教师生涯发展的全部,调研中发现许多博士学位教师走上了管理发展路径。因此,为了能够全面分析高职院校为博士学位教师生涯发展提供的发展路径,本研究试图通过制度文本资料的分析和对研究主题相关人员的访谈来明晰教师生涯发展的路径。

三、高职院校博士学位教师生涯发展路径的分析资料收集

本研究对高职院校职称评定的相关政策文本进行了收集,主要通过两种途径,一是从各个高职院校官网中搜寻其公开发表的高职院校职称评定政策文本;二是通过"内部人"向其寻求获取所在学校职称评定政策文本资料,共收集了32所学校职称评定政策文本资料,如表5-1所示。

表 5-1 高职院校职称评定文件资料信息一览表

学校信息				职称评定文件的相关信息		
编号	区域	学校性质	学校层次	教师类型划分	科研岗设置	博士优待政策
NH 校	东部	公办	非"双高"校	无分类	有	无
HN 校	中部	公办	国家"双高"校	教学为主型；教学科研型；技能（双创）型	无	取得博士学历可适当加分
CD 校	中部	公办	非"双高"校	教学型；教学科研型；双师双能型	无	取得博士学位可减免资历
GD 校	东部	公办	省"双高"校	教学为主型；教学科研并重型；科研为主型	有	取得博士学位可减免资历
HB 校	中部	公办	非"双高"校	无分类	无	取得博士学位可减免资历
SK 校	中部	公办	省"双高"校	无分类	无	取得博士学位可减免资历
JM 校	东部	公办	非"双高"校	无分类	有	取得博士学位可减免资历
LY 校	东部	公办	省"双高"校	无分类	无	取得博士学位可减免资历
MM 校	东部	公办	非"双高"校	无分类	无	取得博士学位可减免资历
YX 校	中部	公办	非"双高"校	教学型；教学科研型；社会服务与科技成果推广型	无	取得博士学位可免资历
NY 校	西部	公办	非"双高"校	无分类	无	取得博士学位可免资历
ST 校	东部	公办	省"双高"校	无分类	有	取得博士学位可免资历
SZ 校	东部	公办	国家"双高"校	无分类	有	取得博士学位可减免资历
WN 校	西部	公办	省"双高"校	无分类	无	取得博士学位可适当加分
YA 校	西部	公办	省"双高"校	无分类	无	取得博士学位可减免资历
YL 校	西部	公办	非"双高"校	无分类	无	取得博士学位可减免资历
TL 校	中部	公办	国家"双高"校	教学型；教学科研型	无	取得博士学位可减免资历

续表

学校信息				职称评定文件的相关信息		
编号	区域	学校性质	学校层次	教师类型划分	科研岗设置	博士优待政策
NJ 校	西部	公办	非"双高"校	无分类	有	取得博士学位可减免资历
HE 校	中部	公办	国家"双高"校	无分类	有	取得博士学位可免资历
BE 校	西部	公办	非"双高"校	无分类	无	取得博士学位可免资历
LS 校	西部	公办	非"双高"校	无分类	无	取得博士学位可免资历并加分
SL 校	西部	公办	非"双高"校	无分类	无	取得博士学位可减免资历
SM 校	西部	公办	非"双高"校	无分类	无	取得博士学位可免资历
JG 校	东部	公办	非"双高"校	无分类	无	无
ZS 校	东部	公办	非"双高"校	无分类	有	取得博士学位可免资历
YT 校	中部	公办	非"双高"校	无分类	无	取得博士学位可免资历并加分
GS 校	西部	公办	非"双高"校	无分类	无	取得博士学位可免资历
GZ 校	东部	民办	非"双高"校	无分类	有	取得博士学位可免资历
QB 校	东部	公办	国家"双高"校	无分类	有	取得博士学位可免资历
QG 校	中部	公办	非"双高"校	无分类	无	取得博士学位可免资历
SX 校	中部	公办	国家"双高"校	教学型；教学科研型；科研教学型	无	取得博士学位可免资历
JH 校	东部	公办	国家"双高"校	教学为主型；科研为主型；教学科研并重型；社会服务型；职业技能型	无	取得博士学位可免资历

通过对职称评定文件所属高职院校基本信息的分析，可以得到下列基本信息。从高职院校所处的区位来看，东部高职院校12所，中部高职院校10所，西部高职院校10所；从高职院校的层次来看，国家"双高"校7所，省"双高"校5所，非"双高"校20所；从高职院校的办学体制来看，公办31所，民办1所。从教师类型的划分来看，绝大多数高职院校并未对教师类型进行划分，仅有7所高职院校对教师类型进

行了划分,所划分的教师类型有:教学为主型、科研为主型、教学科研并重型、社会服务型、职业技能型及双师双能型[①]。从专职科研岗位的设置情况来看,有10所高职院校设置了专门的科学研究岗位,这些岗位以科学研究为主要职责,不承担或仅承担部分教学任务。

四、高职院校博士学位教师生涯发展路径的分析方法及过程

高职院校教师职称评审标准等相关文本资料收集充分之后,对收集的相关文本资料根据研究主题进行整理分析,从而实现系统化和条理化,然后逐步采取聚敛和浓缩的方式将资料的核心主旨反映出来,通过特定的质性分析手段,将零散的资料逐步整理归纳为有一定的逻辑结构、内在关联和条理的意义系统,最终能够对资料进行意义的阐述,这个过程是一个对资料"打散""重组"和"浓缩"的过程。本章节采取的文本资料分析方法为"类属分析"[②]。根据质性研究中类属分析的基本分析过程。首先,对收集的原始资料进行逐字逐句的仔细阅读,不仅要熟悉资料的内容,也要仔细琢磨资料内容之间的相互关系。其次,对资料进行登陆,登陆的主要目的是寻找意义,这是进行类属分析的一项最基本的工作,也是一项基础性的工作,是一个将原始资料逐渐打散,根据语句内容赋予其概念和意义,然后再按照新的方式和逻辑重新将资料组合在一起的过程。登陆过程中有一个重要的步骤就是要进行编码,即要通过对资料的分析找到对本研究问题有意义的登陆码号,"码号"代表的是质性分析中最基础的意义单位。在本研究中,"码号"指代的是高职院校生涯发展中需要完成哪些任务、履行何种职责、获得哪些成果,才能在职称评定中实现晋升。本研究对32所高职院校的职称评审标准(教授标准)进行了编码分析,使用了NVivo 12文本分析软件对文献资料进行深入挖掘,以此呈现高职院校博士学位教师生涯发展的路径。

[①] 对教师类型划分是为了鼓励教师能够根据自身特长分类发展,如JH职业技术学院将教师分为了五种类型,分别是教学为主型、科研为主型、教学科研并重型、社会服务型、职业技能型。教学为主型是指该类教师长时间从事教学工作,特别是从事思政课、基础课、公共课教学的教师,其承担的教学工作量在学校同类教师平均水平以上,注重教学改革研究,同时承担一定科研工作。科研为主型是指具有较为稳定的研究方向和领域,科研能力水平较高,科研业绩突出,并完成一定教学任务的教师。教学科研并重型是指介于教学为主型与科研为主型之间的教师,其教学工作量处于学校同类教师平均水平,并承担一定科研工作。社会服务型是指除要承担技术咨询与推广、公共政策支持、医疗服务与教育培训、艺术创作与推广等社会服务工作,并完成一定教学任务的教师。职业技能型是指个人竞赛或指导学生学科、技能竞赛方面有突出表现,获得较高层次技术技能竞赛奖项,并承担一定的科研和教学任务的教师。

[②] 类属分析或称分类研究法,是指根据调研目的及所调查事物的属性或特征的共同点和差异点,按照一定的标志将调查总体内所有的个体(资料)划为一些性质相同或相近的类别,分别归入某一层或组内,使之条理化、系统化,以利于对总体进行分门别类地研究的方法。

第二节 高职院校博士学位教师生涯发展路径的分析结果

梳理 32 所高职院校教师职称评审文件,发现不同学校对教师的分类以及专职科研岗位的设置存在较大差异,所以无法对这些文件进行统一编码分析,只能根据教师类型的不同将评审类型一致的文件进行统一编码。基于 32 所高职院校职称评审文件对教师的分类,发现主要有如下七种类型:单一教师系列、单一研究系列、教学为主型、科研为主型、教学科研并重型、社会服务型和职业技能型。

一、单一教师系列教师生涯发展路径分析结果

对 26 份高职院校教师职称评审文件进行梳理、编码,得到了 45 个三级节点,这些节点位于从属关系的最底层;将三级节点进一步归纳整合,得到了 118 个二级节点,这些节点位于从属关系中间层;再对二级节点进行整合,得到了 16 个一级节点,这些节点位于从属关系最顶层。如表 5-2 所示,一级节点分别为资历资格基本要求、思想政治与师德师风表现、思想政治与师德师风成果、常规育人工作成效、育人工作成果、常规教学工作成效、教学工作成果、教育理论科研成果、专业理论科研成果、专业应用科研成果、专业能力水平、专业能力成果、学校教学质量提升常规工作成效、学校教学质量提升项目申报及管理成果、学校科研质量提升常规工作成效、学校科研质量提升项目申报及管理成果。

表 5-2 单一教师系列教师生涯发展路径文本节点和参考点统计表

一级节点	二级节点	三级节点	编码参考点数	占总参考点比例/(%)	材料来源	覆盖率/(%)
资历资格基本要求	学历资格要求;教师资格证书;业绩考核合格;继续教育符合;职称英语+计算机考核通过;身心健康;组织政治任务履职;述职答辩合格;基层单位评价合格;国(境)外进修经历;校级荣誉获取	无	124	9.72	25	96.15

续表

一级节点	二级节点	三级节点	编码参考点数	占总参考点比例/(%)	材料来源	覆盖率/(%)
思想政治与师德师风表现	无处分；无学术不端行为；无有悖师德行为；档案无不良记录；无违反契约协定行为；无造假行为；无触犯党纪国法行为；无教学事故；无行政责任事故；师德考核通过	无	105	8.23	24	92.31
思想政治与师德师风成果	师德荣誉；媒体报道	无	12	0.94	5	19.23
常规育人工作成效	参与学生管理工作；参与学生育人工作；指导学生社会实践；指导学生社团活动；指导学生创新创业；组织学校重大活动	无	33	2.59	17	65.38
育人工作成果	指导学生参加实践活动获奖；指导学生申报科研项目获批；指导学生创新创业竞赛获奖；申报思政育人平台获批；受邀作为创新创业大赛专家组成员或裁判	无	17	1.33	12	46.15
常规教学工作成效	教学工作量；开设新课程；教学质量评价；实践教学效果；培训工作质量评价；指导青年教师发展；指导学生实习实训；指导学生毕业设计；指导学生专利开发；教师企业实践经历；"双师型"教师素质；教师能力测评；公开课评价；教材编写；教学心得撰写	无	149	11.68	26	100

续表

一级节点	二级节点	三级节点	编码参考点数	占总参考点比例/(%)	材料来源	覆盖率/(%)
教学工作成果	教学能力比赛获奖;教学改革项目获取;教学成果获奖;教师荣誉称号获取;指导学生参与竞赛获奖;指导学生毕业设计、毕业论文获奖;主持教学名师工作室;主持国家教学标准制定;所编教材获得政府奖励;所编教材纳入国家规划教材;受邀作为教学竞赛专业组成员或裁判;受邀担任教学社团组织的专家	无	151	11.83	26	100
教育理论科研成果	教育科研项目;教育科研论文;教育科研获奖;教育科研专著;教育科研项目到账经费	无	93	7.29	24	92.30
专业理论科研成果	专业论文发表;专业学术著作出版;专业科学研究项目;专业科学研究获奖;纵向科研到账经费;学术年会交流报告;学术荣誉称号;受邀担任专业学术机构专家	无	179	14.03	26	100

续表

一级节点	二级节点	三级节点	编码参考点数	占总参考点比例/(%)	材料来源	覆盖率/(%)
专业应用科研成果	理工类横向课题到账经费；人文社科类横向课题到账经费；决策咨询报告；专利成果获取；专业技术成果获行业认定；专业技术成果获政府认定；技术转化与产业化；"四新"推广与应用；应用研究成果获奖；主持或参与行业标准制定；重大项目报告获政府采纳	被领导批示；被正式公文采用；内参刊载；被政府表彰；发明专利；实用新型专利；外观设计专利；软件著作权	156	12.23	24	92.31
专业能力水平	取得行业资格证书；国内大学进修；体育主教练或裁判；企业实践工作经历；行业影响力	无	4	0.31	4	15.38
专业能力成果	艺术、文字作品发布；表演；技能技术比赛获奖；专业荣誉称号；专业比赛获奖；专业领域获奖；体育比赛获奖；受邀作为技能竞赛专家组成员或裁判	高层次平台展览；作品集出版；刊物发表；获得奖励；作品被收藏；高层次平台表演；获得奖励	60	4.70	17	65.38
学校教学质量提升常规工作成效	专业建设质量提升工作成效；课程建设质量提升工作成效；实践教学质量提升工作成效；教学团队质量提升工作成效	专业建设规划；专业级教学组织负责人履职；骨干教师职责履职	30	2.35	12	46.15

续表

一级节点	二级节点	三级节点	编码参考点数	占总参考点比例/(%)	材料来源	覆盖率/(%)
学校教学质量提升项目申报及管理成果	学校整体质量提升项目获取成果；专业建设质量提升项目获取成果；实践教学质量提升项目获取成果；课程质量提升项目获取成果；教学资源质量提升项目获取成果；产教融合质量提升项目获取成果；师资队伍质量提升项目获取成果	人才培养模式创新试验区；教育教学综合改革项目；品牌（示范、重点）专业项目建设；1+X证书试点；高水平专业群建设；现代学徒制试点；专业认证；实训基地建设项目；大学生校外实践基地；校外实践基地建设项目；大学生创新创业训练计划项目；实验教学示范中心；精品课程建设项目；精品在线开放课程；精品资源共享课；精品视频公开课；双语教学示范课；创新创业慕课；教学资源库建设；教材资源建设；产学研项目；协同育人中心；混合所有制；协同教师发展中心；人才培养项目；技能大师工作室；教学团队	139	10.89	17	65.38
学校科研质量提升常规工作成效	无	无	2	0.16	1	3.80

续表

一级节点	二级节点	三级节点	编码参考点数	占总参考点比例/(%)	材料来源	覆盖率/(%)
学校科研质量提升项目申报及管理成果	科技平台项目建设；工程中心项目建设；重点实验室；技术研发中心；科技孵化器；新型研发机构；人文社会科学研究基地；众创空间；科研团队	无	22	1.72	7	26.92

图 5-1 对单一教师系列教师生涯发展路径文本节点和参考点进行了统计。

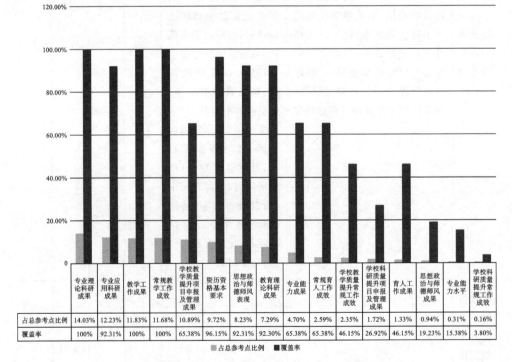

	专业理论科研成果	专业应用科研成果	教学工作成果	常规教学工作成效	学校教学质量提升项目申报及管理成果	资历资格基本要求	思想政治与师德师风表现	教育理论科研成果	专业能力成果	常规育人工作成效	学校科研质量提升项目申报及管理成果	育人工作成果	思想政治与师德师风成果	专业能力水平	学校科研质量提升常规工作成效
占总参考点比例	14.03%	12.23%	11.83%	11.68%	10.89%	9.72%	8.23%	7.29%	4.70%	2.59%	2.35%	1.72%	1.33%	0.94%	0.31%	0.16%
覆盖率	100%	92.31%	100%	100%	65.38%	96.15%	92.31%	92.30%	65.38%	65.38%	46.15%	26.92%	46.15%	19.23%	15.38%	3.80%

图 5-1 单一教师系列教师生涯发展路径文本节点和参考点统计图

从各个一级节点占编码总参数的比值来看，从高到低依次为专业理论科研成果(14.03%)、专业应用科研成果(12.23%)、教学工作成果(11.83%)、常规教学工作成效(11.68%)、学校教学质量提升项目申报及管理成果(10.89%)、资历资格基本要求(9.72%)、思想政治与师德师风表现(8.23%)、教育理论科研成果(7.29%)、专业能力成果(4.70%)、常规育人工作成效(2.59%)、学校教学质量提升常规工作成效(2.35%)、学校科研质量提升项目申报及管理成果(1.72%)、育人工作成果(1.33%)、思想政治与师德师风成果(0.94%)、专业能力水平(0.31%)、学校科研质量提升常规工作成效(0.16%)。

（一）一级节点——资历资格基本要求

从一级节点"资历资格基本要求"来看，该节点一共包括11个二级节点，分别为学历资格要求、教师资格证书、业绩考核合格、继续教育符合、职称英语＋计算机考核通过、身心健康、组织政治任务履职、述职答辩合格、基层单位评价合格、国(境)外进修经历、校级荣誉获取。每一个二级节点的具体内容如表5-3所示。

表5-3 资历资格基本要求文本节点和参考点统计表

一级节点	二级节点	三级节点	编码参考点数	参考项举例	材料来源	覆盖率/(%)
资历资格基本要求	学历资格要求	无	33	申报评审教授职务任职资格须具备大学本科以上学历或学士以上学位，取得副教授任职资格，且聘任副高级职务满5年	25	96.15
	教师资格证书	无	16	具有高等学校教师职业资格证		
	业绩考核合格	无	35	任职期间个人工作年度考核均为合格以上，并至少有2次年度考核为优秀或当年考核为优秀		
	继续教育符合	无	18	继续教育情况等达到省职改办及学院对相应专业技术职务的规定条件		
	职称英语＋计算机考核通过	无	5	外语、计算机应用水平能力测试和继续教育符合国家和省里的有关规定		
	身心健康	无	4	身心健康，心理素质良好，能全面履行岗位职责		

续表

一级节点	二级节点	三级节点	编码参考点数	参考项举例	材料来源	覆盖率/(%)
资历资格基本要求	组织政治任务履职	无	8	参与乡村振兴,参加孔子学院及国际组织援外交流等工作经历,并考核合格	25	96.15
	述职答辩合格	无	2	校评委会成立述职答辩专家组,在听取参评高级专业技术职务人员的述职答辩后对其进行评议		
	基层单位评价合格	无	1	各基层评议推荐组织根据参评人员的师德、教研室(实验室)建设、专业建设、学生管理、社会实践服务、为集体所做贡献以及年度岗位考核结果等情况,自行制定评价细则,对参评人员的综合表现进行评价		
	国(境)外进修经历	无	1	40岁以下人员晋升教授,文科须具有连续3个月的国(境)外研修经历,理工科须具有连续6个月的国(境)外研修经历		
	校级荣誉获取	无	1	获得校级以上(含)优秀共产党员、优秀党务工作者、优秀教师、优秀辅导员(班主任)、优秀教育管理者、优秀教育工作者、先进师德个人、师德标兵中的一项荣誉		

(二) 一级节点——思想政治与师德师风表现、思想政治与师德师风成果

从两个一级节点"思想政治与师德师风表现"和"思想政治与师德师风成果"来看,两个一级节点共包括 12 个二级节点,分别为无处分、无学术不端行为、无有悖师德行为、档案无不良记录、无违反契约协定行为、无造假行为、无触犯党纪国法行为、无教学事故、无行政责任事故、师德考核通过、师德荣誉、媒体报道。每一个二级节点的具体内容如表 5-4 所示。

表 5-4　思想政治与师德师风表现、思想政治与师德师风成果文本节点和参考点统计表

一级节点	二级节点	三级节点	编码参考点数	参考项举例	材料来源	覆盖率/(%)
思想政治与师德师风表现	无处分	无	9	受记过以上处分或年度考核"不合格"者,延迟2年以上申报。受处分期间,不得申报	24	92.31
	无学术不端行为	无	10	有剽窃他人成果等学术腐败行为者,取消其参评资格,并按国家有关规定处理		
	无有悖师德行为	无	10	违反《新时代高校教师职业行为十项准则》、高校教师"红七条"等师德禁行行为		
	档案无不良记录	无	1	任期内在教职工诚信档案中有不良记录者,5年内不得晋升职称,任职年限延缓5年		
	无违反契约协定行为	无	1	违反与学校签订的有关聘用协议,或外出进修学习者擅自离岗或未经单位批准擅自调离学校		
	无造假行为	无	15	学历、资历、业绩成果等方面弄虚造假的,4年内(含当年)不得申报		
	无触犯党纪国法	无	9	涉嫌违反党纪政纪正在查处的不得申报;受党纪政纪处分期间的,不得申报且任职年限要求延长一年		
	无教学事故	无	13	出现严重教学事故者,推迟1年以上评聘;出现重大教学事故者,推迟2年以上评聘		
	无行政责任事故	无	3	发生行政责任事故者。三级责任事故的当年扣3分;二级责任事故当年扣5分;一级责任事故第二年扣5分,第三年扣2分		
	师德考核通过	无	8	近5年师德考核、年度考核均为合格以上,且至少有1次考核为优秀		

续表

一级节点	二级节点	三级节点	编码参考点数	参考项举例	材料来源	覆盖率/(%)
思想政治与师德师风成果	师德荣誉	无	7	荣誉奖励。任现职以来,获国家级、省部级、厅局级、校级个人荣誉奖励的,分别计8分、5分、3分、1分	5	19.23
	媒体报道	无	5	师德师风先进事迹在国家级、省级、市级的主流媒体(指党报、党刊或党政部门主办的网络媒体)进行了专题宣传报道,国家级加5分,省级加3分,市级加2分		

(三) 一级节点——常规育人工作成效与育人工作成果

从两个一级节点"常规育人工作成效"和"育人工作成果"来看,两个一级节点共包括11个二级节点,分别为参与学生管理工作、参与学生育人工作、指导学生社会实践、指导学生社团活动、指导学生创新创业、组织学校重大活动、指导学生参加实践活动获奖、指导学生申报科研项目获批、指导学生创新创业竞赛获奖、申报思政育人平台获批、受邀作为创新创业大赛专家。每一个二级节点的具体内容如表5-5所示。

表5-5 常规育人工作成效与育人工作成果文本节点和参考点统计表

一级节点	二级节点	三级节点	编码参考点数	参考项举例	材料来源	覆盖率/(%)
常规育人工作成效	参与学生管理工作	无	14	任现职以来,须有一年以上担任辅导员、班主任等学生工作经历	17	65.38
	参与学生育人工作	无	2	担任学生导师,给学生开讲座,指导第二课堂,参加各类学校统一安排的其他工作		
	指导学生社会实践	无	4	指导学生参加由学校组织的寒暑期"三下乡""展翅计划"等社会实践活动者,计2分/月,最高计5分		

续表

一级节点	二级节点	三级节点	编码参考点数	参考项举例	材料来源	覆盖率/(%)
常规育人工作成效	指导学生社团活动	无	4	担任各类学生社团的指导老师,计2分/年,最多计6分	17	65.38
	指导学生创新创业	无	2	担任过创新创业导师,参与创新创业课程教学、形成创新创业案例等		
	组织学校重大活动	无	1	校级及以上年度大型运动会或文艺晚会,负责人8分,分项负责人6分		
育人工作成果	指导学生参加实践活动获奖	无	3	以第一指导老师身份指导学生参加各种实践类竞赛获得国家级(不含行业)一等奖	12	46.15
	指导学生申报科研项目获批	无	1	指导学生完成市(厅)级重点科研项目的计8分,一般科研项目的计6分		
	指导学生创新创业竞赛获奖	无	7	教师本人或作为教学团队成员(以获奖证书和认定文件为准),在创新创业大赛等比赛中获奖,按一等奖10分、二等奖8分、三等奖6分的标准计算加分		
	申报思政育人平台获批	无	1	主持或参与"三型"党支部、标杆院系、样板党支部等竞争性、需考评的平台建设		
	受邀作为创新创业大赛专家	无	1	受邀作为专家组成员或裁判员等身份		

(四) 一级节点——常规教学工作成效与教学工作成果

从两个一级节点"常规教学工作成效"和"教学工作成果"来看,两个一级节点共包括26个二级节点,分别为教学工作量、开设新课程、教学质量评价、实践教学效果评价、培训工作质量评价、指导青年教师发展、指导学生实习实训、指导学生毕业设计、教师企业实践经历、"双师型"教师素质、教师能力测评、公开课评价、编写教材、撰写教学心得、教学能力比赛获奖、教学改革项目获取、教学成果奖获奖、教师荣誉称号获取、指导学生参与竞赛获奖、指导学生毕业设计或毕业论文获奖、主持教师名师工作室、支持国家教学标准制定、所编教材纳入国家规划教材、所编教材获得政府奖励、受邀作为教学竞赛专业组成员或裁判、受邀担任教学社团组织专家。每个二级节点的具体内容如表5-6所示。

表5-6 常规教学工作成效与教学工作成果文本节点和参考点统计表

一级节点	二级节点	三级节点	编码参考点数	参考项举例	材料来源	覆盖率/(%)
常规教学工作成效	教学工作量	无	40	专任教师任现职以来的教学工作量达到1200学时以上或年平均学时达到240学时以上,"双肩挑"教师达到600学时以上或年平均学时达到120学时以上	26	100
	开设新课程	无	1	近五年或者任现职以来,开设全校首次开设的全新课程,每新开一门课程计5分		
	教学质量评价	无	29	教学水平高,教学效果好,在全省本专业领域内有一定的影响,近5年学校年度教学质量考核均在"合格"以上,其中至少2次为"优秀"		
	实践教学效果评价	无	2	专业课教师有能力承担实践性教学,包括指导学生实习实训、开展社会调查或毕业设计,效果良好		
	培训工作质量评价	无	1	任现职以来,积极主动承担并圆满完成由学校继续教育学院承办的西医师学习中医项目、幼儿园教师国培项目、市领导干部自主选学培训项目和小学幼儿园教师教育理论基础知识培训项目等教学工作任务,计1分,培训效果评价良好以上,再计1分		
	指导青年教师发展	无	17	必须具备指导青年教师的能力,指导过或协助指导过下一级专业技术人员,并由所在部门出具指导或协助指导的工作业绩证明		

续表

一级节点	二级节点	三级节点	编码参考点数	参考项举例	材料来源	覆盖率/(%)
常规教学工作成效	指导学生实习实训	无	8	同时按照教学计划的要求,指导过学生实习、创新创业、社会实践,指导过学生毕业论文、毕业设计等	26	100
	指导学生毕业设计	无	6	近三年年均指导毕业设计,5人以下计0分,5~10人计5分,10人以上计6分		
	教师企业实践经历	无	15	任现职以来需要有连续2个月脱产或累计6个月及以上企业、生产一线(含对口帮扶、挂职锻炼)顶岗实践锻炼经历,或教师在任现职期间参加本专业的学历进修可视为完成了社会实践任务		
	"双师型"教师素质	无	7	取得省教育厅颁发的"双师"型教师资格证书		
	教师能力测评	无	2	申报讲师以上职称,需通过我校职教能力测评,测评结果需为合格及以上		
	公开课评价	无	3	校评委会成立公开课评议专家组对参评讲师职务人员的教学能力进行公开课评议,并按照《专业技术职务评审课堂教学质量评价标准》按百分制打分,按10分制折算后计入业绩分,6分(含)以下取消职称评审资格		
	编写教材	无	17	撰写15万字以上公开出版发行的专著或教材		
	撰写教学心得	无	1	熟练掌握现代化教学手段,系统学习先进教育教学理念并撰写教学心得体会5篇以上		

续表

一级节点	二级节点	三级节点	编码参考点数	参考项举例	材料来源	覆盖率/(%)
教学工作成果	教学能力比赛获奖	无	15	申报晋升教学系列、工程实验系列高一级专业技术职称,在国省微课大赛、信息化教学设计大赛及指导学生参加国省技能大赛中获奖的,在同等条件下晋升同一职级时优先	26	100
	教学改革项目获取	无	11	主持校级以上教学质量与改革工程项目2项以上		
	教学成果奖获奖	无	41	获得省部级及以上优秀教学成果奖二等奖2项(第一名)、一等奖前两名、特等奖获奖证书持有者		
	教师荣誉称号获取	无	27	获得市厅级(含学院)优秀教师、先进教育工作者、师德标兵、优秀党员、优秀工会会员等表彰奖励等荣誉称号的,每项加0.5分。本项最高加分不超过1.0分		
	指导学生参与竞赛获奖	无	28	培养学生的专业实践能力和创新创业能力实绩突出,直接指导的学生在主管部门举办的专业技能、创新创业等各类专业比赛中获省级一等奖或国家级二等奖1项以上		
	指导学生毕业设计或毕业论文获奖	无	1	指导的学生毕业设计、毕业论文获省级二等奖以上奖励,本人均应获指导教师奖		
	主持教师名师工作室	无	1	作为主要成员参与省级名师工作室、省级职业教育技能名师工作室建设(前二)		
	主持国家教学标准制定	无	1	主持过国家专业教学标准、课程标准、顶岗实习标准、实训条件建设标准制定		

续表

一级节点	二级节点	三级节点	编码参考点数	参考项举例	材料来源	覆盖率/(%)
教学工作成果	所编教材纳入国家规划教材	无	16	主编教育部高职高专规划教材1部以上；或主编有关部委审定机构批准立项的规划教材1部以上	26	100
	所编教材获得政府奖励	无	8	主编的教材获省（部）级以上奖励		
	受邀作为教学竞赛专业组成员或裁判	无	1	受邀作为专家组成员或裁判员等身份		
	受邀担任教学社团组织专家	无	1	受聘担任省级及以上教学指导委员会、教学研究会等机构专家组成员		

（五）一级节点——教育理论科研成果与专业理论科研成果

从两个一级节点"教育理论科研成果"和"专业理论科研成果"来看，两个一级节点共包括13个二级节点，分别为教育科研项目、教育科研论文、教育科研获奖、教育科研著作、教育科研项目到账经费与专业论文发表、专业学术著作出版、专业科学研究项目、专业科学研究获奖、纵向科研到账经费、学术年会交流报告、学术荣誉称号、受邀担任专业学术机构专家。每个二级节点的具体内容如表5-7所示。

表5-7 教育理论科研成果与专业理论科研成果文本节点及参考点统计表

一级节点	二级节点	三级节点	编码参考点数	参考项举例	材料来源	覆盖率/(%)
教育理论科研成果	教育科研项目	无	22	参与（前三）完成国家级教科研课题1项以上，或主持完成部级教科研课题1项以上，或主持完成省级教科研课题2项以上，或主持完成市级教科研课题3项以上	24	92.31

续表

一级节点	二级节点	三级节点	编码参考点数	参考项举例	材料来源	覆盖率/(%)
教育理论科研成果	教育科研论文	无	22	对教育理论、教学方法有较深入的研究,在与本专业相关的学术期刊上公开发表教学、科研论文5篇,其中核心期刊3篇	24	92.31
	教育科研获奖	无	6	获得省(部)级以上科技进步奖或自然科学或科技发明或哲学社会科学或教学成果奖、教材奖等奖励1项以上(前五),或获得省级科研优秀成果奖二等奖(前三)1项以上		
	教育科研著作	无	12	公开出版10万字以上高水平学术独著1部以上或本人承担15万字以上撰写任务的高水平合著1部以上		
	教育科研项目到账经费	无	2	主持教科研项目到账经费累计达到40万元以上		
专业理论科研成果	专业论文发表	无	25	在本学科核心期刊发表高水平的教育教学研究论文或本专业学术论文6篇以上,其中至少3篇为本专业学术论文	26	100
	专业学术著作出版	无	26	公开出版10万字以上高水平学术独著1部以上或本人承担15万字以上撰写任务的高水平合著1部以上		
	专业科学研究项目	无	24	主持完成省(部)级科研项目1项或市(厅)级科研项目2项		
	专业科学研究获奖	无	19	获得国家自然科学奖、国家技术发明奖、国家科学技术进步奖一等奖及以上(排名第1)		
	纵向科研到账经费	无	5	主持并完成厅级以上政府部门下达的科研课题1项以上,到账经费3万元以上(理科2万元、文科1万元)		

续表

一级节点	二级节点	三级节点	编码参考点数	参考项举例	材料来源	覆盖率/(%)
专业理论科研成果	学术年会交流报告	无	2	副高级专业技术人员在申报晋升高一级专业技术职称时,必须在任现职期间至少举办1期专题讲座或学术报告会,否则不予申报	26	100
	学术荣誉称号	无	2	积极参与教学改革,教学业绩突出,获得校级以上教学名师、市级以上学科带头人、省"青蓝工程"优秀青年骨干教师等称号		
	受邀担任专业学术机构专家	无	1	受聘担任省级及以上专业学术机构理事及以上职务的,按国家级3分、省级2分的标准计算加分		

(六)一级节点——专业应用科研成果

从一级节点"专业应用科研成果"来看,一级节点共包括11个二级节点,8个三级节点。二级节点包括理工类横向课题到账经费、人文社科类横向课题到账经费、决策咨询报告、专利成果获取、专业技术成果获行业认定、专业技术成果获政府认定、技术转化与产业化、"四新"推广与应用、应用研究成果获奖、主持或参与行业标准制定、重大项目报告获政府采纳。三级节点包括被领导批示、被公文正式采用、内参刊载、被政府表彰、发明专利、实用新型专利、外观设计专利、软件著作权。每个二级节点和三级节点的具体内容如表5-8所示。

表5-8 专业应用科研成果文本节点及参考点统计表

一级节点	二级节点	三级节点	编码参考点数	参考项举例	材料来源	覆盖率/(%)
专业应用科研成果	理工类横向课题到账经费	无	28	主持并完成横向科研课题1项以上,到账经费15万元以上(理科10万元,文科5万元)	24	92.31

续表

一级节点	二级节点	三级节点	编码参考点数	参考项举例	材料来源	覆盖率/(%)
专业应用科研成果	人文社科类横向课题到账经费	无	27	人文社科类到账经费累计达30万元以上	24	92.31
	决策咨询报告	被领导批示	5	被省部级及以上正职领导肯定性批示		
		被正式公文采用	4	被中央部委、省级党委、政府、人大、政协以正式公文方式采用		
		内参刊载	2	被中共中央、国务院、全国人大、全国政协有关内参刊载		
		被政府表彰	1	所取得与专业相关的成果得到省级以上政府的表彰		
	专利成果获取	发明专利	19	拥有以我院为第一单位且与所从事专业相关的国家发明专利		
		实用新型专利	7	获国家实用新型专利授权等,每项计4分,参与的每项计1分		
		外观设计专利	7	获外观设计专利授权或软件著作权等,每项计2分		
		软件著作权	5	获外观设计专利授权或软件著作权等,每项计2分		
	专业技术成果获行业认定	无	3	农、林、生、医等类新产品、新品种,经本行业专业技术成果鉴定的,国家级计5分,省级计3分,市级计1分		
	专业技术成果获政府认定	无	5	主持推广开发的新技术、新工艺、新产品或处理重大、关键性技术问题,通过省级鉴定,获得较大的社会效益和经济效益		

续表

一级节点	二级节点	三级节点	编码参考点数	参考项举例	材料来源	覆盖率/(%)
专业应用科研成果	技术转化与产业化	无	11	科技成果转化主持人按照转化收益计分,小于5万元计3分;6万~10万元计4分;11万~20万元计5分;21万~30万元计6分;大于30万元计7分	24	92.31
	"四新"推广与应用	无	5	从事科学技术开发、科研成果推广或农业技术推广工作,取得重大经济效益和社会效益,获得过省部级以上科研成果推广		
	应用研究成果获奖	无	11	获得国家级自然科学奖、科技进步奖、发明奖、星火奖或国家级的社会科学奖或其他专业奖项,或获得省(部)级上述有关奖项三等奖以上(前3名)		
	主持或参与行业标准制定	无	7	作为主要起草人负责1项以上国际或国家标准、或2项以上行业标准的制(修)定工作,并负责其中主要技术内容的撰稿工作或实验验证工作,且该标准在相应范围内得到实施应用		
	重大项目报告获政府采纳	无	7	通过处理重要技术问题或解决疑难技术问题而撰写的有重大价值的专项技术分析报告或重大项目可行性研究报告2篇以上(经省级以上部门鉴定或被采纳实施)		

（七）一级节点——专业能力水平与专业能力成果

从一级节点"专业能力水平"和"专业能力成果"来看，一级节点共包括12个二级节点和7个三级节点。二级节点包括取得行业资格证书、国内大学进修、体育主教练或裁判资历、企业实践工作经历、行业影响力和艺术及文艺作品发布、表演、技能技术比赛获奖、专业荣誉称号、专业比赛获奖、专业领域获奖、受邀作为技能竞赛专家组成员或裁判。三级节点包括高层次平台展览、作品集出版、刊物发表、获得奖励、作品被收藏、高层次平台表演、获得奖励。每个二级节点和三级节点的具体内容如表5-9所示。

表5-9 专业能力水平与专业能力成果文本节点及参考点统计表

一级节点	二级节点	三级节点	编码参考点数	参考项举例	材料来源	覆盖率/(%)
专业能力水平	取得行业资格证书	无	11	专业课（专业基础课）教师取得与专业相关或相近的职（执）业资格证书，或副高级以上非教师系列专业技术资格，或技师以上技能等级证书	4	15.39
	国内大学进修	无	1	国内大学进修或基层实践锻炼		
	体育主教练或裁判资历	无	2	体育类教师具有本专业国家级及以上裁判资格，并在省运会、青运会、锦标赛、球类全国联赛等省级、国家级比赛中担任副裁判长以上		
	企业实践工作经历	无	1	近五年中有两年以上（可累计计算）在企业第一线从事本专业实际工作经历，并能全面指导学生专业实践实训活动		
	行业影响力	无	4	专业课（含专业基础课）教师，在专业相关领域，须有教务处人事处备案的与企业、行业建立长期、稳定的科技合作关系，在行业、企业的技术领域具有一定的影响力		

续表

一级节点	二级节点	三级节点	编码参考点数	参考项举例	材料来源	覆盖率/(%)
专业能力成果	艺术及文艺作品发布	高层次平台展览	13	艺术专业教师有3件次以上作品入选省级及以上美展(或设计,摄影展)且主办单位是省级及以上美协、摄影家协会	17	65.39
		作品集出版	4	艺术教学类教师出版具有省内领先水平的作品集,可视同在本学科核心期刊发表论文1篇;由国家专业出版社出版,作品在80幅左右的,可视同在本学科核心期刊发表论文2篇		
		刊物发表	4	艺术类、文艺类作品独创或合创第一名在省级以上正式刊物发表		
		获得奖励	2	艺术类教师在省级以上音乐比赛、展览、展演(画展、设计展、音乐会等)中获三等奖以上,或在国家级音乐比赛、展演中获优秀奖以上		
		作品被收藏	4	2件次以上作品被省级官方美术馆、博物馆收藏		
	表演	高层次平台表演	7	作为主要演员参加一场演出(主办单位为中央宣传部、国家文化和旅游部、中国文联、中央人民广播电台、中国国际广播电台、中央电视台),由教育部、中国音乐家协会、中国电视艺术家协会或由国际、全国性重大比赛组委会主办的文艺演出的参演参赛作品,计8分		
		获得奖励	2	艺术类教师在省级以上音乐比赛、展览、展演(画展、设计展、音乐会等)中获三等奖以上,或在国家级音乐比赛、展演中获优秀奖以上		

续表

一级节点	二级节点	三级节点	编码参考点数	参考项举例	材料来源	覆盖率/(%)
专业能力成果	技能技术比赛获奖	无	3	获国家级技术能手称号；或参加同行公认的国家级专业比赛获二等奖以上（本人排第1名）	17	65.39
	专业荣誉称号	无	6	获省级及以上级别专业荣誉称号，含特支教学名师、教学名师、专业领军人才、珠江学者（含青年学者）、技术能手和南粤优秀教师等		
	专业比赛获奖	无	5	有较高的专业素养和技能水平，教师本人获得省级及以上专业技能比赛（教学技能比赛）以及职业技能比赛二等奖及以上或国家级三等奖及以上		
	专业领域获奖	无	3	作为主要参与者获得代表本领域先进水平的奖项		
	受邀作为技能竞赛专家组成员或裁判	无	1	受邀作为专家组成员或裁判员等身份，参加省级及以上教学竞赛、技能大赛、创新创业大赛等赛项的裁判指导工作（以文件为准）		

（八）一级节点——学校教学质量提升常规工作成效与学校教学质量提升项目申报及管理成果

从一级节点"学校教学质量提升常规工作成效"和"学校教学质量提升项目申报及管理成果"来看，一级节点共包括10个二级节点和28个三级节点。二级节点包括了专业建设质量提升工作成效、课程建设质量提升工作成效、实践教学质量提升工作成效、教学团队质量提升工作成效、专业建设质量提升项目获取成果、实践教学质量提升项目获取成果、课程质量提升项目获取成果、教学资源质量提升项目获取成果、产教融合质量提升项目获取成果、师资队伍质量提升项目获取成果。三级节点分别为专业建设规划、专业级教学组织负责人履职、骨干教师职责履职、品牌(示范、重点)专业建设项目、1＋X证书试点、高水平专业群建设、现代学徒制试点、专业认证、实践基地建设项目、大学生校外实践基地、校外实践基地建设项目、大学生创新创业训练计划、实验教学示范中心、精品课程建设项目、精品在线开放课程、精品资源共享课、精品视频公开课、双语教学示范课、创新创业慕课、教学资源库建设、教材资源建设、产学研项目、协同育人中心、混合所有制、协同教师发展中心、人才培养项目、技能大师工作室、教学团队。每个二级节点和三级节点具体内容如表5-10所示。

表5-10 学校教学质量提升常规工作成效与学校教学质量提升项目申报及管理成果文本节点及参考点统计表

一级节点	二级节点	三级节点	编码参考点数	参考项举例	材料来源	覆盖率/(%)
学校教学质量提升常规工作成效	专业建设质量提升工作成效	专业建设规划	3	作为执笔人，主持完成专业人才培养方案、专业(群)建设方案	12	46.15
		专业级教学组织负责人履职	7	现职以来从事班主任或兼任专业带头人、专业负责人、教研室主任、二级学院副院长工作一年以上		
		骨干教师职责履职	1	任专业骨干教师两年以上并承担骨干教师职责，考核达到合格以上的计3分。以上得分项按最高分计，不能累计		
	课程建设质量提升工作成效	无	5	进行科学研究，为所教的课程形成科学的体系提出建设性意见，并对提高教学质量有积极的促进作用		
	实践教学质量提升工作成效	无	11	实训基地建设方案、产教融合校企合作实施方案、专业顶岗实习标准等新教学文件的制定工作，经学院认定采用的，每项加0.5分		

续表

一级节点	二级节点	三级节点	编码参考点数	参考项举例	材料来源	覆盖率/(%)
学校教学质量提升常规工作成效	教学团队质量提升工作成效	无	1	须主持负责院级以上优秀教学团队建设工作一个周期且考核合格	12	46.15
学校教学质量提升项目申报及管理成果	专业建设质量提升项目获取成果	品牌(示范、重点)专业项目建设	19	主持或参与重点(品牌)专业建设	18	69.23
		1+X证书试点	1	主持或参与1+X证书试点等项目		
		高水平专业群建设	1	主持或参与高水平专业群建设,国家级取前15名		
		现代学徒制试点	2	主持现代学徒制试点专业		
		专业认证	1	专业认证负责人5分		
	实践教学质量提升项目获取成果	实训基地建设项目	16	主持或参与完成省财政支持的专业实训基地建设项目,通过验收的,每项加0.5分		
		大学生校外实践基地	3	主持或参与大学生校外实践教学基地建设,经考核达到合格以上的		
		校外实践基地建设项目	3	主持国家级校外实践教学基地建设		
		大学生创新创业训练计划	2	主持国家级大学生创新创业训练计划等项目		
		实验教学示范中心	1	主持实验教学示范中心建设		

续表

一级节点	二级节点	三级节点	编码参考点数	参考项举例	材料来源	覆盖率/(%)
学校教学质量提升项目申报及管理成果	课程质量提升项目获取成果	精品课程建设项目	14	国家级精品课程的主持人	18	69.23
		精品在线开放课程	10	建设完成国家级精品在线课程(排名前5)		
		精品资源共享课	7	作为定额内人员(最多不超过6名)主持或参与建成院级精品资源共享课		
		精品视频公开课	3	精品视频公开课程建设		
		双语教学示范课	2	双语教学示范课程负责人(前三名)		
		创新创业慕课	1	参与并完成创新创业课程建设		
	教学资源质量提升项目获取成果	教学资源库建设	7	作为定额内人员(以申报书和认定文件为准),参与完成的教学资源建设项目		
		教材资源建设	2	担任省级以上教材建设等项目主要成员2年以上(前3名)		
	产教融合质量提升项目获取成果	产学研项目	1	主持新产品的开发、研制和生产或产学研项目		
		协同育人中心	2	主持并参与协同育人中心(平台)建设		
		混合所有制	2	主持混合所有制试点改革		
	师资队伍质量提升项目获取成果	协同教师发展中心	1	参与协同教师发展中心建设		
		人才培养项目	1	获国家、省级、市级、校级人才项目培养对象项目分别计10分、6分、3分和1分		

续表

一级节点	二级节点	三级节点	编码参考点数	参考项举例	材料来源	覆盖率/(%)
学校教学质量提升项目申报及管理成果	师资队伍质量提升项目获取成果	技能大师工作室	1	获评技能大师工作室	18	69.23
		教学团队	19	作为主要成员参与省级以上专业建设或课程建设或教学团队建设（省级前二、国家级前三）		

（九）一级节点——学校科研质量提升常规工作成效与学校科研质量提升项目申报及管理成果

从一级节点"学校科研质量提升常规工作成效"和"学校科研质量提升项目申报及管理成果"来看，一级节点共包括了 10 个二级节点。二级节点包括了科研质量提升常规工作成效、科技平台项目建设、工程中心项目建设、重点实验室、技术研发中心、科技孵化器、新型研发机构、人文社会科学研究基地、众创空间、科研团队。每个二级节点的具体内容如表 5-11 所示。

表 5-11 学校科研质量提升常规工作成效与学校科研质量提升项目申报及管理成果文本节点及参考点统计表

一级节点	二级节点	三级节点	编码参考点数	参考项举例	材料来源	覆盖率/(%)
学校科研质量提升常规工作成效	科研质量提升常规工作成效	无	1	具有较强的教学、科研管理组织领导能力，具有学术带头人应具备的综合协调能力、团结协作能力。积极发挥学术骨干的作用，有效地组织本学科教师开展教学、科研工作。学科（专业）、学术获得过同行公认	1	3.84

续表

一级节点	二级节点	三级节点	编码参考点数	参考项举例	材料来源	覆盖率/(%)
学校科研质量提升项目申报及管理成果	科技平台项目建设	无	6	主持完成省级以上重点实验室、科研平台和科研创新团队建设项目	7	26.92
	工程中心项目建设	无	5	担任省级以上实训基地、科技平台、工程中心等建设项目的主要负责人1项以上（前2名）		
	重点实验室	无	3	主持完成省级以上重点实验室、科研平台和科研创新团队建设项目		
	技术研发中心	无	2	主持或参与新组建的技术研发中心、科技孵化器、新型研发机构、重点实验室、人文社科基地、众创空间等政府立项建设平台		
	科技孵化器	无	1	主持或参与新组建的技术研发中心、科技孵化器、新型研发机构、重点实验室、人文社科基地、众创空间等政府立项建设平台		
	新型研发机构	无	1	主持或参与新组建的技术研发中心、科技孵化器、新型研发机构、重点实验室、人文社科基地、众创空间等政府立项建设平台		
	人文社会科学研究基地	无	1	主持或参与新组建的技术研发中心、科技孵化器、新型研发机构、重点实验室、人文社科基地、众创空间等政府立项建设平台		
	众创空间	无	1	主持或参与新组建的技术研发中心、科技孵化器、新型研发机构、重点实验室、人文社科基地、众创空间等政府立项建设平台		
	科研团队	无	1	主持或参与国家级、省级科研团队创建		

二、单一研究系列教师生涯发展路径分析结果

对 9 份单一研究系列教师职称评审文件的梳理、编码,得到了 27 个三级节点,这些节点位于从属关系的最底层;将三级节点进一步归纳整合,得到了 88 个二级节点,这些节点位于从属关系的中间层;再对二级节点进行整合得到了 15 个一级节点,这些节点位于从属关系的最顶层。一级节点分别为资历资格基本要求、思想政治与师德师风表现、思想政治与师德师风成果、常规育人工作成效、育人工作成果、常规教学工作成效、教学工作成果、教育理论科研成果、教育应用科研成果、专业理论科研成果、专业应用科研成果、专业能力成果、学校教学质量提升常规工作成效、学校教学质量提升项目申报及管理成果、学校科研质量提升项目申报及管理成果,具体内容如表 5-12 所示。

表 5-12　单一研究系列教师生涯发展路径文本节点和参考点统计表

一级节点	二级节点	三级节点	编码参考点数	占总参考点比例/(%)	材料来源	覆盖率/(%)
资历资格基本要求	业绩考核合格;学历资格要求;教师资格证书;继续教育符合;社会实践;职称英语+计算机考核通过;身心健康;组织政治任务履职;完成学校规定工作量	无	30	9.15	9	100
思想政治与师德师风表现	无处分;无学术不端行为;无有悖师德行为;无触犯党纪国法;无造假行为;无教学事故;无行政责任事故	无	23	7.01	7	77.78
思想政治与师德师风成果	师德荣誉;师德案例;师德师风演讲获奖;媒体报道	无	5	1.52	2	22.22

续表

一级节点	二级节点	三级节点	编码参考点数	占总参考点比例/(%)	材料来源	覆盖率/(%)
常规育人工作成效	参与学生管理工作；指导学生社会实践；指导学生社团活动	无	6	1.83	3	33.33
育人工作成果	指导学生创新创业竞赛获奖；申报思政育人平台获批	无	3	0.91	3	33.33
常规教学工作成效	教学工作量；教学质量评价；指导学生毕业设计；教师能力测评；"双师型"教师素质；教师企业实践；指导学生实习实训；出版教材数量	无	13	3.96	6	66.67
教学工作成果	教师荣誉称号获取；教学成果奖获奖；教学能力比赛获奖；指导学生参与竞赛获奖；教学改革项目获取；高层次会议发言；所编教材获得奖励；所编教材纳入国家规划教材	无	29	8.84	8	88.89
教育理论科研成果	教育科研项目；教育科研论文；教育科研获奖；教育科研项目到账经费	无	26	7.93	9	100
教育应用科研成果	服务学校规划和制度建设；决策咨询报告；牵头实施学校重大教学改革	被政府部门采纳；被领导批示	7	2.13	4	44.44

续表

一级节点	二级节点	三级节点	编码参考点数	占总参考点比例/(%)	材料来源	覆盖率/(%)
专业理论科研成果	专业论文发表;专业学术著作出版;专业科学研究项目;专业科学研究获奖;纵向科研到账经费;学术荣誉称号;指导青年科研人员	无	63	19.22	9	100
专业应用科研成果	理工类横向课题到账经费;人文社科类横向课题到账经费;决策咨询报告;专利成果获取;专业技术成果获行业认定;专业技术成果获政府认定;技术转化与产业化;"四新"推广与应用;应用研究成果获奖;主持或参与行业标准制定;重大项目报告获政府采纳	被领导批示;被正式公文采用;内参刊载;发明专利;实用新型专利;外观设计专利;软件著作权	63	19.22	9	44.44
专业能力成果	艺术、文字作品发布;表演;技能技术比赛获奖;专业荣誉称号;专业领域成果获奖	高层次平台展览;刊物发表;作品获奖;高层次平台表演	12	3.66	4	11.11
学校教学质量提升常规工作成效	专业建设质量提升工作成效;课程建设质量提升工作成效;专业带头人职责履职	无	3	0.91	1	11.11

续表

一级节点	二级节点	三级节点	编码参考点数	占总参考点比例/(%)	材料来源	覆盖率/(%)
学校教学质量提升项目申报及管理成果	学校整体质量提升项目获取成果；专业建设质量提升项目获取成果；实践教学质量提升项目获取成果；课程质量提升项目获取成果；教学资源质量提升项目获取成果；师资队伍质量提升项目获取成果	品牌（示范、重点）专业项目建设；1+X证书试点；高水平专业群建设；实训基地建设项目；产学研项目；协同育人中心；大学生校外实践基地；校外实践基地；大学生创新创业训练计划；精品课程建设项目；精品公开课；精品资源共享课；精品视频公开课；教学资源库建设	34	10.36	7	77.78
学校科研质量提升项目申报及管理成果	科技平台项目建设；重点实验室；技术研发中心；科技孵化器；新型研发机构；人文社会科学研究基地；众创空间；科研团队	无	11	3.35	4	44.44

如图5-2所示，从各一级节点占编码总参数的比值来看，从高到低依次为专业理论科研成果（19.22%）、专业应用科研成果（19.22%）、学校教学质量提升项目申报及管理成果（10.36%）、资历资格基本要求（9.15%）、教学工作成果（8.84%）、教育理论科研成果（7.93%）、思想政治与师德师风表现（7.01%）、常规教学工作成效（3.96%）、专业能力成果（3.66%）、学校科研质量提升项目申报及管理成果（3.35%）、教育应用科研成果（2.13%）、常规育人工作成效（1.83%）、思想政治与师德师风成果（1.52%）、育人工作成果（0.91%）、学校教学质量提升常规工作成效（0.91%）。

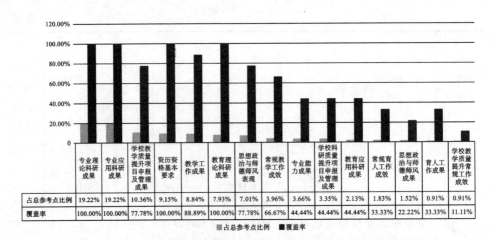

图 5-2 单一研究系列教师生涯发展路径文本节点和参考点统计图

三、教学为主型教师生涯发展路径分析结果

对 7 份教学为主型教师职称评审文件的梳理、编码,得到了 22 个三级节点,这些节点位于从属关系的最底层;将三级节点进一步归纳整合,得到了 83 个二级节点,这些节点位于从属关系的中间层;再对二级节点进行整合得到了 15 个一级节点,这些节点位于从属关系的最顶层。一级节点分别为资历资格基本要求、思想政治与师德师风表现、思想政治与师德师风成果、常规育人工作成效、育人工作成果、常规教学工作成效、教学工作成果、教育理论科研成果、专业理论科研成果、专业应用科研成果、专业能力水平、专业能力成果、学校教学质量提升常规工作成效、学校教学质量提升项目申报及管理成果、学校科研质量提升项目申报及管理成果,具体内容如表 5-13 所示。

表 5-13 教学为主型教师生涯发展路径文本节点和参考点统计表

一级节点	二级节点	三级节点	编码参考点数	占总参考点比例/(%)	材料来源	覆盖率/(%)
资历资格基本要求	业绩考核合格;学历资格要求;教师资格证书;继续教育符合;职称外语+计算机考核通过;组织政治任务履职;述职答辩合格;挂职锻炼经历;研究生导师资历	无	39	12.50	7	100

续表

一级节点	二级节点	三级节点	编码参考点数	占总参考点比例/(%)	材料来源	覆盖率/(%)
思想政治与师德师风表现	无处分;无学术不端行为;师德考核通过;无有悖师德行为;无造价行为;无触犯党纪国法	无	16	5.14	7	100
思想政治与师德师风成果	师德荣誉;师德案例;师德师风演讲获奖;媒体报道	无	6	1.92	3	42.86
常规育人工作成效	参与学生管理工作;参与学生育人工作;指导学生社团活动	无	9	2.88	6	85.71
育人工作成果	指导学生参加实践活动获奖;指导学生创新创业竞赛获奖	无	2	0.64	2	28.57
常规教学工作成效	实践教学能力;教学质量评价;公开课评价;教学工作量;指导青年教师发展;"双师型"教师素质;教案质量评价;教师企业实践经历;教师能力测评;教师社会实践;编写教材	无	50	16.03	7	100
教学工作成果	教学能力比赛获奖;教学成果奖获奖;指导学生参与竞赛获奖;教师荣誉称号获取;教改项目获取;所编教材纳入国家规划教材;所编教材获得政府奖励	无	42	13.46	7	100
教育理论科研成果	教育科研论文;教育科研项目;教育科研获奖;教育科研专著	无	19	6.09	7	100

续表

一级节点	二级节点	三级节点	编码参考点数	占总参考点比例/(%)	材料来源	覆盖率/(%)
专业理论科研成果	专业学术著作出版；专业科学研究获奖；专业科学研究项目；专业论文发表；学术荣誉称号获取；代表作匿名评审结果	无	36	11.54	7	100
专业应用科研成果	理工类横向课题到账经费；人文社科类横向课题到账经费；决策咨询报告；专业技术成果获行业认定；技术转化与产业化；主持或参与行业标准制定；应用科研成果获奖；专利成果获取	发明专利；实用新型专利；外观设计专利；软件著作权	41	13.14	6	85.71
专业能力水平	取得行业资格证书；行业影响力	无	6	1.92	4	57.14
专业能力成果	技能技术比赛获奖；技能技术荣誉称号；专业荣誉称号；艺术、文艺作品发布；体育比赛获奖；表演	高层次平台展览；作品集出版；刊物发表；获得奖励；作品被收藏；高层次平台表演；获得奖励	7	2.24	5	71.43
学校教学质量提升常规工作成效	学校对其管理工作认可度；专业建设质量提升工作成效；课程建设质量提升工作成效；实践教学质量提升工作成效	专业级教学组织负责人履职	12	3.85	4	57.14

续表

一级节点	二级节点	三级节点	编码参考点数	占总参考点比例/(%)	材料来源	覆盖率/(%)
学校教学质量提升项目申报及管理成果	学校整体质量提升项目获取成果;学生技能提升项目获取成果;专业建设质量提升项目获取成果;实践教学质量提升项目获取成果;课程质量提升项目获取成果;教学质量提升项目获取成果;教学资源质量提升项目获取成果;师资队伍质量提升项目获取成果	品牌(示范、重点)专业建设项目;实训基地建设项目;试验教学中心;精品课程建设;精品资源共享课建设项目;教学资源质量提升项目;省级试验教学示范中心项目;专业教学资源库;教师人才项目;教学团队质量提升项目	24	7.69	6	85.71
学校科研质量提升项目申报及管理成果	科技平台项目建设;工程中心项目建设;科研团队质量提升项目	无	3	0.96	1	14.29

如图5-3所示,从各一级节点占编码总参数的比值来看,从高到低依次为常规教学工作成效(16.03%)、教学工作成果(13.46%)、专业应用科研成果(13.14%)、资历资格基本要求(12.50%)、专业理论科研成果(11.54%)、学校教学质量提升项目申报及管理成果(7.69%)、教育理论科研成果(6.09%)、思想政治与师德师风表现(5.14%)、学校教学质量提升常规工作成效(3.85%)、常规育人工作成效(2.88%)、专业能力成果(2.24%)、思想政治与师德师风成果(1.92%)、专业能力水平(1.92%)、学校科研质量提升项目申报及管理成果(0.96%)、育人工作成果(0.64%)。

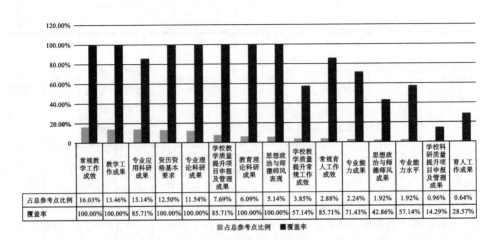

图 5-3 教学为主型教师生涯发展路径文本节点和参考点统计图

四、教学科研并重型教师生涯发展路径分析结果

对 7 份教学科研并重型教师职称评审文件的梳理、编码,得到了 26 个三级节点,这些节点位于从属关系的最底层;将三级节点进一步归纳整合,得到了 75 个二级节点,这些节点位于从属关系的中间层;再对二级节点进行整合得到了 14 个一级节点,这些节点位于从属关系的最顶层。一级节点分别为资历资格基本要求、思想政治与师德师风表现、思想政治与师德师风成果、常规育人工作成效、育人工作成果、常规教学工作成效、教学工作成果、教育理论科研成果、专业理论科研成果、专业应用科研成果、专业能力水平、专业能力成果、学校教学质量提升常规工作成效、学校教学质量提升项目申报及管理成果,具体内容如表 5-14 所示。

表 5-14 教学科研并重型教师生涯发展路径文本节点和参考点统计表

一级节点	二级节点	三级节点	编码参考点数	占总参考点比例/(%)	材料来源	覆盖率/(%)
资历资格基本要求	业绩考核合格;学历资格要求;教师资格证书;继续教育符合;职称外语+计算机考核通过;社会实践经历;组织政治任务;通过学术答辩;挂职锻炼经历	无	39	13.40	7	100

续表

一级节点	二级节点	三级节点	编码参考点数	占总参考点比例/(%)	材料来源	覆盖率/(%)
思想政治与师德师风表现	无处分;无学术不端;师德考核通过;无有悖师德行为;无造假行为;无触犯党纪国法	无	6	2.06	5	71.43
思想政治与师德师风成果	师德荣誉;师德案例;师德师风演讲获奖;媒体报道	无	6	2.06	3	42.86
常规育人工作成效	参与学生管理工作;参与学生育人工作;指导学生社团活动	无	9	3.09	6	85.71
育人工作成果	指导学生创新创业大赛获奖	无	2	0.69	2	28.57
常规教学工作成效	实践教学能力;教学质量评价;公开课评价;教学工作量;指导青年教师发展;"双师型"教师素质;教案质量评价;教师企业实践经历;出版教材数量	无	36	12.37	7	100
教学工作成果	教学能力比赛获奖;教学成果奖获奖;指导学生参与竞赛获奖;教学荣誉称号获取;教学改革项目获取;所编教材获得国家政府奖励;所编教材纳入国家规划教材	无	35	12.03	7	100

续表

一级节点	二级节点	三级节点	编码参考点数	占总参考点比例/(%)	材料来源	覆盖率/(%)
教育理论科研成果	教育科研论文；教育科研项目；教育科研获奖；教育科研专著	无	14	4.81	7	100
专业理论科研成果	专业学术著作出版；专业科学研究获奖；专业科学研究项目；专业论文发表；学术荣誉称号获取；代表作匿名评审；研究生导师资历	无	40	13.75	7	100
专业应用科研成果	理工类横向课题到账经费；人文社科类横向课题到账经费；决策咨询报告；专业技术成果获行业鉴定；技术转化与产业化；主持或参与行业标准制定；应用研究成果获奖；专利成果获取	发明专利；实用新型专利；外观设计专利；软件著作权	45	15.46	7	100
专业能力水平	取得行业资格证书；行业影响力	无	5	1.72	4	57.14
专业能力成果	技能技术比赛获奖；技能技术荣誉称号；专业荣誉称号；艺术、文艺作品发布；表演；体育比赛获奖	作品被收藏；获得奖励；高层次平台展览；出版专著画册；刊物发表；高层次平台表演；比赛获奖；出版个人作品	24	8.25	5	71.43

续表

一级节点	二级节点	三级节点	编码参考点数	占总参考点比例/(%)	材料来源	覆盖率/(%)
学校教学质量提升常规工作成效	专业建设质量提升工作成效;实践教学质量提升工作成效;课程建设质量提升工作成效	专业级教学组织负责人履职;课程级教学负责人履职;专业建设规划	9	3.09	5	71.43
学校教学质量提升项目申报及管理成果	学校整体质量提升项目获取成果;专业建设质量提升项目获取成果;实践教学质量提升项目获取成果;课程质量提升项目获取成果;课堂教学质量提升项目获取成果;教学资源质量提升项目获取成果;师资队伍质量提升项目获取成果	品牌(示范、重点)专业建设项目;实训基地建设项目;实验教学示范中心;技能(双创)项目;精品课程建设项目;精品资源共享课;课堂教学资源质量提升项目;实验教学示范中心项目;专业教学资源库;教师人才项目;教学团队建设项目	21	7.22	7	100

如图5-4所示,从各一级节点占编码总参数的比值来看,从高到低依次为专业应用科研成果(15.46%)、专业理论科研成果(13.75%)、资历资格基本要求(13.40%)、常规教学工作成效(12.37%)、教学工作成果(12.03%)、专业能力成果(8.25%)、学校教学质量提升项目申报及管理成果(7.22%)、教育理论科研成果(4.81%)、常规育人工作成效(3.09%)、学校教学质量提升常规工作成效(3.09%)、思想政治与师德师风表现(2.06%)、思政政治与师德师风成果(2.06%)、专业能力水平(1.72%)、育人工作成果(0.69%)。

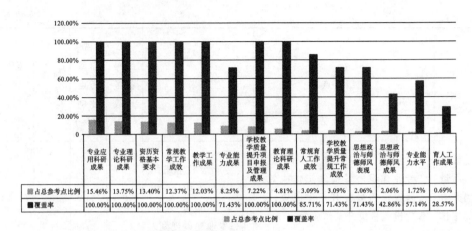

图 5-4 教学科研并重型教师生涯发展路径文本节点和参考点统计图

五、科研为主型教师生涯发展路径分析结果

对 4 份科研为主型教师职称评审文件的梳理、编码,得到了 15 个三级节点,这些节点位于从属关系的最底层;将三级节点进一步归纳整合,得到了 56 个二级节点,这些节点位于从属关系的中间层;再对二级节点进行整合得到了 14 个一级节点,这些节点位于从属关系的最顶层。一级节点分别为资历资格基本要求、思想政治与师德师风表现、思想政治与师德师风成果、常规育人工作成效、育人工作成效、常规教学工作成效、教学工作成效、教育理论科研成果、专业理论科研成果、专业应用科研成果、专业能力水平、专业能力成果、学校教学质量提升常规工作成效、学校教学质量提升项目申报及管理成果,具体内容如表 5-15 所示。

表 5-15 科研为主型教师生涯发展路径文本节点和参考点统计表

一级节点	二级节点	三级节点	编码参考点数	占总参考点比例/(%)	材料来源	覆盖率/(%)
资历资格基本要求	业绩考核合格;学历资格要求;教师资格证书;继续教育符合;社会实践经历;职称英语＋计算机考核通过;组织政治任务履职	无	19	16.38	4	100

续表

一级节点	二级节点	三级节点	编码参考点数	占总参考点比例/(%)	材料来源	覆盖率/(%)
思想政治与师德师风表现	无处分、无学术不端;师德考核通过;无触犯党纪国法	无	3	2.59	4	100
思想政治与师德师风成果	师德荣誉;师德案例;师德师风演讲获奖	无	3	2.59	1	100
常规育人工作成效	参与学生管理工作;参与学生育人工作	无	3	2.59	3	75
育人工作成果	指导学生创新创业竞赛获奖	无	1	0.86	1	25
常规教学工作成效	实践教学效果评价;教学质量评价;教学工作量;指导青年教师发展;"双师型"教师素质;教师企业实践经历;出版教材数量	无	17	14.65	4	100
教学工作成果	教学能力比赛获奖;教学成果奖获奖;指导学生参与竞赛获奖;教师荣誉称号获取;所编教材获得政府奖励;所编教材纳入国家规划教材	无	12	10.34	2	50
教育理论科研成果	教育科研论文;教育科研项目;教育科研获奖;教育科研专著	无	9	7.76	3	75

续表

一级节点	二级节点	三级节点	编码参考点数	占总参考点比例/(%)	材料来源	覆盖率/(%)
专业理论科研成果	专业学术著作出版;专业科学研究获奖;专业科学研究项目;专业论文发表	无	18	15.52	4	100
专业应用科研成果	理工类横向课题到账经费;人文社科类横向课题到账经费;决策咨询报告;技术转化与产业化	发明专利;实用新型专利;外观设计专利;软件著作权	12	10.34	4	100
专业能力水平	行业资格证书	无	1	0.86	1	25
专业能力成果	技能技术比赛获奖;技能技术荣誉称号;艺术、文艺作品发布	获得奖励;高层次平台展览;作品集出版;刊物发表	3	2.59	2	50
学校教学质量提升常规工作成效	组织认可;课程建设质量提升工作成效;实践教学质量提升工作成效;专业建设质量提升工作成效	专业级教学组织负责人履职;课程级教学负责人履职;专业建设规划	6	5.17	3	75
学校教学质量提升项目申报及管理成果	技能(双创)项目获取成果;学校整体质量提升项目获取成果;课程质量提升项目获取成果;教学资源质量提升项目获取成果;课堂教学质量提升项目获取成果;师资队伍质量提升项目获取成果	专业教学资源库项目;试验教学示范中心;教师人才项目;教学团队项目	9	7.76	3	75

如图 5-5 所示,从各一级节点占编码总参数的比值来看,从高到低依次为资历资格基本要求(16.38%)、专业理论科研成果(15.52%)、常规教学工作成效(14.65%)、教学工作成果(10.34%)、专业应用科研成果(10.34%)、教育理论科研成果(7.76%)、学校教学质量提升项目申报及管理成果(7.76%)、学校教学质量提升常规工作成效(5.17%)、思想政治与师德师风表现(2.59%)、思想政治与师德师风成果(2.59%)、常规育人工作成效(2.59%)、专业能力成果(2.59%)、育人工作成果(0.86%)、专业能力水平(0.86%)。

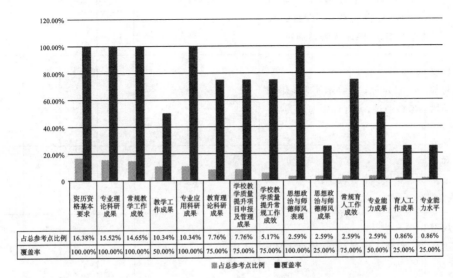

图 5-5 科研为主型教师生涯发展路径文本节点和参考点统计图

六、社会服务型教师生涯发展路径分析结果

对两份社会服务型教师职称评审文件的梳理、编码,得到了 1 个三级节点,这些节点位于从属关系的最底层;将三级节点进一步归纳整合,得到了 28 个二级节点,这些节点位于从属关系的中间层;再对二级节点进行整合得到了 8 个一级节点,这些节点位于从属关系的最顶层。一级节点分别为资历资格基本要求、思想政治与师德师风表现、常规育人工作成效、常规教学工作成效、教学工作成果、专业理论科研成果、专业应用科研成果、专业能力成果,具体内容如表 5-16 所示。

表 5-16 社会服务型教师生涯发展路径文本节点和参考点统计表

一级节点	二级节点	三级节点	编码参考点数	占总参考点比例/(%)	材料来源	覆盖率/(%)
资历资格基本要求	业绩考核合格;学历资格要求;教师资格证书;继续教育符合;社会实践经历;组织政治任务履职;学术答辩通过	无	12	23.54	2	100
思想政治与师德师风表现	无处分;无学术不端;师德考核通过;无有悖师德行为	无	7	13.73	2	100
常规育人工作成效	参与学生管理工作	无	2	3.92	2	100
常规教学工作成效	教学工作量;教学质量考核	无	3	5.88	2	100
教学工作成果	教学改革项目获取;所编教材纳入国家规划教材	无	2	3.92	2	100
专业理论科研成果	专业论文发表;纵向科研到账经费;专业学术著作出版	无	6	11.76	2	100
专业应用科研成果	理工类横向课题到账经费;人文社科类横向课题到账经费;发明专利;专业技术成果转化;"四新"推广与应用;决策咨询报告;科技成果转化税收缴纳;应用科研成果获奖	被领导批示;被政府、正式公文采用	18	35.29	2	100

续表

一级节点	二级节点	三级节点	编码参考点数	占总参考点比例/(%)	材料来源	覆盖率/(%)
专业能力成果	高层次平台表演	无	1	1.96	1	50

如图5-6所示,从各一级节点占编码总参数的比值来看,从高到低依次为专业应用科研成果(35.29%)、资历资格基本要求(23.54%)、思想政治与师德师风表现(13.73%)、专业理论科研成果(11.76%)、常规教学工作成效(5.88%)、常规育人工作成效(3.92%)、教学工作成效(3.92%)、专业能力成果(1.96%)。

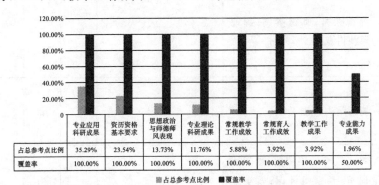

图5-6 社会服务型教师生涯发展路径文本节点和参考点统计图

七、职业技能型教师生涯发展路径分析结果

对两份职业技能型教师职称评审文件的梳理、编码,得到了33个二级节点,这些节点位于从属关系的中间层;再对二级节点进行整合得到了12个一级节点,这些节点位于从属关系的最顶层。一级节点分别为资历资格基本要求、思想政治与师德师风表现、思想政治与师德师风成果、常规育人工作成效、常规教学工作成效、教学工作成果、教育理论科研成果、专业理论科研成果、专业应用科研成果、专业能力成果、学校教学质量提升常规工作成效、学校教学质量提升项目申报及管理成果,具体内容如表5-17所示。

表 5-17 职业技能型教师生涯发展路径文本节点和参考点统计表

一级节点	二级节点	三级节点	编码参考点数	占总参考点比例/(%)	材料来源	覆盖率/(%)
资历资格基本要求	业绩考核合格;学历资格要求;教师资格证书;继续教育符合	无	6	12	2	100
思想政治与师德师风表现	无	无	2	4	2	100
思想政治与师德师风成果	师德荣誉;师德案例;师德师风演讲获奖	无	3	6	1	50
常规育人工作成效	参与学生管理工作	无	1	2	1	100
常规教学工作成效	实践教学效果评价;教学质量评价;专家听评课;教学工作量;教师企业实践;出版教材数量	无	7	14	2	100
教学工作成果	教学能力比赛获奖;教学成果奖获奖;指导学生竞赛获奖;所编教材获得政府奖励;所编教材纳入国家规划教材	无	12	24	2	100
教育理论科研成果	教育科研论文	无	1	2	1	50

续表

一级节点	二级节点	三级节点	编码参考点数	占总参考点比例/(%)	材料来源	覆盖率/(%)
专业理论科研成果	专业学术著作出版；专业科学研究获奖；专业科学研究项目；专业论文发表	无	6	12	2	100
专业应用科研成果	理工类横向课题到账经费；人文社会科学类横向课题到账经费；决策咨询报告	无	3	6	1	50
专业能力成果	技能技术比赛获奖；技能技术荣誉称号获取	无	2	4	1	50
学校教学质量提升常规工作成效	专业级教学组织负责人履职；组织认可	无	4	8	1	50
学校教学质量提升项目申报及管理成果	技能（双创）项目获取成果；学校整体创新项目获取成果	无	3	6	1	50

如图5-7所示，从各一级节点占编码总参数的比值来看，从高到低分别为教学工作成果(24.00%)、常规教学工作成效(14.00%)、资历资格基本要求(12.00%)、专业理论科研成果(12.00%)、学校教学质量提升常规工作成效(8.00%)、思想政治与师德师风成果(6.00%)、专业应用科研成果(6.00%)、学校教学质量提升项目申报及管理成果(6.00%)、思想政治与师德师风表现(4.00%)、专业能力成果(4.00%)、常规育人工作成效(2.00%)、教育理论科研成果(2.00%)。

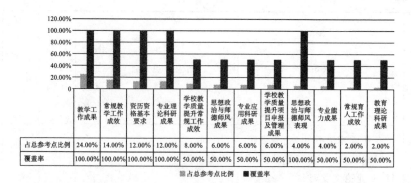

图 5-7 职业技能型教师生涯发展路径文本节点和参考点统计图

第三节 高职院校博士学位教师生涯发展路径的研究结论

通过对高职院校教师职称评审文件的深入分析,可以发现高职院校教师承担了各种类型的教学、科研以及管理工作任务,这些任务是否能高效完成并取得相应成果是教师实现职称晋升的关键。然而,前文仅是对教师实现职称晋升所要完成的工作任务和发展路径进行了基本的分析,为了能够较为清晰地呈现高职院校教师的生涯发展路径以及生涯发展中呈现出的特征,本研究又进一步对职称评审的文献资料展开了深入分析,发现高职院校教师生涯发展存在如下具体特征。

一、分类发展:多元路径是高职教师生涯发展主基调

通过对高职院校职称评审文件的分析,从文件的名称分类来看,有单一教学系列教师、单一研究系列教师、教学为主型教师、科研为主型教师、教学科研并重型教师、社会服务型教师以及职业技能型教师。然而,上述分类仅是以名称为依据,如果要从教师生涯发展所承担的任务属性来进行分析的话,可以进一步对上述类型进行归并处理。因此,本研究基于对上述不同类型教师所承担的工作任务参考点频次占总频次的比例,对高职院校教师生涯发展路径进一步展开深入分析。需要说明的是,由于学历资历资格基本要求、思想政治与师德师风表现、思想政治与师德师风成果三个要素为教师职称评定的基本入门资格,教师必须达到这三个要素的要求才有资格进行职称晋升,所以在分析过程中就不再将其纳入具体分析。

基于对单一教师系列、单一研究系列、教学为主型、教学科研并重型、科研为主型、社会服务型、职业技能型七种教师职称评审标准的深入分析,可以发现不同类

型教师评价的重心和主要内容存在着较大的差异。

单一教师系列评价重心聚焦在专业理论科研成果(17.29%)、专业应用科研成果(15.07%)、教学工作成果(14.59%)、常规教学工作成效(14.40%)、学校教学质量提升项目申报及管理成果(13.43%),如图 5-8 所示。

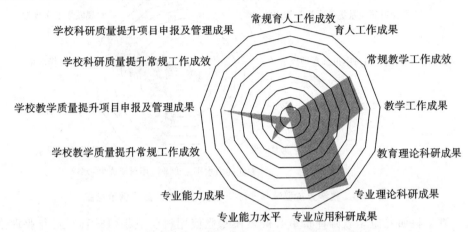

图 5-8　单一教师系列一级节点占总参考点数比例示意图

单一研究系列评价重心聚焦在专业应用科研成果(25.39%)、专业理论科研成果(23.33%)、学校教学质量提升项目申报及管理成果(12.59%)、教学工作成果(10.74%),如图 5-9 所示。

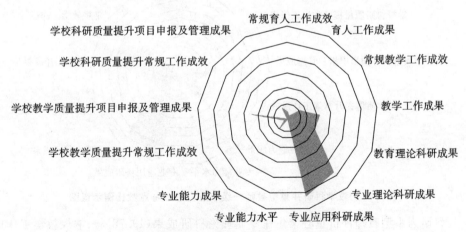

图 5-9　单一研究系列一级节点占总参考点数比例示意图

教学为主型教师评价重心聚焦在常规教学工作成效(19.92%)、教学工作成果(16.73%)、专业应用科研成果(16.33%)、专业理论科研成果(14.34%),如图 5-10 所示。

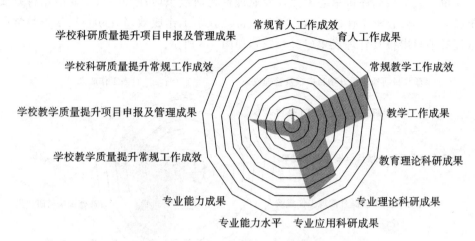

图 5-10　教学为主型教师一级节点占总参考点数比例示意图

教学科研并重型教师评价重心聚焦在专业应用科研成果（18.75％）、专业理论科研成果（16.67％）、常规教学工作成效（15％）、教学工作成果（14.58％）、专业能力成果（10％），如图 5-11 所示。

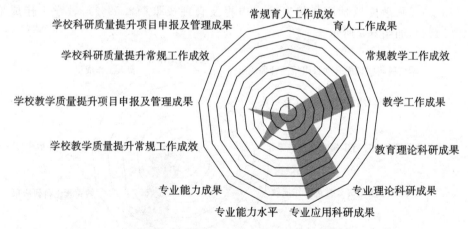

图 5-11　教学科研并重型教师一级节点占总参考点数比例示意图

科研为主型教师评价重心聚焦在专业理论科研成果（19.78％）、常规教学工作成效（18.68％）、教学工作成果（13.19％）、专业应用科研成果（13.19％），如图 5-12 所示。

社会服务型教师评价重心聚焦在专业应用科研成果（56.25％）、专业理论科研成果（18.75％），如图 5-13 所示。

职业技能型教师评价重心聚焦在教学工作成果（30.77％）、常规教学工作成效

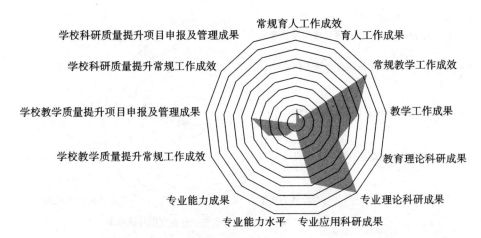

图 5-12　科研为主型教师一级节点占总参考点数比例示意图

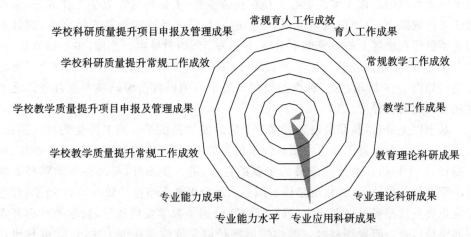

图 5-13　社会服务型教师一级节点占总参考点数比例示意图

(17.95%)、专业理论科研成果(15.38%)、学校教学质量提升常规工作成效(10.26%),如图 5-14 所示。

由此可见,不同类型教师职称评审标准之间存在着较大的差异,尤其是社会服务型、职业技能型、单一研究系列的教师在职称评审上特征十分鲜明。但单一教师系列、教学为主型、科研为主型以及教学科研并重型这四种教师类型的评审标准在评价重心上尽管存在一定差异,但同时也存在一定的相似性,表现为既重视教学工作同时又注重科研工作,四者之间并没有呈现出鲜明的差异性。如图 5-15 所示,各

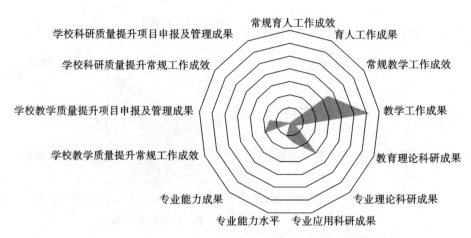

图 5-14 职业技能型教师一级节点占总参考点数比例示意图

种不同类型教师职称评审的重心不存在显著差异，主要聚焦在教学工作成果、常规教学工作成效、专业理论科研成果、专业应用科研成果这四个基本维度上，而且不同类型教师在维度上的差异也不明显，普遍在5%的差异内。然而，单一研究系列、社会服务型、职业技能型三种类型教师在职称评审的重心上则存在着较为鲜明的区别。如图5-16所示，这三种类型教师一级节点编码数占编码参考点百分比之间存在着鲜明的差异性。

基于以上分析，高职院校为教师专业生涯发展提供了日趋多样化的发展路径，根据教学工作与科研工作所占职称评审比重的不同，可以将其划分为教学路径、科研路径、教学科研并重的三条最为主要的路径，进一步细分，可以在教学路径下细分出职业技能型路径，在科研路径下细分出社会服务型路径。如图5-17所示，教师专业生涯发展路径可以划分为三种主路径，分别是教学发展路径，教学与科研并重发展路径以及科研发展路径。教学发展路径以完成教学任务为主，以完成科研任务为辅，教学任务所占比重及要求要高于其他两种类型；教学与科研并重发展路径同时注重教师教学任务和科研任务完成的数量与质量，两者在职称评价中所占权重较为相当；科研发展路径则主要以完成科研任务为主，以完成教学任务为辅，科研任务所要完成的数量和质量的要求都较高。职业技能型路径属于教学发展路径的一种亚型，该类型教师职称评审的重心聚焦在教师教学成果任务完成的数量和质量上。社会服务型路径则是科研发展路径的一种亚型，该类型教师职称评审的重心聚焦在教师完成应用科研任务上的数量和质量。

第五章 高职院校博士学位教师生涯发展的路径

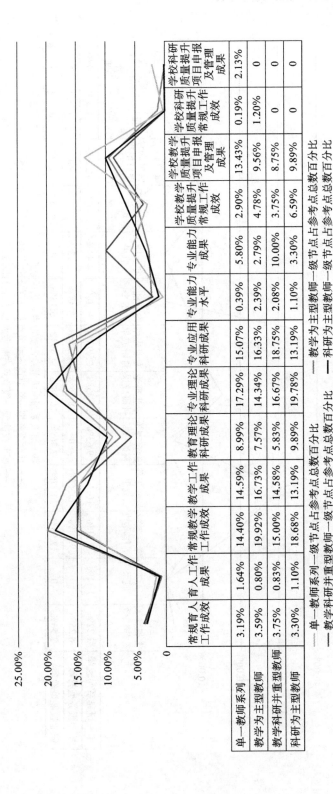

图 5-15 四种类型教师一级节点编码数占总参考点的比例示意图

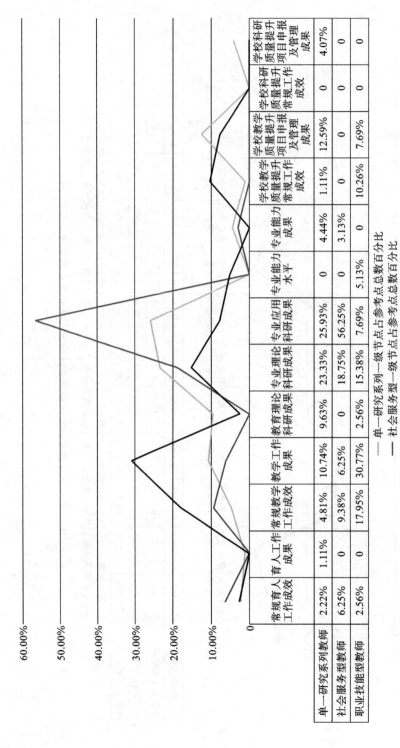

图 5-16 三种类型教师一级节点编码数占总参考点数的比例示意图

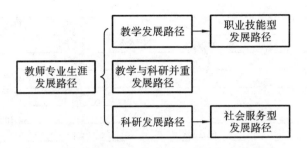

图 5-17　高职院校教师专业生涯发展的主要路径

二、成果为王：成果是高职教师职称晋升的"硬通货"

通过对不同类型教师职称评审文本资料的深入分析，教师职称评审的主要指标有"成效"与"成果"两种类型，而且两者都是成对出现。在教学领域，既有教学成效又有教学成果，两者的区别表现为成效类指标侧重于对教学行为过程的评价，是通过对相关证据的搜集而对教师在教学工作中投入与产出的一种主观性评价；而成果类指标则侧重于对教学行为结果的评价，是通过对教师在教学工作中投入后取得的结果而进行的一种客观性评价。因此，两者最大的区别为评价主体的评价依据，这些评价的主体主要是政府、专家、行业等，学校依据外部客观评价来对教师展开评价。成效类指标依赖于教师周边主体的主观评价，例如教学质量评价、教学效果评价、教师能力评价、公开课评价等；成果类指标依赖于教师在竞赛、比赛、项目申报、指导学生等工作领域取得的一些客观成果，如指导学生竞赛获奖、教学能力比赛获奖、所编教材获得奖励。基于对各种类型教师职称评审标准价内容维度及价值取向的分析，可以得出无论是何种类型教师、无论是对教师教学工作还是科研工作的评价，评价的核心指标都是"成果"的结论。从职称评审的基本维度来看，成果都是核心指标。从高职院校职称评审的节点来看，以成果为评价重心的维度有育人工作成果、教学工作成果、教育理论科研成果、专业理论科研成果、专业应用科研成果、专业能力成果、学校教学质量提升项目申报及管理成果、学校科研质量提升项目申报及管理成果。如图 5-18 所示，从单一教师系列、单一研究系列、教学为主型、教学科研并重型、科研为主型、社会服务型、职业技能型这七种最为主要的评价类型来看，以成果为评价重心的一级节点编码数占总编码数的 60% 以上。而且，除了职业技能型一级节点编码数占总编码数 60% 左右外，其他类型教师成果类一级节点占比都达到了将近 70% 甚至 70% 以上，单一研究系列一级节点中成果类编码数高达 90% 以上。

通过对七种类型教师职称评审导向的分析，可以发现不同类型教师职称评审的价值导向都聚焦在"成果"上。除此之外，通过对破格晋升高级职称教师相关文

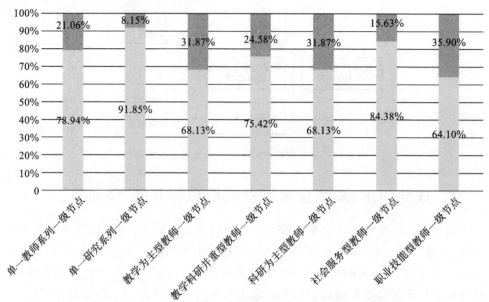

■ 成果类一级节点占总编码数比例　■ 成效类一级节点占总编码数比例

图 5-18　成果类一级节点编码数占总编码数的比例示意图

献的分析,也可以发现教师能够实现破格晋升的关键依然是"成果"。如表 5-18 所示,在一级节点中,成果类指标占据着核心地位,在 9 个一级节点之中,成果类一级节点占了 7 个。从编码参考点占总参考点的比例来看,成果类一级节点参考点占总参考点的比例为 94.57%。

表 5-18　教师破格晋升路径文本节点及参考点统计表

一级节点	二级节点	三级节点	编码参考点数	占总参考点比例/(%)	材料来源	覆盖率/(%)
资历资格基本要求	业绩考核合格;学历资格要求	无	2	0.79	1	5.88
育人工作成果	指导学生创新创业竞赛获奖;指导学生参加竞赛获一等奖;指导学生学术科技竞赛获奖	无	5	1.97	4	23.53

续表

一级节点	二级节点	三级节点	编码参考点数	占总参考点比例/(%)	材料来源	覆盖率/(%)
常规教学工作成效	教学工作量；教学质量考核；教师企业实践；教材出版数量	无	8	3.16	4	23.53
教学工作成果	教学成果奖获奖；指导学生参与竞赛获奖；教学能力比赛获奖；教师荣誉称号获取；所编教材纳入国家规划教材；所编教材获得政府奖励	无	74	29.13	17	100.00
教育理论科研成果	教育科研项目；教育科研论文；教育科研项目到账经费；教育科研获奖	无	20	7.87	8	47.06
专业理论科研成果	专业科学研究获奖；专业科学研究项目；专业论文发表；专业学术著作出版；纵向科研到账经费；学术荣誉称号获取	无	65	25.59	16	94.12
专业应用科研成果	应用科研成果获奖；理工类横向课题到账经费；人文社科类横向课题到账经费；技术转化与产业化；政府表彰；决策咨询被领导批示；国家发明专利获取；"四新"推广与应用；主持行业标准制定	无	46	18.11	14	82.35
专业能力成果	技能技术比赛获奖；专业领域获奖；专业荣誉称号；行业资格证书	无	14	5.51	8	47.06

续表

一级节点	二级节点	三级节点	编码参考点数	占总参考点比例/(%)	材料来源	覆盖率/(%)
学校教学质量提升项目申报及管理成果	专业建设质量提升项目获取成果；课程建设质量提升项目获取成果；师资队伍建设质量提升项目获取成果；教学资源质量提升项目获取成果；学校整体质量提升项目获取成果	品牌（示范、重点）专业建设项目；精品课程建设项目；国家精品资源共享课建设项目；国家精品在线开放课程建设项目；双语教学示范课；教学团队项目获取；人才计划项目；大师（名师）工作室项目；专业教学资源库建设项目	20	7.87	9	52.94

从成果的属性特征来看，这些成果包含了奖励类成果（教学成果奖获奖、所编教材获得政府奖励、教育科研获奖、专业理论科研获奖、专业应用科研获奖等）；荣誉类成果（教师荣誉称号获取、学术荣誉称号获取、专业荣誉称号获取等）；项目类成果（精品课程建设项目、国家精品资源共享课程建设项目、教学团队项目等）；竞赛类成果（指导学生创新创业竞赛获奖、教学能力比赛获奖、技能技术比赛获奖）以及其他客观成果。从这些成果的评价主体来看，主要有政府评价、行业评价、同行评价、企业评价以及其他社会主体的评价。总而言之，成果评价是一种较为客观的评价方式，通过成果获取数量的多寡以及层次级别将教师分为不同的水平与层次，有效避免了主观评价存在的客观标准缺失、评价信度不高的问题。

为了能够进一步分析何种关键指标在教师职称评审中占据着重要权重，本研究又以一级节点占总参考点比例为横轴，将13个一级节点按照比例分成了高、中、低三个档次，又以覆盖率为纵轴，将13个一级节点按照比例分成了高、中、低三个档次，同时根据破格晋升权重将一级节点同样分成了高、中、低三个档次。如图5-19所示，OA为一级节点占总参考点的比例，OB为一级节点的覆盖率，"√""●""□"三个符号分别代表高、中、低三个档次。在三个维度上都处于高档次的指标分别为专业理论科研成果、专业应用科研成果以及教学工作成果，而在其中两个维度处于高位的则是常规教学工作成效。

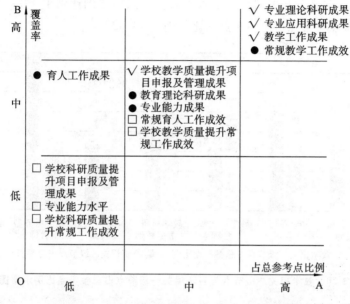

图 5-19　教师职称评审一级节点评价权重示意图

三、教学为要：教学是高职教师职称评价的重要构成

人才培养与科学研究是高等教育机构的核心职能，相较于高职院校教师而言，教学工作与科研工作是教师要完成的核心工作，但相较于科研工作而言，教学工作是整个高职院校教师职称评价的核心。通过对各种类型教师职称评审文件的编码分析，可以发现与教学相关的一级节点不仅多于科研，而且与教学工作相关的编码参考点数占总参考点的比例也要多于科研工作。与教学相关的一级节点包括了常规育人工作成效、育人工作成果、常规教学工作成效、教学工作成果、教育理论科研成果、学校教学质量提升常规工作成效、学校教学质量提升项目申报及管理成果，与科研工作相关的一级节点则主要有专业理论科研成果、专业应用科研成果、学校科研质量提升常规工作成效、学校科研质量提升项目申报及管理成果。如图 5-20 所示，单一教师系列、教学为主型、教学科研并重型、科研为主型以及职业技能型这五个不同类型教师在职称评审的价值取向上，教学所占的比重都要高于科研，普遍达到了 50％以上，仅有单一研究系列和社会服务型两种类型教师职称评审中，教学工作所占比重低于 50％。单一研究系列在岗位设置中即专职于研究工作，社会服务型即以应用科学研究为主要职责，即便如此，与教学相关的一级节点参考点所占

总参考点的比例依然达到了20%以上。如上表5-18所示,从破格晋升的相关指标中也可以看出,与教学相关的一级节点占总参考点的比例达到了49.22%,与科研相关的一级节点参考点占总参考点的比例则为43.02%。

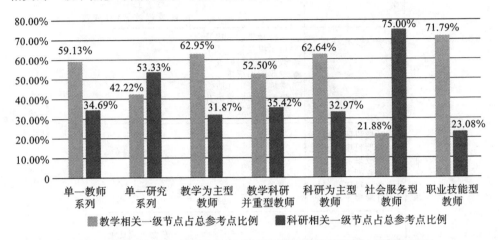

图5-20 教学相关一级节点与科研相关一级节点占总参考点比例示意图

四、理实并重:理论和应用是科研评价的"一体两翼"

科学研究是高职院校在高等教育场域获得合法身份的"通行证",高质量的科学研究彰显高职教育作为高等教育成员的重要标准。随着高职院校办学规模的不断扩张以及本科层次职业教育的出现,高职院校越加重视科学研究工作,在科研资金投入以及科研设施设备的优化完善上付出了很大的努力。与此同时,高职院校在教师职称评定上也越加注重科研工作,有的高职院校专门设置了科学研究岗位,有的高职院校在对教师分类时,也设置了科研为主型教师以及社会服务型教师等教师类型。其中理论科研重在评价教师在理论发现、科学创新上所作出的成绩与贡献,主要通过学术论文发表、科学研究项目获取来评价,而应用科研则重在评价教师将知识应用到教育教学以及企业生产、管理、服务一线所作出的成绩与贡献,主要通过服务到账资金、成果转化、行业认定、政府奖励等客观成果来进行评价。在对教师的科研评价重心上,高职院校既注重对教师理论科研工作质量的评价,又注重对教师应用科研工作质量的评价,理论科研与应用科研共同构成了高职院校科研评价的"一体两翼"。如图5-21所示,理论科研节点与应用科研节点所占总参考点的比例差距不大,仅社会服务型中应用科研所占比重显著高于理论科研。因此,高职院校在对教师科研工作的评价上,既重视理论科研工作,又十分注重应用科研工作,两者共同构成了教师科研评价的重心。

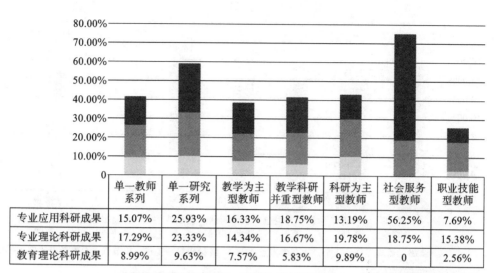

图 5-21　理论科研一级节点与应用科研一级节点占总参考点比例示意图

五、行政为先：管理资历是高职教师发展的"助推器"

在对教师进行职称评定的主要维度上，既包含了对教师专业工作质量的评价，又包含了对部分教师管理工作质量的评价，比如在对教师职称评价的内容维度上，共有四个与管理工作相关的一级节点，分别为学校教学质量提升常规工作成效、学校教学质量提升项目申报及管理成果、学校科研质量提升常规工作成效、学校科研质量提升项目申报及管理成果，这四个一级节点主要是对教师教学管理工作与科研管理工作的质量评价。如学校教学质量提升常规工作成效中包括了专业建设质量提升常规工作成效、课程建设质量提升常规工作成效，这些维度主要是对肩负着专业建设及课程建设任务的基层管理者展开的评价。如图 5-22 所示，从管理工作占整个职称评价内容的比重来看，除了社会服务型在职称评价上没有对其管理工作进行评价外，其他类型教师都需要对其管理工作的效果与质量进行评价，且管理工作评价占总参考点评价的比重并不低，普遍达到了 12％ 以上。相对来说，学校更为重视对教学管理工作的评价，科研工作管理评价的比重普遍在 5％ 以下，而且有四种类型教师并不对其科研管理工作进行评价。另外，在对其管理工作的评价上，学校更为看重该教师在项目申报及管理工作中所取得的成果，这些项目成果普遍为政府在某一领域设置的改革创新类项目，如精品课程建设项目、实训基地建设项目等，对这些项目申报及管理工作成果是评价该教师管理工作成效的核心。

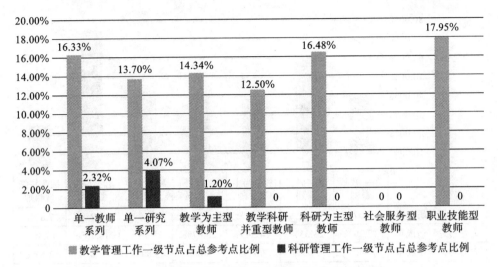

图 5-22 管理工作一级节点占总参考点比例示意图

第六章　高职院校博士学位教师生涯发展的决策

随着高职院校师资队伍中具有博士学位教师的人数比例逐年增加，必然会对高职院校已有的教师管理制度体系带来一定的冲击和挑战，而博士学位教师能否适应高职院校内部育人环境、科研氛围、管理机制，同样是一个有待解决的关键问题。博士学位教师普遍为学术型博士，他们是十分典型的学术研究型人才，能够获得博士学位意味着他们经过较长时期的学术训练，初步具备了开展学术研究的能力素质，是国家重要的科学研究储备人才。然而，高职院校以培养技术技能型人才为使命，相较于学术型人才以科学研究、理论探索为使命，技术技能型人才则以技能习得、职业能力发展为使命，熟练且高效地完成组织所赋予的技术技能型工作任务是其重要职责。因此，以技术技能型人才培养为使命的高职院校在育人目标、育人方式及其对教师素质的要求同博士学位教师成长发展的学术型高校完全不同。博士学位教师进入高职院校任教，无论是开展教育教学工作还是开展科学研究工作，他们所面临的工作环境以及组织氛围都必然同其所熟悉的学术型高校的运行逻辑有极大的不同。正是因为这一差异的客观存在，十分有必要对已经进入高职院校工作的博士学位教师的生涯发展状况展开调查研究。一方面从组织的视角考察高职院校为博士学位教师提供了哪些生涯发展路径，不同的生涯发展路径的差异主要体现在哪些方面；另一方面则从博士学位教师的视角考察博士学位教师在进入高职院校工作之后，是如何根据自身条件和学校提供的生涯发展路径来进行抉择的，以及影响其生涯发展的决策机制的内在机理如何。

第一节　高职院校博士学位教师生涯发展决策的影响因素

"长期以来，职业心理学一直致力于研究影响人们选择特定职业的因素，而一个人做出职业选择的影响因素是复杂的，也许并不是一个完全理性的过程，个人的能力、兴趣以及他人的建议都可能使其转向特定的工作领域[①]"。通过对高职院校职称评审标准的深入分析，可以较为清晰地看到高职院校教师生涯发展路径呈现

---

① 王晓燕.博士为何进中学——基于扎根理论的博士中学从教意愿影响因素研究[J].中国高教研究，2022(11)：89-95.

出了多样化的特征。如图6-1所示,可以将高职院校教师生涯发展路径分成以下三种主路径:专业路径、"双肩挑"路径、管理路径。专业路径又可以进一步细分为教学路径、教学科研并重路径以及科研路径,教学路径又可细分为常规教学与成果教学,科研路径又可细分为理论科研与应用科研。因此,通过对高职院校教师生涯发展路径的分析,高职院校博士学位教师在生涯发展过程中会基于自身的发展意愿和学校提供的制度激励而进行综合抉择,这样一个抉择过程受多重因素的影响和制约,而且在教师生涯发展的不同时期,这些因素的影响作用及发生机理也是多样化的,它并不是一个线性影响的过程,而是呈现出复杂性和动态性。因此,为了能够清晰地呈现高职院校博士学位教师在生涯发展过程中是如何进行决策,决策过程受到了何种因素的影响和制约,本研究结合对20名博士学位教师的访谈分析,深入挖掘高职院校教师生涯发展抉择的影响因素。

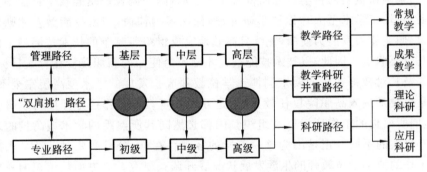

图6-1　高职院校教师生涯发展路径示意图

一、在"专业"与"管理"之间抉择的影响因素

根据《事业单位岗位设置管理试行办法》《事业单位岗位设置管理试行办法实施意见》以及《关于高等学校岗位设置管理的指导意见》,高职院校在内部岗位设置上分为管理岗位、专业技术岗位和工勤技能岗位三种类别。管理岗位是指担负领导职责或管理任务的工作岗位,管理岗位的设置要适应增强单位运转效能、提高工作效率、提升管理水平的需要;专业技术岗位是指从事专业技术工作,具有相应专业技术水平和能力要求的工作岗位,专业技术岗位的设置要符合专业技术工作的规律和特点,适应发展社会公益事业与提高专业水平的需要;工勤技能岗位是指承担技能操作和维护、后勤保障、服务等职责的工作岗位,工勤技能岗位的设置要适应提高操作维护技能,提升服务水平的要求,满足单位业务工作的实际需要。因此,从高职院校岗位设置来看,进入高职院校工作的博士学位教师主要有三条发展路径。一是专业发展路径,走该路径的博士学位教师会将自己的时间、精力主要集

中在教学或科研工作,以提升自身专业技术水平为核心目标,从而实现自身职称晋升;二是管理发展路径,走该路径的博士学位教师会将自己的时间、精力用于管理工作,以提升自身的管理水平为核心目标,从而实现自身管理职位的晋升;三是"双肩挑"发展路径,走该路径的博士学位教师同时在两条路径上发展,在做好教学与科研工作的同时也肩负着管理工作的职责,在追求职称晋升的同时实现自身管理职务的提升。

在对高职院校博士学位教师在"专业"与"管理"抉择的影响因素进行分析之前,本研究首先对高职院校博士学位教师专业路径和管理路径的工作任务进行了分析,深入分析两种不同岗位对教师的能力素质要求存在哪些差异,工作内容以及要求有何不同。如表 6-1 所示,从专业发展路径来看,高职院校博士学位教师需要完成的工作内容主要有常规育人工作、成果类育人工作、常规教学工作、成果教学工作、教育理论科研工作、专业理论科研工作、专业应用科研工作、专业能力提升常规工作以及专业能力提升成果类工作。从管理发展路径来看,高职院校博士学位教师需要完成的工作内容主要是教学质量提升常规管理工作、教学质量提升项目申报及管理工作、科研质量提升常规管理工作、科研质量提升项目申报及管理工作。基于对高职院校博士学位教师生涯发展路径的分析,高职院校博士学位教师在专业发展路径上主要是以自我专业技术能力提升为中心,通过积极完成各种类型教学与科研工作,实现自身专业技术水平的稳步提升,而管理工作的完成则需要博士学位教师带领团队完成专业建设任务、课程建设任务、教学资源建设任务以及科研平台的建设等工作。

表 6-1　高职院校博士学位教师在"专业"与"管理"上的工作内容

发展路径	工作领域	工作内容
专业发展路径	常规育人工作	参与学生管理工作;参与学生育人工作;指导学生社会实践;指导学生社团活动;指导学生创新创业;组织学校重大育人活动
	成果类育人工作	指导学生参加实践活动比赛;指导学生申报科学研究项目;指导学生参与创新创业竞赛;组织申报思政育人平台
	常规教学工作	备课;课堂教学;作业批改;学生学业辅导;学生学业考核;学生实习教学指导;指导学生毕业设计;指导学生专利开发;下企业实践;编写教材;撰写教学心得
	成果教学工作	参加教学能力比赛;申报并完成教学改革项目;申报教学成果奖;指导学生参加竞赛;申报并主持教学名师工作室;参与或主持国家教学标准制定;申报国家规划教材;受邀担任学生或教师竞赛专家

续表

发展路径	工作领域	工作内容
专业发展路径	教育理论科研工作	申报并完成教育科研项目;撰写并发表教育科研论文;申报教育科学研究奖项;撰写并发表教育科研著作
	专业理论科研工作	撰写并发表专业论文;撰写并发表专业学术著作;申报并完成专业科研项目;申报专业科学研究奖项;参加学术交流活动;申报学术研究荣誉称号;担任学术专业机构专家
	专业应用科研工作	主持并参与横向科学研究项目;撰写决策咨询报告;申报专利成果;参与技术转化与产业化活动;开展"四新"推广与应用;申报应用科学研究奖项;主持或参与行业标准制定;参与政府主持的重大项目
	专业能力提升常规工作	取得行业资格证书;在国内外大学进修提升;积极参与企业实践;参与行业组织的相关活动
	专业能力提升成果类工作	发布相关专业成果;参与大型表演或文艺活动;参与技术技能竞赛;参与专业领域比赛;受邀担任相关竞赛活动专家
管理发展路径	教学质量提升常规管理工作	承担专业建设质量提升工作(包含专业建设规划、课程体系开发、教学资源体系开发、团队组建、校企合作等相关工作);承担课程建设质量提升工作(包含课程开发、教学资源开发等工作);承担实践教学质量提升工作;承担教学团队建设质量提升工作
	教学质量提升项目申报及管理工作	主持并参与学校整体质量提升项目申报及管理工作;主持并参与专业建设质量提升项目申报及管理工作;主持并参与实践教学质量提升项目申报及管理工作;主持并参与课程质量提升项目申报及管理工作;主持并参与教学资源质量提升项目申报及管理工作;主持并参与产教融合质量提升项目申报及管理工作;主持并参与师资队伍质量提升项目申报及管理工作
	科研质量提升常规管理工作	主持学校重要的学术建设活动;搭建学术科研平台;组建学术科研团队;领导开展科学研究活动
	科研质量提升项目申报及管理工作	主持完成省级以上重点实验室、科研平台和科研创新团队建设项目的申报及管理工作(这些科研项目平台包括工程中心、重点实验室、技术研发中心、科技孵化器;新型研发机构;人文社科研究基地;众创空间、科研团队等)

(一) 在"专业"与"管理"之间抉择影响因素的编码分析

基于"高职院校博士学位教师在'专业'与'管理'上抉择的影响因素"这一研究问题,本文对访谈文献资料进行了深入的开放性编码分析,在充分理解书面数据话语意义基础上,尽量使用一致或较为接近的代码,对文本资料采取贴标签的方式进行逐个事件编码。如表 6-2 所示,通过编码分析以及整理概括,获得到了 31 个概念化类属,其中 A 代表概念化类属编号,如"A1"表示由数据资料中提炼出的第一个概念化类属"适应期"。

表 6-2 开放式编码(在"专业"与"管理"之间抉择)

序号	概念化类属	描述性文本举例
A1	适应期	我刚上任这个新岗位,目前还处在适应的阶段
A2	稳定期	我已经在这个岗位做了好几年了,或多或少对这个工作有所了解
A3	疲倦期	我跟领导提了好多次了,不想再做了,想做点专业层面的事情
A4	普通教师时期	没有做专业主任的时候,我对这个岗位也是有期待的
A5	基层至中层时期	做专业主任(基层管理者)是比较累的,任何大小事务都是我来做
A6	中层至高层时期	做到副院长(中层管理者)以后,我觉得事务性工作少了,但是很多大的项目都压到我这里了
A7	上级领导支持	姚老师都不做专业主任一年了,但领导又让他回来,他就给领导提了要求,必须配一个秘书并且有办公室
A8	行政事务分担	做专业主任除了要做专业的事情还要做很多行政事务工作,而且没人分担
A9	上级领导期望	为啥让博士搞行政,就是因为领导觉得博士是全能的,不管教学还是科研,啥都能做,而且能做好
A10	发展权力赋予	我是很想做出点成绩的,但是领导不怎么支持,而且也没什么实质性权力
A11	文字材料撰写能力	现在像他这样本身行政能力比较强,写材料的能力也比较强,就很适合行政这条发展路线
A12	管理沟通素质	相对来说,我是我们学院所有的博士里沟通和交流能力属于比较强的
A13	身体素质	自从得了这个腰椎间盘突出,我就不想做这个工作了,每天开会这个腰真的承受不住
A14	家庭支持度	接下来我有小孩了,你说我还有那么多精力吗

续表

序号	概念化类属	描述性文本举例
A15	制约专业发展	大部分时间都忙于行政事务了,根本没有时间兼顾自己的专业发展
A16	本领恐慌	我们现在正在做职教本科的人才培养方案,它要跟专科怎么去区分
A17	时间支配感丧失	学校认为你什么都能做。我现在身兼数职,专业主任、支部书记、"双强"、班主任,留学生联谊会还安排了我一个理事的工作。当然这是学校重视我,但花费了我巨大的精力
A18	行政压力	像我们院长头发都白了,每天晚上失眠,像黄博刚上去的时候,听说一个星期都没睡着觉,头发大把大把地掉,最后只能买药防脱发
A19	团队配合度差	在我们团队里,大多数人都躺平了,任务安排不下去,只有少数人能够帮我分担些任务
A20	人际关系困扰	在这个位置上是要得罪人的,人际关系复杂,尤其是好多老师不配合,排课都要反复商量
A21	价值剥夺感	参加这么多会,我觉得大多数会都是在浪费时间。你可以目标明确地安排工作,无须召集所有人在一起开会,没必要,而且效率极低
A22	能力提升	我们写材料的时候比一般老师更会凝练一点。比如我现在管党建,虽然有点排斥,但其实我材料写得还是很好的
A23	视野开阔	做不做行政岗得看个人追求。我做了这个岗位之后,对专业了解更多了,以前考虑的只是个人的事情,现在就要考虑一个小的团体或者一个部门的事情了,认知和眼界都提高了
A24	项目申报优势	在高职院校里做行政岗位,资源会稍微好一点,尤其一些项目申报会偏向专业主任
A25	职称晋升优势	做专业主任对评职称还是有一定优势的,因为报一些项目的时候一般会把专业主任排到前边,比普通教师接触更多高层次的项目
A26	领导认可	我做专业主任最大的动力就是希望自己做的事情能够得到领导的关注和认可
A27	价值获得感	现在国家很重视职业教育,你处在当下这样的环境里,身上的责任感驱使你要干出点成绩
A28	晋升期待	干行政是这样的,如果有晋升的机会,那他会努力做,但如果上不去,那也不想干了

续表

序号	概念化类属	描述性文本举例
A29	消极期待	我自己还是希望在科研方面做点东西,不想天天被行政、被事务性工作耗着
A30	事业期待	学校给的机会还是蛮多的,只要你想好好做
A31	助力专业发展期待	如果你有职务,你就可以和申请基金这些东西相互链接起来,有些课题你就会知道方向,然后把自己的科研搞上去

通过对 31 个概念化类属进行不断的比较分析之后,最终共得到了 7 个范畴化类属。这 7 个范畴化类属分别为"岗位适应阶段""管理职务任职层级""组织管理运行""自身客观条件""管理工作负面感受""管理工作正面感受""管理工作投入意愿",如表 6-3 所示。

表 6-3 主轴式编码(在"专业"与"管理"之间抉择)

序号	范畴化类属	概念化类属	类属性质
B1	岗位适应阶段	A1 适应期;A2 稳定期;A3 疲倦期	博士学位教师在任职管理职务过程中自我感受所经历的不同阶段
B2	管理职务任职层级	A4 普通教师时期;A5 基层至中层时期;A6 中层至高层时期	博士学位教师从普通教师到高层管理所经历的三个发展阶段
B3	组织管理运行	A7 上级领导支持;A8 行政事务分担;A9 上级领导期望;A10 发展权力赋予	博士学位教师在担任管理职务时所处组织的管理运行模式
B4	自身客观条件	A11 文字材料撰写能力;A12 管理沟通素质;A13 身体素质;A14 家庭支持度	博士学位教师担任管理职务所应具备的能力素质及其他客观条件
B5	管理工作负面感受	A15 制约专业发展;A16 本领恐慌;A17 时间支配感丧失;A18 行政压力;A19 团队配合度差;A20 人际关系困扰;A21 价值剥夺感	博士学位教师担任管理职务过程中所感受到的消极负面情感
B6	管理工作正面感受	A22 能力提升;A23 视野开阔;A24 项目申报优势;A25 职称晋升优势;A26 领导认可;A27 价值获得感	博士学位教师担任管理职务过程中所感受到的积极正面情感

续表

序号	范畴化类属	概念化类属	类属性质
B7	管理工作投入意愿	A28 晋升期待；A29 消极期待；A30 事业期待；A31 助力专业发展期待	博士学位教师投身管理事务的愿景、期待及内外在动力

（二）在"专业"与"管理"之间抉择影响因素的内涵分析

通过前文的理论分析,高职院校博士学位教师在"专业"与"管理"两条路径上抉择受到了多重因素的影响和制约,通过提炼、归纳与总结,得出了七个关键影响因素,分别为"岗位适应阶段""管理职务任职层级""组织管理运行""自身客观条件""管理工作负面感受""管理工作正面感受""管理工作投入意愿"。以上七个核心因素对博士学位教师生涯发展抉择的影响不是线性的,而是交互发生作用的,各种因素之间通过较为复杂的非线性相互作用共同决定了博士学位教师生涯发展的路径抉择。

1. 岗位适应阶段

岗位适应阶段是指高职院校博士学位教师进入管理岗位后,从陌生、认知、了解、熟悉、矛盾、冲突、适应、稳定、疲倦、退出的完整过程,高职院校博士学位教师处于岗位适应的哪个发展阶段是决定高职院校博士学位教师生涯发展抉择的关键因素。高职院校博士学位教师岗位适应阶段可以初步分为适应期、稳定期、疲倦期三个阶段。在适应期阶段,高职院校博士学位教师来到新的工作岗位,对新的工作岗位会充满好奇和新鲜感,一般都会尝试了解职业岗位的特点、待遇、发展前途,希望能够在岗位上大有作为。在此阶段,高职院校博士学位教师通常能够感受到来自理想与现实的矛盾,自主与被动的纠葛,尤其很多高职院校博士学位教师在缺乏对职业教育办学规律和育人规律深入认知时就进入到相应管理岗位,需要有一个适应学习的过程。在经过适应期后,高职院校博士学位教师便进入到稳定期发展阶段,在该阶段博士学位教师逐渐能够较好适应岗位的需求,得到了领导和同事的认可,能够较好地履行岗位职责,同时对如何做好岗位管理工作有着较为清晰的规划认知。如果博士学位教师在某一管理岗位待的时间较久或者适应较差,很可能会进入疲倦期,即博士学位教师缺乏清晰的职业理想和发展规划,事业动机逐渐减弱,对待岗位工作任务存在敷衍塞责和逃避的倾向。

2. 管理职务任职层级

管理岗位等级一共可以分为十级,高职院校一般为副厅级高校,最高行政级别为四级,最低岗位级别为十级,根据级别的不同,高职院校管理职务可以划分为基层(管理八级、管理九级)、中层(管理六级、管理七级)以及高层(管理五级、管理四级)。之所以要将管理级别分成不同层次,是因为在不同管理层级,他们所要履行的工作任务和所肩负的管理职责有着很大的不同。基层管理者主要是完成学校、二级院系所发布的相关行政事务。以专业负责人为例,绝大多数高职院校博士学位教师管理职业生涯都从此岗位开始任职,他们要负责市场调研、课程体系开发、教学资源建设、教学质量保障体系建设、校企合作等工作。当高职院校博士学位教师进入中层管理者之后,一般为二级院系负责人以及相关职能部门负责人,他们的职责将不再是具体的行政事务工作。以教学副院长为例,要负责重大教师教学比赛、学生技能竞赛的组织统筹工作,重大教学项目的申报与管理工作以及专业体系的布局规划工作。而步入高层管理职务之后,其管理视野将升高到全校层面,负责对学校部分特定领域工作进行全面统筹,以宏观管理为主,重在顶层规划、跟踪落实与监督。高职院校博士学位教师管理职务任职层级的不同决定了博士学位教师正面感受与负面感受的差异,同时也将影响到博士学位教师晋升期待的差异。因此,高职院校博士学位教师所处的管理职务任职层级同样会影响到其在专业与管理路径上的抉择。

3. 组织管理运行

组织并不是人与物的简单集合,而是为了实现特定组织目标而相互协同互动的有机整体。当组织确定目标以后,为了能够实现特定目标,组织管理者会对组织运行过程进行全程的操控,围绕组织目标,调动组织内部各种资源,运用可掌握的所有管理手段以确保组织目标的实现,这样一个过程包括了组织目标的确立、组织决策、组织实施、组织监督检查等。不同组织由于组织目标和自身构成人员的不同,会有不同的组织管理模式,高职院校作为一个以技术技能人才培养为目标的教育机构,其组织运行管理模式也有其独特性。高职院校博士学位教师是否具有投身管理工作的意愿,同学校内部组织管理运行模式有着十分紧密的关联,因为组织管理运行模式直接涉及博士学位教师对管理工作的感受和认知,这些感受和认知将最终决定其对管理工作的期待与认可。基于前文分析,高职院校博士学位教师在日常管理生活中受到组织管理运行模式的影响主要表现在以下四个方面。一是上级领导支持,即上级管理者是否能够做好对博士学位教师开展管理工作的支持,是否能够在其有需求时提供必要的人、财、物等资源的倾斜。二是行政事务分担,即组织如何对博士学位教师进行定位,是将其定位于基层管理者还是专业引领者,博士学位教师是否会因为过多的行政管理事务而影响其专业发展。三是上级领导期望,即组织对博士学位教师的期望具体体现在哪些方面,是期望他们能够做好专业工作还是期望他们能够承担一定的行政职务,更好地发挥博士学位教师的作用。四是发展权力赋予,即作为管理者的博士学位教师是否能够获得与其职责相匹配的权力,这些权力包括但不限于资源分配权力、业绩考核权力、团队管理权力等。

4. 自身客观条件

高职院校博士学位教师是否选择走向行政管理岗位,同其自身的客观条件也有十分紧密的关联,甚至在某些特殊时刻还起着决定性作用。自身客观条件主要指自身所具备的身体素质、能力素质上的先天条件,这些客观条件是博士学位教师进行决策的重要基础。基于前文分析,在高职院校博士学位教师选择是否承担行政管理职责时,对其决策有影响的因素主要有文字材料撰写能力、管理沟通素质、身体素质和家庭支持度。文字材料撰写能力主要是指个体是否具备一定的文字材料撰写能力,因为当前高职院校对管理者的文字功底有着越来越高的要求,是否能够高质量完成项目书、汇报书等文字材料撰写是评价管理者能力素质水平的重要标准。管理沟通素质主要是指个体是否具备一定的沟通交流能力,是否能够积极主动地和上级管理者和被管理者展开良性的沟通合作,创建良好的人际关系氛围,助推自身工作的高效完成。身体素质是指博士学位教师自身的身体健康程度是否能够支撑其管理工作的完成,是否会因为健康因素而影响到工作任务的完成。家庭支持度是指博士学位教师的家庭成员是否支持博士学位教师担任管理职务,是否为其提供较多的支撑,是否为其分担家庭责任和义务。自身客观条件对高职院校博士学位教师在专业与管理上的抉择同样发挥着重要作用,而且这一因素还同时和其他因素之间相互影响,共同对博士学位教师的抉择意愿产生重要影响。

5. 管理工作负面感受

高职院校博士学位教师在步入管理岗位发展路径后,是否能够较好地适应工作岗位并且是否选择在管理岗位升迁取决于其在步入管理工作岗位时的个体感受,这种感受包括两个方面,一个是管理工作负面感受,另一个是管理工作正面感受。管理工作负面感受是指博士学位教师在步入管理岗位后所感受的一些消极情绪,包括压力、焦虑、压抑、紧张、烦躁等。基于前文分析,高职院校博士学位教师在担任管理职务时所感受到的负面感受主要有制约专业发展、本领恐慌、时间支配感丧失、行政压力、团队配合度差、人际关系困扰、价值剥夺感。制约专业发展是指高职院校博士学位教师在承担管理职务时无法按照自身的预期来完成相关专业任务,过多的管理事务影响到了自身在专业发展上的时间、精力投入,从而产生较大的负面情绪。本领恐慌是指博士学位教师在担任管理职务时因为自身能力素质的不足而无法较好地完成相关管理事务时,产生的失败、无能、自责的消极情绪。时间支配感丧失是指高职院校博士学位教师在担任管理职务时无法自由地支配时间,每天因为要应付过多的行政事务而"分身乏术"。行政压力是指高职院校博士学位教师在担任管理职务时所感受到的上级不同管理部门下达的绩效考核压力。

团队配合度差是指高职院校博士学位教师在承担管理职务时无法得到下属的充分支持,相关工作无法有效分配,因缺乏团队支持而困难重重。人际关系困扰是指高职院校博士学位教师在承担管理职务时因为自身或外部原因而同上级领导和被管理者之间产生矛盾与冲突,从而造成人际关系的紧张。价值剥夺感是指高职院校博士学位教师在承担管理职务时会质疑自身工作的价值和意义,会时常觉得自身的工作没有价值而产生的一种虚无感。

6. 管理工作正面感受

管理工作正面感受是指博士学位教师在步入管理岗位后所感受到的积极情绪,包含成就感、认同感、价值实现感等。基于前文分析,高职院校博士学位教师在担任管理职务所感受到的正面感受主要有能力提升、视野开阔、项目申报优势、职称晋升优势、领导认可、价值获得感。能力提升是指高职院校博士学位教师在担任管理职务的过程中通过管理实践有效提升了自身的管理能力。视野开阔是指高职院校博士学位教师在担任管理职务后自身的视野不会再局限于局部,而是从一个专业、一个院系或者学校层面来思考问题,获得了一种整体性视野。项目申报优势是指高职院校博士学位教师在担任管理职务后在一些科研、教学等相关项目的申报上相较于普通教师获得了一定的申报优势。职称晋升优势是指高职院校博士学位教师在担任管理职务后在职称晋升上获得了相关优势,比如人际优势以及信息优势。价值获得感是指高职院校博士学位教师在担任管理职务后,通过管理实践将自身的改革发展意愿和蓝图投入到实践之后所获得的一种成就感和事业荣誉感。管理工作的正面感受和负面感受对高职院校博士学位教师在专业与管理上的抉择起到了十分重要的作用,如果负面感受大于正面感受,往往意味着博士学位教师通常会有脱离管理岗位回归专业发展的期待和趋向。

7. 管理工作投入意愿

管理工作投入意愿是高职院校博士学位教师在专业与管理上抉择的直接驱动因素,是判断高职院校博士学位教师投身管理工作意愿强度的核心指标。基于前文分析,构成高职院校博士学位教师管理工作投入意愿的主要有四个方面动机因素,分别是晋升期待、消极期待、事业期待、助力专业发展期待。晋升期待是指高职院校博士学位教师之所以愿意投入管理工作,主要源自自身的晋升期待,基层管理者期望能够晋升为中层管理者,而中层管理者又期待能够晋升为高层管理者。消极期待是指高职院校博士学位教师之所以愿意投入管理工作,是为了逃避一些消极事务,如有的博士学位教师希望能够脱离所属学院。事业期待是指高职院校博士学位教师积极投入管理工作是为了有所作为,希望能够将自己的理念、想法付诸实践,通过改革创新来提升工作成效、提高工作业绩。助力专业发展期待是指高职院校博士学位教师担任管理者更多是从自身专业发展考虑,期望通过管理职务获得更多的职称晋升优势,从而在项目申报、选优评优、业绩考核中获得相较于普通教师更多的优待。

二、在"教学"与"科研"之间抉择的影响因素

人才培养与科学研究是高等教育的两大核心职能,高职院校同样也兼具这两大职能。为了保证两大职能的高质量达成,高职院校需要将组织任务分解到每一名成员身上,人才培养职能对应教师的教学工作,科学研究职能对应教师的科研工作。因此,博士学位教师作为高职院校组织职能实现的关键群体,需要通过完成教学工作与科研工作来帮助学校组织职能的达成,如图 6-2 所示。在普通高等教育研究领域,教学与科研之间的关系一直是研究的热门,因为很多高等教育机构在职称评审和激励制度的建构上普遍将科研作为评价的核心,从而导致教师群体普遍存在着"重科研轻教学"的现象。那么,在高职院校,博士学位教师在教学与科研这一天平的两端是如何抉择的,受到何种因素的影响和制约,是本研究探讨的关键问题。

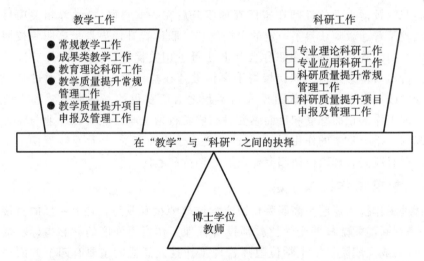

图 6-2　高职院校博士学位教师在"教学"与"科研"之间抉择的示意图

(一)在"教学"与"科研"之间抉择影响因素的编码分析

"教学"与"科研"是高职院校博士学位教师最重要的两项工作,科研工作以知识创新为主要目的,教学以知识传授为主要目的,这两项工作有着密切的内在联系。尽管高职院校教学工作的高质量达成需要科研工作的有力支撑,但在高职院校教师日常工作过程中,两种工作同时也存在着矛盾与冲突。由于高职院校教师每天工作的时间和精力都是有限的,这两种工作的工作逻辑也存在着根本的不同,

第六章 高职院校博士学位教师生涯发展的决策

因此他们必须在"教学"与"科研"之间进行抉择。这一抉择受到多重因素的影响和制约，比如外部制度环境、教师本人生涯发展阶段以及教师自身的发展意愿，教师通常会对这些因素进行综合权衡后决定在哪一工作领域有所侧重。基于"高职院校博士学位教师在'教学'与'科研'上抉择的影响因素"这一研究问题，本研究对访谈文献资料进行编码分析及整理概括，共得到了 35 个概念化类属，其中 A 代表概念化类属编码，如"A1"表示由数据资料中提炼出来的第一个概念化类属"职称评审阶段"，如表 6-4 所示。

表 6-4 开放式编码（在"教学"与"科研"之间）

序号	概念化类属		描述性文本举例
A1	职称评审阶段		我现在正处于评职称关键的时候，我不能只做科研的项目，否则职称评审没有优势
A2	职务晋升阶段		我作为专业主任必带头做一些教学项目，比如竞赛、教材，我都会牵头做一些
A3	领导关注重心		我们院长现在也注意到这个问题了，他说你发一篇论文，说实话对我们学科建设和学校发展没有任何帮助，还是要搞教学，尤其要把竞赛搞好
A4	学校绩效考核重心		我们也无能为力，学校绩效考核的指挥棒在那里，目标责任考核、年度考核都把标志性成果放在核心位置，你作为引进的博士必须做出点成绩
A5	服务期考核导向		服务期 8 年来不是光有科研项目和论文要求，也要有课程建设和技能竞赛任务，然后还要有两个省级以上竞赛获奖
A6	职称评审制度导向	教学成果要求	现在我们评职称，对教学成果的要求越来越高了，以前省赛一等奖就可以，现在你没有国赛一等奖都无法参评
		职称评审分类	我们现在职称也分类评审，分成了教学为主型、科研为主型、教学科研并重型，不同类型对成果要求比重不一样
		科研成果要求	评职称科研成果是基础项，论文、课题都是最基本的要求，否则你没有参评的资格
		教学成果可替代性	我们学校规定国家技能竞赛一等奖指导老师是可以替代一个省部级课题的
A7	学校教学团队支撑	教学团队协作	教学不能一个人独立完成，需要大家经常交流和沟通，尤其是不同课程之间有关联的，老师之间必须提前协调好
		前辈引领帮助	我刚到高职，对这些教学理念也不懂的，经常向其他老师请教，他们经验比较丰富，懂得比较多

续表

序号	概念化类属		描述性文本举例
A7	学校教学团队支撑	专业带头人引领	专业主任太重要了,他要对整个专业有规划,还要及时发现教学中的很多问题,他是整个团队的灵魂人物
		教学研究氛围	我们现在教研活动不是很多,但这个真的很重要,通过大家集体研讨交流才能出好成果
A8	学校教学资源支撑	教师资源丰富性	现在老师根本不够,各种任务太多了,编教材、建课程、搞竞赛,导致我们现在老师明显不够,很多老师都是身兼数职
		教学资源支撑	我上实训课的时候本来想让学生都能操作一遍,但是设备太少了,只能几个人共用一台设备,有的学生只能在旁边看一下,所以很多设想都无法实现
A9	学校教学制度建设	教师教学发展制度	我来学校以后接受了为期一年的新教师培训,基本上对高职有了深入的了解,并且掌握了一些教学理念和方法
		教学激励制度	我们学校对常规教学不是很重视,主要对一些竞赛、比赛、项目激励程度比较高
		教学质量保障制度	我们常规教学管理比较规范的,出台了很多管理制度,比如实习管理、教学评价、学生成绩评定等
		教学管理运行效率	现在教学管理很多都是形式化,弄得太复杂了,比如前两天学校让我修改学生成绩,说必须要符合正态分布
A10	学校科研环境支撑	学校科研平台影响力	我们高职其实做这种理论研究毫无优势,那些项目评审专家都是本科院校的,高职很难获得科研项目
		学生科研素质	我是很希望带着学生一起做科研的,但是高职院校学生确实在理论能力、学习态度上和本科院校学生有较大的差距,很难用得上
		科研仪器支撑度	我刚来的时候本想建一个实验室,人事处、科技处都去过,但他们觉得就围绕我这个方向建一个实验室,完全没有必要
		学校科研场地	建工学院有3名博士,但科研实验室跟教学实验室混在一起用,很影响科学实验的开展,我买了很多设备但现在连场地都没有
A11	学校科研团队支撑	科研辅助人员	现在我们学院很多实验员的职称不合理,很多都是初级或中级的,甚至很多都是合同工。他们认为自己只是管教学的,对科研这块不上心,也很难让他们在科研中发挥作用

续表

序号	概念化类属		描述性文本举例
A11	学校科研团队支撑	研究方向聚焦	现在我们没有聚焦到一个方向,力量比较分散,每个博士都有他自己的研究方向,而且他进来之后还面临着一个转型的问题,因为他的研究方向不一定和学院发展契合
		研究团队内部竞争	没有团队做什么都很难,比如说一个学科就一个人带动是很难的,五个人在一起比一个人强太多了,但现在连个竞争氛围都没有
		研究团队内部交流	现在搞科研没有氛围是做不起来的,本来我做不做可能也无所谓,但如果有其他人带动一下,大家坐在一起经常沟通交流,我觉得效果会好很多
		前辈科研引领	搞科研最好要有人能带你一下,但我来高职以后基本没人带我做科研了,以前还有导师,现在只能靠我自己了
		研究团队内部协作	我本来觉得我的研究方向还比较前沿,但现在出去开会看到其他团队里有博士、研究生、教授、副教授,就觉得自己并无多大的优势
A12	学校科研制度建设	校外科研资源开发	学校领导必须主动对接校外的科研资源,因为老师们没资源,所以学校必须搭建好这个平台
		学术交流与沟通	学习交流就是说不仅要引进来还要走出去,鼓励大家多出去交流。我个人觉得现在的交流还是偏少的
		学科带头人岗位设置	搞科研需要专门的科研带头人。要有人去统领这个事情,因为任何事情如果没人去带头立标杆,就很难干成事
		科研资源共享	这个场地,我感觉可以充分利用起来,现在很多学院这些实验设备都是留给学院老师自己用的,没有实现资源共享
		科研经费投入	他带着国家基金进来的,所以学校花了几百万元为他打造了实验室。我们这个学科一年科研经费总共才一两百万元,怎么可能为了你个人建一个实验室
		专职科研岗位设置	现在真的有必要搞专职科研岗,很多博士其实是不想搞教学的,一来他们不擅长,二来他们也不愿意把精力放在教学上
		学校科研管理效率	学校要建200多万元的实验室,学院层面已经论证三四次了,到学校层面又论证了好几次,结果到了市里又卡住了,就这样耗了一年多

续表

序号	概念化类属	描述性文本举例
A13	科研发展抱负	你已经是博士了,肯定要做科研的。不管你科研是否做得好,从国家培养你的角度来看就是让你走科研的道路
A14	校外科研资源可及性	我们很多博士就面临这样一个问题,要依托校外的科研资源做科研,很多材料或者产品没法检测,就没有数据结果,也就没法写论文
A15	科研成果产出速度与质量	我基本上每年都会保证有1~2篇SCI,我每年也都会有一个省级以上的课题。来学校正好5年了,有6个课题,十几篇论文。我觉得做科研也是一个生产力高效产出的事情
A16	教学发展抱负	我现在只能往教学方面去发展,其实我是工科出身的,不是师范类,我往教学上的转型不知是否适合自己
A17	从教经验	李博士的口才比较好,他以前做过一段时间的老师,比较有经验,所以他还愿意往教学上发展一下
A18	企业实践经历	我们专业有四五个来自企业的老师,他们上课还是很有趣的,能结合企业的实践经历,所以说最好就是能够引进那些具有企业工作经历的博士
A19	高层次论文发表	晋升是有政策的,博士进来有一次直聘机会。但如果你有高水平的论文,也可享受晋升政策,不过工科高水平论文很难发
A20	高层次项目申报（科研类）	博士引进来后,申请国家级、省级课题其实并不容易。因为高级别的课题要求你研究的方向一定要是前沿的。学校又不是本科院校,所以你可能申请两三次课题都申请不下来,然后过两年研究的内容就过期了。你看我来第一年就拿下省自然基金,学校一年最多也就拿个1~2项,但现在我就面临研究难以持续的问题了
A21	荣誉评定（科研类）	在咱们学校科研是不受重视的,你看科研方面立项了国家自然基金就只有一个新闻稿,而教学方面要是竞赛拿了一等奖就是各种喜报
A22	职务晋升（科研类）	虽说学校也重视科研成果,但更重视教学成果。你想靠科研成果晋升不太可能,因为很多科研成果都是偏向个人的
A23	高级职称获取	科研做得好职称晋升还是很快的,博士来高职做科研很有优势,一般很快就能评上高级职称
A24	指导学生竞赛获奖	学校现在很看重技能竞赛,你要是能拿国家一等奖,你可以在学院横着走,而且现在技能竞赛可以顶替一个省级课题

续表

序号	概念化类属	描述性文本举例
A25	教师教学竞赛获奖	我们学校每年都很重视这个教师教学能力比赛,因为"双高"评价涉及这个内容,所以学校花费巨大的精力投入这个事情中
A26	高层次项目申报（教学类）	现在很多项目,比如教改项目、课改项目、教学资源库项目、精品课程、规划教材,如果能申请下来这些项目那将都是非常重要的成果,学校都很重视
A27	荣誉评定（教学类）	你看咱们学校发展好的老师都是搞教学的,学校也会把荣誉给这些老师
A28	职务晋升（教学类）	你要晋升肯定是要搞教学,肯定要拿项目,比如竞赛、教学成果奖等,你得有这些项目你才好晋升
A29	人情投入	我现在做科研必须和我那些师兄弟联合,你和其他人一起做你总要有价值输出,在咱们学校我没设备,基本上没有用武之地
A30	金钱投入	去年一个课题经费有10万元,但我花了12万元,幸好我发了两篇四区的论文,有这个课题支撑,否则我还要自己拿出12万元
A31	资源投入	科研,尤其是理论科研需要数据支撑,而教学不需要,你只要有创新就行。当然科研也需要创新,但创新更需要数据支撑,比如化学,没有一个分析测试,你说你这个东西好,没人会相信你
A32	时间投入（科研类）	我们理工科做科研真的非常费时间,这个只有干过才知道,从设计实验到买材料、做实验出结果,没有好几个月根本不行
A33	情绪投入	现在好多教学工作就是为了做而做,昨天领导突然让我编一本教材,我整个人都懵了,很多时候我都觉得做的事情毫无意义
A34	机会成本	我们现在大部分时间都用来搞教学、做课程,基本没时间做科研
A35	时间投入（教学类）	有时候跟其他高校的老师或者身边的博士开玩笑说,时间碎片化真的太严重了,刚开始应付这个事情,还没结束,下一个事情已经在路上了

通过对35个初始概念化类属进行不断的比较分析,最终共得到10个范畴化类属。这10个范畴化类属分别为生涯发展阶段、学校激励制度导向、学校教学平台支撑度、学校科研平台支撑度、个体科研发展基础、个体教学发展基础、科研发展空间、教学发展空间、科研投入成本、教学投入成本,如表6-5所示。

表 6-5 主轴式编码(在"教学"与"科研"之间)

序号	范畴化类属	概念化类属	类属性质
B1	生涯发展阶段	A1 职称评审阶段;A2 职务晋升阶段	博士学位教师在不同职务发展阶段和职称评审阶段对"教学"与"科研"价值的认知差异
B2	学校激励制度导向	A3 领导关注重心;A4 学校绩效考核重心;A5 服务期考核导向;A6 职称评审制度导向	学校激励制度体系的价值取向在"教学"与"科研"上偏向何方
B3	学校教学平台支撑度	A7 学校教学团队支撑;A8 学校教学资源支撑;A9 学校教学制度建设	学校教学管理运行机制、教学资源保障机制、教学质量管理机制是否能够有效支撑博士学位教师教学任务的高质量达成
B4	学校科研平台支撑度	A10 学校科研环境支撑;A11 学校科研团队支撑;A12 学校科研制度建设	学校科研管理运行机制、科研资源保障机制、科研团队建设等方面是否能够支撑学校博士学位教师高质量完成科研任务
B5	个体科研发展基础	A13 科研发展抱负;A14 校外科研资源可及性;A15 科研成果产出速度与质量	高职院校博士学位教师在科研发展上的基础如何,是否有较强的发展意愿和发展基础来完成高质量科研
B6	个体教学发展基础	A16 教学发展抱负;A17 从教经验;A18 企业实践经历	高职院校博士学位教师在教学工作上是否具有较强的投入意愿和能力素质基础
B7	科研发展空间	A19 高层次论文发表;A20 高层次项目申报(科研类);A21 荣誉评定(科研类);A22 职务晋升(科研类);A23 高级职称获取	高职院校博士学位教师通过完成科研工作能够达到何种成就,是否能够有机会获取高层次科研成果并据此获得更多的发展机会
B8	教学发展空间	A24 指导学生竞赛获奖;A25 教师教学竞赛获奖;A26 高层次项目申报(教学类);A27 荣誉评定(教学类);A28 职务晋升(教学类)	高职院校博士学位教师通过完成教学工作能够达到何种成就,是否能够有机会获取高层次教学成果并据此获得更多的发展机会

续表

序号	范畴化类属	概念化类属	类属性质
B9	科研投入成本	A29 人情投入；A30 金钱投入；A31 资源投入；A32 时间投入（科研类）	高职院校博士学位教师为了达成一定的科研成就所需要投入的时间、精力和金钱成本
B10	教学投入成本	A33 情绪投入；A34 机会成本；A35 时间投入（教学类）	高职院校博士学位教师为了达成一定的教学成就所需要投入的时间、精力和机会成本

（二）在"教学"与"科研"之间抉择影响因素的内涵分析

基于前文分析，高职院校博士学位教师在"教学"与"科研"两条路径上抉择受到了多重因素的影响和制约，通过提炼、归纳与总结，共得出生涯发展阶段、学校激励制度导向、学校教学平台支撑度、学校科研平台支撑度等十个关键影响因素。这十个因素对博士学位教师生涯发展抉择的影响不是线性的，而是交互发生作用的，各种因素之间通过较为复杂的非线性相互作用共同决定了博士学位教师在"教学"与"科研"上的路径抉择。

1. 生涯发展阶段

生涯发展阶段是指高职院校博士学位教师在生涯发展不同时期因为自身所处职称发展层级和管理职务层级的不同而对"教学"与"科研"两种类型的工作的不同价值取向。基于前文分析，高职院校博士学位教师生涯发展阶段主要包括两个方面，分别是职称评审阶段和职务晋升阶段。职称评审阶段是指高职院校博士学位教师在不同的职称评审阶段，会对"教学"与"科研"工作具有不同的价值取向。一般而言，当博士学位教师为了在职称竞争中取得优势，在自身科研工作优势不突出的情况下，会着重在教学工作上付出更多的时间与精力。但如果博士学位教师在职称评审完成后，尤其当其已经获得了高级职称后，他便没有动力投身到教学工作之中，会将更多的时间精力投身于科研工作之中。职务晋升阶段是指高职院校博士学位教师在不同的管理职务发展阶段，会对"教学"与"科研"工作具有不同的价值取向。一般而言，当博士学位教师为了能够从基层管理者向中层管理者发展，便会着重在教学工作上付出更多的时间与精力，因为教学工作成效是管理职务晋升的重要评判依据。

2. 学校激励制度导向

学校激励制度导向是指高职院校为了能够引导教师在科研与教学工作上取得较好的工作成效所出台的一系列激励制度的价值导向，包含职称评审导向、绩效考核导向以及对博士学位教师的服务期考核导向，这些激励制度对博士学位教师在"教学"与"工作"之间的抉择起到了至关重要的作用，是学校办学目标转化为博士学位教师行动选择的重要手段。基于前文分析，高职院校学校激励制度导向主要由四个方面组成，分别是领导关注重心、学校绩效考核重心、服务期考核导向、职称评审制度导向。领导关注重心是指高职院校博士学位教师的上级领导对博士学位教师生涯发展的期待，即期望博士学位教师在教学领域和科研领域取得哪些成就，更偏向于哪一领域。这一因素对高职院校博士学位教师生涯发展抉择具有重要影响，因为获取领导认可是博士学位教师价值认可的重要来源，是博士学位教师生涯发展顺利推进的重要基础。学校绩效考核重心是指高职院校如何通过目标责任制考核、专业建设成效考核、教学工作业绩考核等一系列考核制度来规范和引导博士学位教师的行为选择，这些制度设计的初衷是更偏向科研还是教学。服务期考核导向是指高职院校博士学位教师同学校签订的人才服务期考核中教学任务与科研任务的权重，是更偏向科研还是更偏向教学。职称评审制度导向是指高职院校的职称评审制度中如何确定教学工作业绩和科研工作业绩的比重，何种工作业绩的权重较大，何种工作业绩的高质量达成有助于职称晋升。

3. 学校教学平台支撑度

学校教学平台支撑度是指高职院校为提升博士学位教师教学发展能力，帮助博士学位教师取得较好的教学成效而在教学资源供给、教学制度建设、教学团队优化、教学平台建设等方面所采取的一系列重要举措。基于前文分析，高职院校学校教学平台支撑度共包含了三个关键因素，分别是学校教学团队支撑、学校教学资源支撑、学校教学制度建设。学校教学团队支撑是指高职院校博士学位教师所处的教学团队是否能够有效帮助博士学位教师较好地适应教师角色，专业带头人是否能够肩负起教学领袖的责任，引领带动博士学位教师高质量地开展教学工作，团队内部成员之间是否能够相互协作共同针对教改难题进行研究协商。学校教学资源支撑是指高职院校博士学位教师自身的教学设想是否能够得到学校教学资源的有效支撑，博士学位教师课时量是否会因为教师资源的不足而过高，从而造成博士学位教师疲于应付。学校教学制度建设是指高职院校博士学位教师相关教学制度的建设是否能够有效促进教师教学能力的发展，并且能够有效地保证教师在完成相关教学活动时得到教学辅助机构的有效支撑，是否会受到外部质量保障制度的引导和规约。

4. 学校科研平台支撑度

学校科研平台支撑度是指高职院校为了保障博士学位教师较好地完成科研工作，推动博士学位教师产出高质量的科研成果而在科研资源、科研环境、科研团队、科研平台建设等方面所采取的一系列重要举措。基于前文分析，高职院校科研平台支撑度共包含了三个关键因素,分别是学校科研环境支撑、学校科研团队支撑、学校科研制度建设。学校科研环境支撑是指高职院校的软硬科研环境是否能够支撑博士学位教师科研工作的开展,科研环境既包含了硬的方面,诸如科研仪器、场地,又包含了软的方面,比如学生科研素质以及学校科研平台影响力。学校科研团队支撑是指高职院校在科研团队建设方面是否能够有效支撑博士学位教师科研工作的开展,科研团队建设包含了团队内部研究方向聚焦性、研究团队的内部竞争与合作氛围以及科研辅助人员的素质等。学校科研制度建设是指高职院校出台的相关管理举措是否能够帮助博士学位教师提高科研效率与质量,诸如科研经费投入、专职科研岗位设置、科研管理效率、学术交流制度等。学校科研平台支撑度是推进高职院校博士学位教师做好科研工作的关键支撑因素,没有良好的科研平台为支撑,高职院校博士学位教师科研工作将事倍功半,极大地影响博士学位教师的科研效率与质量。

5. 个体科研发展基础

个体科研发展基础是指高职院校博士学位教师自身在科研发展路径上所具有的决心、抱负以及自身所拥有的校内外科研资源和科研成果。基于前文分析,高职院校博士学位教师个体科研发展基础共包含了三个关键因素,分别是科研发展抱负、校外科研资源可及性、科研成果产出速度与质量。科研发展抱负是指高职院校博士学位教师在科研发展路径上发展的决心以及抱负,即高职院校博士学位教师是否想在科学研究领域取得较大的成就。校外科研资源可及性是指高职院校博士学位教师在开展科学研究的过程中是否能够获得校外科学资源的支持,这些支持包括了实验设备支持、人际关系支持、科研资源支持等。科研成果产出速度与质量是指高职院校博士学位教师的科研成果产出的数量与质量上是否能够达到学校的要求,是否能够凭借此轻松获得职称晋升。个体科研发展基础是高职院校博士学位教师在"教学"与"科研"路径上抉择的关键因素,如果博士学位教师具有较好的科研发展基础,那么他更有可能选择在科研发展路径上投入更多的时间、精力,而不会考虑在教学发展上投入更多的时间。

6. 个体教学发展基础

个体教学发展基础是指高职院校博士学位教师自身在教学发展路径上所具有的决心、抱负以及自身所拥有的教学经验。基于前文分析,高职院校博士学位教师个体教学发展基础共包含了三个关键因素,分别是教学发展抱负、从教经验、企业实践经历。教学发展抱负是指高职院校博士学位教师在教学发展路径上所具有的发展决心以及想要在教学发展上取得成就的内在动机。从教经验是指高职院校博士学位教师在入职高职院校之前所具有的教学经验,尤其是其是否对职业教育教学规律有着充分的掌握与了解。企业实践经历是指高职院校博士学位教师是否具有企业工作的经历,是否能够对所教授的相关知识、技术、技能有着深刻的认知和了解。一般而言,当高职院校博士学位教师具有较好的教学发展基础,会在一定程度上倾向于承担教学任务,在教学过程中更容易获得成就感。

7. 科研发展空间

科研发展空间是指高职院校博士学位教师通过专注科学研究领域所能取得的发展空间,即博士学位教师通过将时间、精力聚焦于科学研究工作,在未来凭借科研工作成果可以取得多大的工作成就,这一成就包括职称晋升、社会地位、职务晋升等社会价值评价要素。基于前文分析,科研发展空间包含了五个关键因素,分别是高层次论文发表、高层次项目申报、荣誉评定、职务晋升、高级职称获取。高层次论文发表是指高职院校博士学位教师发表高层次科研成果论文的可能性。高层次项目申报是指高职院校博士学位教师获取高层次项目的可能性。荣誉评定是指高职院校博士学位教师通过科研工作成果获得学校、政府、社会所赋予的荣誉头衔的可能性。职务晋升是指高职院校博士学位教师通过科研工作获得职务晋升的机会。高级职称获取是指高职院校博士学位教师通过科研工作获得职称晋升的机会。基于以上分析,高职院校博士学位教师在生涯发展抉择上不仅会考虑到自身的科研发展基础,同时也会考虑到通过科研发展所能够实现的发展空间,如果发展空间较大,高职院校博士学位教师便会对科研发展有更多的期待,就会投入更多的时间精力。

8. 教学发展空间

教学发展空间是指高职院校博士学位教师通过专注教学工作能取得的发展空间,即博士学位教师通过将时间、精力聚焦于教学工作之中,在未来凭借教学工作可以取得多大的工作成就,这一成就包括职称晋升、社会地位、职务晋升等社会价值评价要素。基于前文分析,教学发展空间包含了五个关键因素,分别是指导学生竞赛获奖、教师教学竞赛获奖、高层次项目申报、荣誉评定、职务晋升。指导学生竞赛获奖是指高职院校博士学位教师通过指导学生参与国家、省级竞赛所能够取得的成绩。教师教学竞赛获奖是指高职院校博士学位教师通过参加教学能力比赛所能够获得的成绩。高层次项目申报是指高职院校博士学位教师通过在教学工作中投入时间精力能够在一些重要教学项目上获取成功的机会,包含了教学成果奖、精品课程等。荣誉评定是指高职院校博士学位教师通过专注于教学工作所能够获得的政府、社会赋予的荣誉头衔的机会。职务晋升是指高职院校博士学位教师通过专注于教学工作所能够实现的职务晋升机会。教学发展空间是激励高职院校博士学位教师投身教学工作的重要激励性因素,唯有博士学位教师真正发现通过投身教学工作可以获得较大的发展空间,他们才会有精力投身于其中。

9. 科研投入成本

科研投入成本是指高职院校博士学位教师为了能够实现自身的科研工作目标而要投入的相关成本,这些成本是为了获取一定的发展预期而不得不付出的。基于前文分析,高职院校博士学位教师要在科研工作中取得一定成就所要投入的成本包含了四个关键因素,分别是人情投入、金钱投入、资源投入、时间投入。人情投入是指高职院校博士学位教师为了能够保障自身科研工作的顺利开展,不得不充分挖掘校外科研资源而投入的人际关系维护成本。金钱投入是指高职院校博士学位教师为了完成科研工作而不得不投入的金钱。资源投入是指高职院校博士学位教师为了完成科研工作而不得不投入实验设备、实验耗材以及实验助手工资等成本。时间投入是指高职院校博士学位教师为了能够获得科研成果而不得不花费的大量时间。基于以上分析,高职院校博士学位教师就算具有很强的科研发展抱负,通常也会考虑自身要投入的科研成本,这些成本如果足够大将会阻碍博士学位教师继续追求科研的步伐。

10. 教学投入成本

教学投入成本是指高职院校博士学位教师为了能够实现自身在教学工作上的发展目标而要投入的相关成本,这些成本是为了获取一定的发展预期而不得不付出的。基于前文分析,高职院校博士学位教师要在教学工作中取得一定成就所要付出的成本包含了三个关键因素,分别是情绪投入、机会成本、时间投入。情绪投入是指高职院校博士学位教师在完成教学工作中体验到的负面情绪,这些负面情绪会造成博士学位教师较大的价值缺失感、沮丧、压力和虚无。机会成本是指高职院校博士学位教师因为要在教学工作中投入更多的时间精力而无法再推进自身科研工作的开展,造成科研工作的断断续续。时间投入是指高职院校博士学位教师为了能够在教学中取得成绩而不得不付出的时间精力。因此,教学投入成本同样是博士学位教师生涯发展重要的抉择因素,如果成本过高,博士学位教师可能会逃离教学,不会再将时间精力用于教学工作领域。

三、在"常规教学"与"成果教学"之间抉择的影响因素

人才培养是高职院校办学的核心职能,而实现这一目标的关键是高职院校教师教学质量的支撑,教学工作是高职院校高质量发展的核心工作。基于前文对高职院校教师所承担的工作任务的分析,高职院校教学工作可以划分为"常规教学工作领域"和"成果教学工作领域"两大类,之所以将两者区分开来,是因为两者所承担的教学任务性质以及对相应任务工作质量成果的评价主体存在着很大的不同,这就造成了教师在对两类工作的价值判断与行为选择上呈现出一定的差异。常规

教学工作领域主要是教师在日常工作中完成的一些教学任务,如备课、学生作业批改、教学研讨、指导学生毕业设计、参与专业建设、实践资源开发等工作,而成果教学工作则主要是以取得相关成果为核心目标在特定时间段内通过个体或团队完成特定目标的教学工作模式,如指导学生参与竞赛、参与教学能力比赛、申报相关教学改革项目、撰写教学改革论文、申报国家规划教材等,如图6-3所示。常规教学工作与成果教学工作在工作节奏、工作成果、评价主体上都存在着较大差异。常规教学工作的工作节奏属于常规性工作,工作投入很难即时显现,通常需要通过同行、管理者、专家来对其教学效果进行主观评价;成果教学工作节奏属于典型的阶段性工作,工作投入可以通过客观结果进行即时评价,是否取得客观成果是评价该类工作的唯一标准。正是因为两类教学工作的特征呈现出较大的差异,所以十分有必要对高职院校博士学位教师在两种不同类型教学工作的抉择上进行深入分析,探讨何种因素影响到了博士学位教师的抉择。

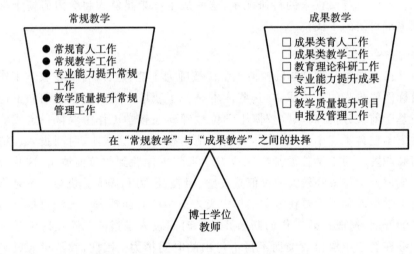

图6-3　高职院校博士学位教师在"常规教学"与"成果教学"之间抉择的示意图

(一) 在"常规教学"与"成果教学"之间抉择影响因素的编码分析

"常规教学"与"成果教学"尽管都属于教学领域,但两者的运行逻辑却有着根本的不同。常规教学属于典型的日常教育教学活动,课堂教学是常规教育的核心阵地,常规教学是整体提升学生人才培养质量的核心阵地。成果教学则以成果获取为核心,这些成果包括但不限于竞赛获奖、项目获取、论文发表或成果获奖,获取高层次成果已经逐渐成为高职院校办学的重要目标,这不可避免影响到高职院校内部教学组织管理运行模式。基于"高职院校博士学位教师在'常规教学'与'成果教学'上抉择的影响因素"这一研究问题,本研究通过编码分析及整理概括,共得到43个概念化类属,其中 A 代表概念化类属编码,如"A1"表示由数据资料中提炼出的第一个概念化类属"职称评价导向",如表 6-6 所示。

表 6-6 开放式编码(在"常规教学"与"成果教学"之间)

序号	概念化类属		描述性文本举例
A1	职称评价导向	教学成果可替代性	目前我们学校是这样的,获得全国一等奖的话可以替代一个省部级课题,所有这些项目都有奖励
		常规教学要求	我们对常规教学的考核主要是看教学工作量和平常的教学工作业绩考核,一般老师都能通过
		成果教学要求	现在我们比较看重竞赛、项目、获奖,这些都是职称评定的关键,要是有个一等奖,那你成果就更有说服力
		职称评审分类	我们现在设置了职业技能型职称类型,你要是在竞赛方面特别突出,也可以申报这个类型
A2	服务期考核导向		我服务期考核要求 4 篇 SCI,1 个国家基金或 2 个省部级项目,2 个发明专利,还有竞赛
A3	领导关注重心		学校领导会举全院力量为教学能力比赛让路,为了能让老师专心参加这些比赛,常规的教学活动是可以不参加的
A4	职务晋升依据		学校比较重视这些项目的,你要是能拿到这些项目对你各方面提升都有帮助
A5	绩效考核导向		学校现在对二级院系和专业的考核主要就是看这些项目数量,拿的多考核分数自然就高
A6	物质激励导向		现在很多年轻老师很难抵挡成果导向的诱惑,讲课讲得好作用不大,关键是要有成果才行
A7	团队内部竞争焦点		你不去搞比赛那就"躺平",但凡有点上进的老师,肯定要努力搞成果的
A8	团队发展愿景共识		我不喜欢开专业会议,总有些老师喜欢给你唱反调,一般都是开小范围的会
A9	团队负责人引领作用		我作为专业主任,我还是很想把专业弄好,然后让学生能够学有所成,获得用人单位认可
A10	团队内部协作关系		我们现在基本上不怎么搞教研活动了,以前还常态化弄一下,现在基本没有时间搞教研活动

续表

序号	概念化类属	描述性文本举例
A11	常规管理压力	我们常规教学管得还是比较严的,比如学生考核标准、学生成绩分布情况、听评课记录、学生试卷分析等都是有要求的
A12	学生成长（常规教学）	我还是要认真讲课的,就希望学生能真正地学到实用的知识,对未来发展也有帮助
A13	教学良心	上好课是一件很难也很有成就感的事情,但这只能靠自觉靠良心的,所以我们才说教育是良心事业
A14	成果管理压力	没办法,领导还是希望我带比赛,很难拒绝的,我也就妥协了
A15	领导认可（常规教学）	学校领导对常规教学其实不太重视,但你要是拿了国赛一等奖,那就不一样了
A16	物质奖励（常规教学）	获得竞赛是有奖励的,大概国家一等奖有10万元,但是付出的也比较多
A17	职称晋升	现在我们学校你没获得一些大项目是很难评上职称的,必须要高层次成果才行
A18	个体孤独感	现在大家都忙着争取各种项目,我以前就想先把课讲好,但就我一个人不搞,就显得自己比较另类
A19	内心失衡	很多年轻老师难以抵挡成果导向的诱惑,比如我第一学期,前几分钟讲什么,后几分钟讲什么,我规划得很详细,但最后发现我就算讲得再好,对我并没有益处,无论是显性的还是隐性的激励都很少
A20	无助于职称晋升	你课上得再好对评职称帮助不是特别大
A21	领导关注缺失	某某老师的课讲得太好了,但校领导不会因为你课讲得好就认你,"双高"院校教学业绩考核就没有这一项啊
A22	课堂教学氛围差	我跟你讲学生是这样的,好像他挺认真在听的,结果人在心不在
A23	学生学习动机弱	有些老师只管讲自己的,不管学生听懂听不懂,但是你让我这四十分钟完完全全讲课本的东西,没有学生的参与我自己是很难讲下去的
A24	学生认可	我跟学生还是比较能打成一片的那种,我觉得跟学生打成一片,然后带学生一起做一做项目,能够获得学生认可还是很高兴的
A25	教学能力提升	我觉得只有在真实的课堂中,和学生的互动交流中才能够真正知道什么教学方法是好的,什么是有效的,课堂是老师提升教学能力的主阵地

续表

序号	概念化类属	描述性文本举例
A26	学生成长（成果教学）	比如我们读本科的时候,老师都会因为学生而自豪,我也会为自己学生的成长而感到高兴
A27	机会成本高	我觉得在科研上要做出成绩的话有几个要素,首先第一个是时间,我现在每年的教学任务很重,还有课程建设,还是专业主任和班主任,剩下可以去安心做科研的时间真的是少之又少
A28	价值剥夺感	就像我们经常吐槽的,你博士招来干吗的,做比赛,当实验员,让这些人搞这些事情,其实不对的
A29	外部管理压力	可能跟现在整个外部的形势也有关系。新来的博士出成果更快一些,从学校的角度来考虑,学校也能压得住,因为博士一般考核压力都很大
A30	无价值感投入	现在学校特别重视教学能力比赛,实际上这个教学能力比赛和平常的常规教学很不一样,教学能力比赛就是表演
A31	时间支配感丧失	我喜欢全身心投入一件事情,这样才能把事情做好。但现在感觉每件事情都在应付,结果就是每件事情都做不好
A32	成果获取压力	想获得好名次是很难的,而且越来越难,如果没获得一等奖是要被批评的,去年我们就被批评了
A33	显现度高	短平快的东西诱惑力更大,比如这个教学比赛,你临时组建,请专家进行指导,短期内付出就可以获得一个较大的认可
A34	物质奖励（成果教学）	参加比赛、拿项目都有奖励,而且这些年为了激发老师的积极性,还出台了新的高层次成果奖励办法,就是鼓励大家去搞这些
A35	能力提升	教师教学能力竞赛,我很客观地跟你们讲,是有作用的,最重要的作用就是让我意识到教书也是有方法的,可以提升教学的一些认识
A36	领导认可（成果教学）	在很短的时间内就能获得大的认可,这种认可要比你辛辛苦苦提升教学经验,得到的认可程度要高
A37	课时费制度	你去看一下,课时费太低,每堂课才二三十元。你想想课时费这么低,老师积极性肯定就不高
A38	学生成绩考核	你课堂上课好与坏,没有什么评价,也没什么统一的标准,对学生的成绩考核结果也不能客观反映问题。所以说上课全凭个人的职业道德

续表

序号	概念化类属	描述性文本举例
A39	教学评价导向	今天小程序不是多了一块内容吗,就是对学校最大的意见是什么,我写的就是,要注重过程管理,不要只注重结果
A40	课堂教学质量监测制度	督导来听课的时候,我就提前通知一下学生,让他们尽量配合我一下。但是督导来的时候我就尽量体现我是一个好老师,然后知识点都要讲到
A41	教学资源支撑度	学校的教学硬件资源其实是不够的,特别是一些实验课。一个班级40多人,设备可能就几套,无法支撑学生的技能习得
A42	职称评审阶段	我评职称的时候多投入一下项目,但过了这个阶段就不理会,精力都用来照顾家里
A43	职务晋升阶段	我现在想往中层走必须要拿到一些高质量教学项目才行,增加自己的资本,所以这几年不管有什么项目我都要积极报一下

通过对43个初始概念化类属进行不断的比较分析,最终共得到10个范畴化类属,如表6-7所示。这10个范畴化类属分别为学校教学激励制度导向、教学团队运行模式、常规教学驱动力、成果教学驱动力、常规教学负面感受、常规教学正面感受、成果教学负面感受、成果教学正面感受、学校教学管理制度运行、生涯发展阶段。

表6-7 主轴式编码(在"常规教学"与"成果教学"之间)

序号	范畴化类属	概念化类属	类属性质
B1	学校教学激励制度导向	A1 职称评价导向;A2 服务期考核导向;A3 领导关注重心;A4 职务晋升依据;A5 绩效考核导向;A6 物质激励导向	学校在内部激励制度体系的价值取向在"成果教学"与"常规教学"上偏向何方
B2	教学团队运行模式	A7 团队内部竞争焦点;A8 团队发展愿景共识;A9 团队负责人引领作用;A10 团队内部协作关系	教学团队在运行过程中所产生的集体氛围会如何影响内部成员在"成果教学"与"常规教学"上的选择
B3	常规教学驱动力	A11 常规管理压力;A12 学生成长(常规教学);A13 教学良心	驱动博士学位教师在常规教学上投入时间精力的主要因素
B4	成果教学驱动力	A14 成果管理压力;A15 领导认可(常规教学);A16 物质奖励(常规教学);A17 职称晋升	驱动博士学位教师在成果教学上投入时间精力的主要因素

续表

序号	范畴化类属	概念化类属	类属性质
B5	常规教学负面感受	A18 个体孤独感；A19 内心失衡；A20 无助于职称晋升；A21 领导关注缺失；A22 课堂教学氛围差；A23 学生学习动机弱	博士学位教师在投入常规教学实践过程中所感受到的消极情绪
B6	常规教学正面感受	A24 学生认可；A25 教学能力提升；A26 学生成长（成果教学）	博士学位教师在投入常规教学实践过程中所感受到的积极情绪
B7	成果教学负面感受	A27 机会成本高；A28 价值剥夺感；A29 外部管理压力；A30 无价值感投入；A31 时间支配感丧失；A32 成果获取压力	博士学位教师在投入成果教学实践过程中所感受到的消极情绪
B8	成果教学正面感受	A33 显现度高；A34 物质奖励（成果教学）；A35 能力提升；A36 领导认可（成果教学）	博士学位教师在投入成果教学实践过程中所感受到的积极情绪
B9	学校教学管理制度运行	A37 课时费制度；A38 学生成绩考核；A39 教学评价导向；A40 课堂教学质量监测制度；A41 教学资源支撑度	学校教学管理制度运行的基本模式，这包括了对常规教学的质量监控、对学生学习成效的测评以及对教师常规教学投入的价值评判
B10	生涯发展阶段	A42 职称评审阶段；A43 职务晋升阶段	博士学位教师在生涯发展不同阶段对"常规教学"与"成果教学"价值的认知差异

（二）在"常规教学"与"成果教学"之间抉择影响因素的内涵分析

基于前文分析，高职院校博士学位教师在"常规教学"与"成果教学"两条路径上抉择受到了多重因素的影响和制约，通过提炼、归纳与总结，得出十个关键影响因素，分别为学校教学激励制度导向、教学团队运行模式、常规教学驱动力、成果教学驱动力、常规教学负面感受、常规教学正面感受、成果教学负面感受、成果教学正面感受、学校教学管理制度运行、生涯发展阶段。上述十个因素对博士学位教师生涯发展抉择的影响不是线性的，而是交互发生作用的，各种因素之间通过较为复杂的非线性相互作用共同决定了博士学位教师在"常规教学"与"成果教学"上的路径抉择。

1. 学校教学激励制度导向

学校教学激励制度导向是指学校通过特定的方法与管理体系，将教师对教学工作的承诺最大化的过程。激励制度体系的构建是激发教师在教育教学上进行时间、精力、情感投入的关键制度支撑，也是决定博士学位教师在"常规教学"与"成果教学"之间抉择的关键影响因素。通过前文分析，高职院校学校教学激励制度导向这一维度共包含了职称评价导向、服务期考核导向、领导关注重心、职务晋升依据、绩效考核导向、物质激励导向这六个关键要素。职称评价导向直接关涉到教师生涯发展的路径和方向，这决定了职称评价的内容维度和价值导向对教师的教学行为选择具有重大的影响。由于不同学校在职称制度设计上对常规教学、成果教学以及成果教学可替代性等内容作出了不同的规定与权重设定，这必然会导致教师在两种发展路径上行为选择的差异。服务期考核导向是指博士学位教师作为高层次人才引入学校，在同学校签订人才服务协议后要在服务期限内完成的教学任务。这些任务的完成情况直接关涉到博士学位教师服务期结束时是否能够顺利通过服务期考核。领导关注重心是指博士学位教师的上级直接领导在"常规教学"与"成果教学"上的价值权衡，领导注意力重心分配的不同会直接影响到博士学位教师的行为选择与关注重心。职务晋升依据则主要是指学校内部在考核评价博士学位教师专业能力并进行提拔时对其教学能力评价的主要依据为何。物质激励导向是指高职院校内部在绩效工资分配、奖金分配以及其他荣誉分配时主要看重教师在教学业绩上的哪方面表现，是以常规教学为重还是以成果教学为重。

2. 教学团队运行模式

教学团队运行模式是指在高职院校基层教学组织之中由专业带头人为引领，骨干教师、初任教师以及兼职教授构成的教学团队聚焦教学任务高质量完成而相互协作互助的动态过程。高职院校博士学位教师不是生存于真空环境之下的，而是时刻和同事、上级领导进行着协作与沟通，在协作过程中团队内部的隐形价值观和集体文化会潜移默化地影响博士学位教师，尤其是博士学位教师所处的教学团队，对博士学位教师在教学行为上的选择起到了至关重要的影响。基于扎根理论的分析，教学团队运行模式对博士学位教师的影响主要表现在四个方面，分别是团队内部竞争焦点、团队发展愿景共识、团队负责人引领作用、团队内部协作关系。团队内部竞争焦点是指团队内部教师之间是将自身课堂教学能力提升还是将教学成果获取数量与层级作为竞争的重心和焦点。团队发展愿景共识是指团队内部教师之间是否形成共同的教学发展愿景，彼此之间是否能够为了这一愿景而形成紧密的协同合作关系。团队负责人引领作用是指团队负责人是否发挥了基层教学组织者的职责，是否能够有效引领团队成员高质量完成常规教学任务。团队内部协作关系是指团队内部成员之间是否能够根据学校的教学要求进行合理高效的任务分配,并且在完成教学任务过程之中教师之间能够形成紧密互助的高效合作关系。

3. 常规教学驱动力

常规教学驱动力是指高职院校博士学位教师投身常规教学的动力因素,这些因素驱动着教师将时间、精力用于备课、上课、作业批改、实习辅导等常规教学工作之中,是保证学校教学计划顺利执行、教学质量稳步提升的重要推动因素。基于前文分析,高职院校博士学位教师在常规教学驱动力上主要有常规管理压力、学生成长、教学良心三个主要因素。常规管理压力是指高职院校常规教学管理制度对博士学位教师在常规教学上的规范、制约、激励及引导,这些制度一般包括课堂教学管理制度、学生实习管理制度、教师教学能力评价制度、教学督导制度、学生成绩评价制度等,这些制度对激发教师在课堂教学上的投入、规范教师教学行为起到了十分重要的作用,是保证教师高质量完成常规教学的重要外在驱动因素。学生成长是指高职院校博士学位教师在常规教学工作中投入的一种内在驱动力,他们希望通过在常规教学工作的投入让学生真正得到成长,这种成长主要是专业能力的提升与发展,当学生通过自身的教学确实实现了能力提升后,博士学位教师会感到一种成就感和满足感。教学良心是指高职院校博士学位教师在常规教学工作投入中的内在驱动力,是博士学位教师自身作为教师的道德责任感和道德义务的一种自觉意识和情感体验,以及以此为基础而形成的对于道德自我、道德活动进行评价与调控的心理机制,这是一种自律性、自控型的内在道德约束,是教师自身的道德理想信念对自身教学行为的引导规范与制约。

4. 成果教学驱动力

成果教学驱动力是指高职院校博士学位教师投身成果教学的动力因素,这些因素驱动着教师将时间、精力用于学生竞赛、项目申报、教学比赛等成果教学活动之中,通过有效驱动教师在这些教学活动中投入更多的时间、精力从而提升学校的影响力。基于前文分析,高职院校博士学位教师在成果教学上的驱动力主要有成果管理压力、领导认可、物质奖励、职称晋升四个主要因素。成果管理压力是指高职院校为了能够有效激发广大教师在投入成果教学工作的积极性而采取的管理举措,这些举措包括但不限于竞赛组织管理办法、高层次项目培育管理办法以及上级管理者对博士学位教师的期望。领导认可是指高职院校博士学位教师为了能够获取领导的认可和支持而积极投身到成果教学中,通过这些教学成果的获取而获得领导的认可与支持。物质奖励是指高职院校博士学位教师为了能够获取物质奖励而投身于成果教学工作。职称晋升是指高职院校为了能够提升自身在职称晋升上的优势而积极参与成果教学工作,将获取高层次教学成果作为自身投入教学工作的主要目的。

5. 常规教学负面感受

常规教学负面感受是指博士学位教师在完成常规教学任务过程中所感受到的消极情绪，这些情绪包含了沮丧、挫败、懈怠、敷衍等。基于前文分析，高职院校博士学位教师在履职完成常规教学过程中所感受到的负面感受主要有个体孤独感、内心失衡、无助于职称晋升、领导关注缺失、课堂教学氛围差、学生学习动机弱。个体孤独感是指高职院校博士学位教师在认真履行常规教学职责时并没有获得同伴、领导的认可及支持，反而因为自身没有积极投身到成果教学活动之中而显得"另类"，从而让博士学位教师感到孤独，无法被群体认同。内心失衡是指高职院校博士学位教师由于过多地将时间精力付诸常规教学之后，学校和领导并没有对常规教学有足够的重视，而且因为收益回报低而产生"亏本"的心态。无助于职称晋升是指高职院校博士学位教师认为常规教学完成的质量再高、教学效果再好，也和自身利益最为相关的职称晋升之间的关联度不高，所以也就不想投入时间精力在常规教学上。领导关注缺失是指高职院校博士学位教师无法通过常规教学质量的提升获得领导的关注与认可。课堂教学氛围差是指高职院校博士学位教师与学生在课堂教学中未能产生积极的交流互动，经常因为学生的低参与度而感到心灰意冷。学生学习动机弱是高职院校博士学位教师在推进学生能力发展、督促学生学习过程中，学生因为学习习惯差、学习动机弱、学习成效慢而让教师产生消极、懈怠和无助的情绪。

6. 常规教学正面感受

常规教学正面感受是指高职院校博士学位教师在完成常规教学工作任务的过程中所感受到的积极情绪，这些情绪包含了成就感、满足感、价值获得感等。基于前文分析，高职院校博士学位教师在履职完成常规教学过程中所感受到的正面感受主要有学生认可、教学能力提升、学生成长。学生认可是指高职院校博士学位教师在完成常规教学任务过程中同学生之间形成了良好的互动关系，学生给予教师教学能力较大的认可与支持，能够很好地配合教师的教学要求，从而使得教师产生一种愉悦的互动情绪。教学能力提升是指高职院校博士学位教师在完成常规教学的活动中通过积极地投入，在课堂教学实践过程中不断地反思自身在教学理念、教学模式及教学手段上的不足之处，持续不断地改进优化从而实现自身教学能力提升，从而获得一种由内而外的成就感。学生成长是指高职院校博士学位教师通过高质量地完成常规教学任务，从而切实提高学生的职业能力发展水平后而感受到的成就感。

7. 成果教学负面感受

成果教学负面感受是指高职院校博士学位教师在完成成果教学工作任务的过

程中所感受到的消极情绪,这些情绪包含但不限于沮丧、压力、虚无感、失控感等。基于前文分析,高职院校博士学位教师所感受到的负面情绪主要有机会成本高、价值剥夺感、外部管理压力、无价值感投入、时间支配感丧失、成果获取压力。机会成本高是指高职院校博士学位教师由于在成果教学上花费了太多的时间、精力而导致自身其他方面的工作不得不陷入停滞,比如很多博士学位教师都较为看重的科研工作,尤其在成果未能顺利获取的情况下,很多博士学位教师都会感觉到投身成果教学有较高的机会成本。价值剥夺感是指高职院校博士学位教师在完成成果教学任务时觉得自身的价值未能得到充分实现而感到的一种沮丧感和失落感,他们通常认为科学研究才是自己的主业,而成果教学让他们觉得自己因未能实现自身抱负而自觉"贬值"。外部管理压力是指高职院校博士学位教师在追求成果教学时感受到的来自上级领导和组织氛围的压力,这些压力通过绩效考核、绩效分配、职称评审等多种途径传递给博士学位教师,让博士学位教师不得不将成果教学作为自己追求的重要目标。无价值感投入是指高职院校博士学位教师对成果教学活动内在价值的消极看待和否定态度,认为参与这些教学活动无法真正改变现状、无法让学生受益。时间支配感丧失是指高职院校博士学位教师在完成成果教学工作任务时,为了应对日益激烈的竞争,不得不在时间、精力上进行持续不断的高投入,从而造成博士学位教师很多正常的教学工作、科研工作无法顺利开展,无法根据自身需要掌控时间。成果获取压力是指高职院校博士学位教师在投入成果教学活动中所感受到日益激烈的竞争氛围而产生的巨大压力。

8. 成果教学正面感受

成果教学正面感受是指高职院校博士学位教师在完成成果教学工作任务的过程中所感受到的积极情绪,这些情绪包含但不限于成就感、成长感、认同感等。基于前文分析,高职院校博士学位教师所感受到的正面感受主要有显现度高、物质奖励、能力提升、领导认可。显现度高是指高职院校博士学位教师能够在成果教学上取得高层次的成果,不仅可以增加自己在学校的曝光度,还能有效提升自己的名气,这代表着自身的价值获得了组织的认可,在组织认可中提升了自身的价值实现感。物质奖励是指高职院校博士学位教师通过获取高层次教学成果可以获得较为丰厚的物质奖励,丰厚的物质奖励将提升教师的满意度和成就感。能力提升是指高职院校博士学位教师通过参与成果教学的全过程有效提升了自身对教育教学内在规律的认知,提升了自身教学素养。领导认可是指高职院校博士学位教师通过在成果教学上取得较好的成绩而获得上级领导的认可与支持。

9. 学校教学管理制度运行

学校教学管理制度运行主要是指高职院校为了能够保障学校内部教学秩序、提升教学质量、优化教学运行机制而出台的一系列有关教学运行的管理规章制度,这些制度包括但不限于教师教学质量评价制度、教师教学业绩考核制度、教师课时费管理制度等。基于前文分析，对高职院校博士学位教师教学行为选择具有影响的主要制度因素有课时费制度、学生成绩考核、教学评价导向、课堂教学质量监测制度、教学资源支撑度。课时费制度是指高职院校教师授课所给予的物质保障发放制度，发放额度的多少将会一定程度上影响教师课堂教学的投入度。学生成绩考核是指高职院校是否通过对学生成绩考核结果来监测教师的教学效果，学生成绩考核权是归教师所有还是其他部门所有。教学评价导向是指高职院校对教师教学能力和教学业绩的考核主要通过常规教学质量还是通过成果教学的数量和层级。课堂教学质量监测制度是指高职院校通过何种制度体系建设来保证教师专注于常规教学，这些制度是否能够真正激发教师投身课堂教学的积极性与主动性。教学资源支撑度是指高职院校在常规教学中的一些教学设想、教学要求是否能够得到学校的积极回应以及满足，教师是否能够按照自身的想法来完成课堂教学。

10. 生涯发展阶段

生涯发展阶段是指高职院校博士学位教师在进入高职院校后从初任教师、骨干教师直至专家型教师这样一个完整生涯发展的不同阶段，在不同的生涯发展阶段博士学位教师诉求会存在差异，对常规教学与成果教学的价值判断也会有很大不同。基于前文分析，高职院校博士学位教师生涯发展阶段主要包含两个阶段，分别是职称评审阶段和职务晋升阶段。职称评审阶段是指高职院校博士学位教师在不同的职称评审阶段会对"成果教学"与"常规教学"的价值判断有很大不同，例如有的博士学位教师因为正在职称评审的关键阶段，所以会将成果教学作为职称晋升的重要砝码，将时间精力投入到成果教学之中，而一旦博士学位教师评上职称后，投入成果教学的动机就会显著降低。职务晋升阶段是指高职院校博士学位教师是否处于职务晋升的关键时期，如若博士学位教师处于这一关键时期，会较为积极地追求成果教学，通过获取更多的教学成果来增加自身职务晋升的"砝码"。

四、在"理论科研"与"应用科研"之间抉择的影响因素

科学研究是彰显高职教育在高等教育场域之中价值地位的关键支撑，是衡量高职院校办学竞争力的关键指标，尤其随着本科层次职业教育实现突破后，越来越多的高职院校将科研工作质量的提升作为核心工作。高职院校科研工作可以划分为"理论科研工作"和"应用科研工作"两种类型，两种科研在科研目的、科研组织以及科研成果价值评判上存在着很大的不同。理论科研以科学发现为主要目的，以发现科学规律、解释物理世界和社会的运行规律为根本目标，以理论发现的创新性

为质量评价的重要依据。应用科研以理论应用为主要目的,主要通过新技术、新工艺、新材料、新方法的开发、应用和推广来提升研究的应用价值,以行业企业、政府等相关主体的认可作为科研质量评价的主要依据。理论科研工作包含专业科研论文的撰写与发表、专业科学研究项目的申请、专业科学著作的撰写,这些科研成果属于典型的理论科研成果,科研质量评价主要通过期刊定级、课题等级、奖励等级作为评判的主要依据。应用科研工作则包含横向课题研究、专利申报、科研奖项、政府批示、政府重大项目参与、行业标准研制等,经费额度、专利获批数量以及应用科研产生的实际效益是衡量应用科研质量的重要标准。理论科研与应用科研在科研质量评价、科研目标以及科研任务属性上都存在很大的不同,这些差异的存在决定了有必要探讨分析高职院校博士学位教师如何在理论科研与应用科研两条路径上进行抉择以及博士学位教师生涯发展抉择受何因素影响,如图 6-4 所示。

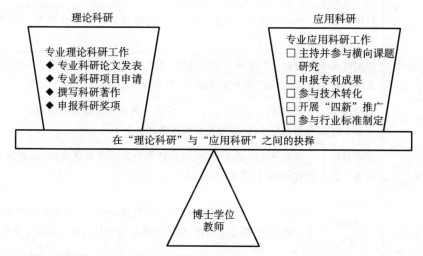

图 6-4　高职院校博士学位教师在"理论科研"与"应用科研"之间抉择的示意图

（一）在"理论科研"与"应用科研"之间抉择影响因素的编码分析

理论科研与应用科研尽管都属于科学研究领域,但两者在科研目标、科研过程以及科研成果价值评判上都存在很大的区别。理论科研的目的是发现科学规律,揭示物理世界和社会世界的运行规律,评判的价值标准主要是理论发现的解释力。应用科研的目的是将科学原理运用在生产、服务、管理等社会过程之中,是为了更好地改造世界,评判的价值标准主要是科研成果产生的实际收益。正是由于理论科研与应用科研在运行逻辑上较大的差异和不同,十分有必要分析高职院校博士学位教师在生涯发展历程之中如何在理论科研与应用科研上进行抉择。基于"高职院校博士学位教师在'理论科研'与'应用科研'上抉择的影响因素"这一研究问题,通过编码分析及整理概括,共得到 36 个概念化类属,其中 A 代表概念化类属编码,如"A1"表示由数据资料中提炼出的第一个概念化类属"学校应用科研团队支撑",如表 6-8 所示。

表 6-8 开放式编码(在"理论科研"与"应用科研"之间)

序号	概念化类属		描述性文本举例
A1	学校应用科研团队支撑	应用科研团队协作	在本科高校一般都是团队协作的,有个大领导,几个人分工,跑市场的跑市场,做科研的做科研,搞技术的搞技术
		学科带头人引领	搞应用科研是要有人带一带的,你一个博士刚过来,基本上没什么社会资源,你让他自己怎么搞嘛
		科研负责人自主权	搞应用科研应该要灵活一点,把经费分给团队负责人,然后他再去分配,这样才行
		应用科研方向聚焦	我们有个陈博士,他是做金属激光加工的,但是他只有一个人,没有团队,他需要机器人操作,但是他又不懂这些
A2	应用科研环境支撑	应用科研场地支撑	我们学院一个博士已经申请了一块地方给他做实验用,学院领导都答应了,但最后又被用来做办公室了
		应用科研设备支撑	现在有个问题就是,你如果把项目带到学校里边做,你连场地都没有,根本做不了
		校企科研协作紧密度	我们现在一直强调要校企合作、成果转化,成果转化如果连科研平台都没有,那怎么转化,你不可能让老师自己每天跑到企业里去
A3	学校应用科研制度建设	校企应用科研合作平台搭建	现在科技处不能仅仅考核我们,还必须做好科研平台的搭建工作,学校必须要和企业联合成立一些科研合作平台才行,这样才能保证合作是可持续的
		应用科研资金投入	总院每年拨个 500 万元给科技处,科技处就以这个为抓手,真真实实做几个项目,然后考核负责人。二级学院也配合做科研的这些博士,减少他们其他方面的工作
		应用科研管理效率	你要用经费,每次得走流程,太慢了。但如果你在外面就很便利,你想要用经费,第二天就打进账户了

续表

序号	概念化类属		描述性文本举例
A4	学校理论科研环境支撑	理论科研场地支撑	我刚来的时候就和领导申请过想要个地方专门做实验室,但到现在也没批下来
		理论科研设备支撑	现在搞研究需要设备,有些还需要高精尖的仪器,但我们这里什么也没有
		理论科研平台影响力	现在很多国家自然基金评审项目,高职去申请真的很难,上次他们那个专家就给我说过,他们第一轮就先把高职筛出去
A5	学校理论科研制度建设	校外科研资源可及性	在高职搞科研你必须用好校外的资源才行,比如以前的师兄妹,以前的导师,因为高职科研条件确实有点差
		专职科研岗位设置	我们现在既要搞科研又要搞教学,真的分身乏术,我上次就和人事处建议过,设置专门的科研岗
		学校科研管理效率	我申请买个设备,前前后后折腾了十来回了,大半年都过去了,学院里边就论证了好几轮,结果到学校层面还要论证
		学校理论科研资金投入	我人事处、科技处都去过,但不管去多少处也没什么效果,因为缺经费
A6	学校理论科研团队支撑	研究方向聚焦性	现在我们几个博士研究方向都不一样,每个人研究领域都差距很大,无法一起研讨交流
		学科带头人引领	现在仅仅只有专业带头人的概念,其实我觉得高职院校尤其升本以后,必须重视科研,也要设置一些学科带头人的岗位
		研究团队氛围	科研是需要氛围的,是需要相互带动的,这个还是比较重要
		研究团队内部竞争	现在没有团队,你别说合作了,连互相之间的竞争都没有
		研究团队内部交流	如果有一群志同道合的伙伴,大家经常性地一起探讨交流,那做科研会变得有意思得多,也容易出成果
		研究团队内部协作	现在搞科研真的要团队协作,一个人很难出好成果

续表

序号	概念化类属		描述性文本举例
A7	科研评价制度导向		我觉得我们现在不能仅仅考核你几篇论文,而是要真真实实地去做项目,要偏向应用导向,论文只是你的副产品
A8	服务期考核导向		考核要求很多,有论文,有项目,有发明专利,还要建课程,带竞赛,拿奖项等,大概加起来七八条的样子
A9	领导关注重心		项目最关键,只要指挥棒在,你就不得不跟着指挥棒走。领导关注啥,下面就重视啥
A10	绩效考核导向		绩效考核中有一项是成果转化,像我们机电学院如果一年横向课题到账经费200万元,基本就差不多了
A11	物质激励导向		让他们真的去做,然后做成功了就给些奖励。比如奖励100万元,20万元用于团队的奖励,80万元用于购买设备仪器
A12	职称评审导向	应用科研成果要求	我们学校也考察应用科研的,比如横向到账经费、发明专利,这些都是很重要的成果
		理论科研成果	论文是必备条件,你要评高级职称,首先发表的论文必须要达到一定级别才行
		社会服务岗位设置	我们学校现在专门设置了社会服务岗位,那些社会服务能力强的老师就可以报这个类型
A13	理论科研成果产出速度与质量		我基本上每年都会保证有科研成果的产出,无论是论文还是课题,否则就会觉得自己荒废了
A14	理论研究方向可转性		我们一个博士来了很多年了,也没有什么成果,我去年就和他说,你可以尝试转方向了,至少到8年服务期考核的时候,拿出2篇文章来,总比没有强
A15	自身理论科研发展抱负		基本上他很努力的,平时只要有时间就在实验室待着,他很想做好科研,然后实现产业化
A16	校外科研资源可及性		可以拿到国家基金的博士一般在国内资源都是比较好的,基本上这个领域内他都认识,我最欠缺的就是国内没有资源
A17	自身应用科研抱负		我还希望在科研的道路上走得更远一点,做点产业化的东西,这个还是挺需要的
A18	学科对应行业壁垒性		其他人总认为这么多制药企业,你们随随便便就能赚很多钱,但他们怎么可能让我们参与这些事情?像我们制药行业,一种药从研发到上市都需要十几年的时间

续表

序号	概念化类属	描述性文本举例
A19	所属学科应用属性	我觉得医学和这个学科的应用属性相关,其实他在外面的发展空间更大。像我们也一样,在学校里也想和企业多一点接触,但是是否能多接触企业的问题,说真的我们也解决不了
A20	个体企业实践经历	这几年引进的高层次的人才局限于应届的博士生,从学校到学校这个过程还是与产业有点脱钩的,所以我跟院长提了好几次,我说企业工作10~20年的高级工程师更缺,因为他们更知道校企怎么合作,更知道把企业的东西带到课堂。我们这几年引进的博士,申请自然科学类的课题有一定的优势,但是在成果转化、校企合作方面,还比不过企业过来的老师
A21	与企业亲近性	相对来说,我性格比较外向,所以跟企业交流比较多,成果也比较多
A22	荣誉获取（理论科研）	我这几年之所以被学校认可主要是因为自己在科研这些方面做出了一点成绩
A23	职称晋升（理论科研）	晋升是有政策的,博士进来可以直聘一次。现在学校又规定有TOP二区以上的论文3篇可以直聘教授,不过这个也很难
A24	高层次理论文章发表	现在发高水平论文真的很难,不仅要花费很多时间精力,还要投入很多,但是你要能发出来对自己帮助还是很大的
A25	高层次理论课题申报	博士引进来后,我觉得申请一般的课题、发表一般的论文还是容易的,但是申请国家级、省级课题其实并不容易,发表高水平的文章也是不容易的
A26	荣誉获取（应用科研）	你专搞社会服务其实还是比较边缘化的,虽然学校考核有这方面内容,但是你要获得学校认可还是要拿国家课题才行
A27	专利获取	现在专利越来越难拿了,我申请的都是实用新型专利,发明专利现在申请越来越难了
A28	职称晋升（应用科研）	现在虽然有社会服务型教师系列,但是一般博士主要还是搞理论科研,走教学科研并重型,而且社会服务的要求也很高,一般很难达到
A29	横向课题与到账经费	学校对学院横向课题和到账经费有要求,学院就将任务分摊到每个老师身上,如果一个老师一年能拿下几百万元的横向课题,说实话,足够了

续表

序号	概念化类属	描述性文本举例
A30	金钱投入（理论科研）	我现在做实验都是要花钱的,学校里根本就没有设备,都是要到校外去做的,到校外做也是必须给钱的
A31	设备投入	我一直申请想让学校建个实验室,但是学校必须要求你有成果才能申报,所以一直卡在那里没有通过
A32	时间投入（理论科研）	你去申请国家基金,不是说写好申请报告就可以的,你要不断去打磨你写的内容,请专家来帮你修改,请好多人来帮你看,这个过程是很花时间的
A33	机会成本	搞社会服务是很花时间的,除非你特别感兴趣,对我来说现在最重要的还是先把职称评下来
A34	金钱投入（应用科研）	在技术没转化之前是要花费好多钱的,你看我校朱博士,学校已经投了好几百万元了,但到现在他还是没出什么成果
A35	时间投入（应用科研）	搞社会服务肯定要花时间的,你要和企业对接、沟通,这些都是时间成本
A36	职称评审阶段	有许多合作找我,出25万元/年,我说过两年再来找我,这两年有点忙,我得先把高级职称评下来

通过对36个初始化概念类属不断的比较分析,最终得到10个范畴化类属,如表6-9所示。这10个范畴化类属分别为学校应用科研平台支撑度、学校理论科研平台支撑度、学校科研制度激励导向、个体理论科研基础、个体应用科研基础、理论科研发展空间、应用科研发展空间、个体理论科研投入成本、个体应用科研投入成本、个体生涯发展阶段。

表6-9 主轴式编码(在"理论科研"与"应用科研"之间)

序号	范畴化类属	概念化类属	类属性质
B1	学校应用科研平台支撑度	A1 学校应用科研团队支撑；A2 应用科研环境支撑；A3 学校应用科研制度建设	学校科研团队建设、科研发展环境以及科研制度建设是否能够有效支撑博士学位教师开展高质量的应用科学研究
B2	学校理论科研平台支撑度	A4 学校理论科研环境支撑；A5 学校理论科研制度建设；A6 学校理论科研团队支撑	学校科研团队建设、科研发展环境以及科研制度建设是否能够有效支撑博士学位教师开展高质量的理论科学研究

续表

序号	范畴化类属	概念化类属	类属性质
B3	学校科研制度激励导向	A7 科研评价制度导向；A8 服务期考核导向；A9 领导关注重心；A10 绩效考核导向；A11 物质激励导向；A12 职称评审导向	学校科研制度建构在价值取向、科研评价重点关注领域、课程成果要求上是偏向于"理论科研"还是"应用科研"
B4	个体理论科研基础	A13 理论科研成果产出速度与质量；A14 理论研究方向可转性；A15 自身理论科研发展抱负；A16 校外科研资源可及性	高职院校博士学位教师在理论科研上的发展基础，即博士学位教师在理论科学研究上所掌握的校内外科研资源、科研发展的成果基础以及在理论科研发展上的主观抱负
B5	个体应用科研基础	A17 自身应用科研抱负；A18 学校对应行业壁垒性；A19 所属学科应用属性；A20 个体企业实践经历；A21 与企业亲近性	高职院校博士学位教师在应用科研上的发展基础，即博士学位教师在应用科研上所掌握的校内外科研资源、科研发展的成果基础以及在应用科研发展上的主观抱负
B6	理论科研发展空间	A22 荣誉获取（理论科研）；A23 职称晋升（理论科研）；A24 高层次理论文章发表；A25 高层次理论课题申报	高职院校博士学位教师通过完成理论科研工作所能达到何种成就，是否有机会凭借科研工作上的努力获得高水平科研成果以及职称晋升、荣誉等方面的收获
B7	应用科研发展空间	A26 荣誉获取（应用科研）；A27 专利获取；A28 职称晋升（应用科研）；A29 横向课题与到账经费	高职院校博士学位教师通过完成应用科研工作所能达到何种成就，是否有机会凭借科研工作上的努力获得高水平的应用科研成果以及职称晋升、荣誉等方面的收获
B8	个体理论科研投入成本	A30 金钱投入（理论科研）；A31 设备投入；A32 时间投入（理论科研）	高职院校博士学位教师为了能够获取一定的高水平理论科研成果所要投入的时间、精力、金钱等成本

续表

序号	范畴化类属	概念化类属	类属性质
B9	个体应用科研投入成本	A33 机会成本;A34 金钱投入（应用科研）;A35 时间投入（应用科研）	高职院校博士学位教师为了能够获取一定的高水平应用科研成果所要投入的时间、精力、金钱等成本
B10	个体生涯发展阶段	A36 职称评审阶段	博士学位教师在不同的职称评审阶段对"理论科研"与"应用科研"价值认知上的差异

（二）在"理论科研"与"应用科研"之间抉择影响因素的内涵分析

基于前文分析，高职院校博士学位教师在"理论科研"与"应用科研"两条路径上抉择受到了多重因素的影响和制约，通过提炼、归纳与总结，得出了十个关键的影响因素，分别为学校应用科研平台支撑度、学校理论科研平台支撑度、学校科研制度激励导向、个体理论科研基础、个体应用科研基础、理论科研发展空间、应用科研发展空间、个体理论科研投入成本、个体应用科研投入成本、个体生涯发展阶段。上述十个因素对博士学位教师生涯发展抉择的影响不是线性的，而是交互发生作用的，各种因素之间通过较为复杂的非线性相互作用共同决定了博士学位教师在"理论科研"与"应用科研"上的路径抉择。

1. 学校应用科研平台支撑度

学校应用科研平台支撑度是指高职院校科研团队建设、科研发展环境以及科研制度建设是否能够有效支撑博士学位教师开展高质量的应用科研。基于前文分析，学校应用科研平台支撑度共包含了三个最为关键的因素，分别为学校应用科研团队支撑、应用科研环境支撑、学校应用科研制度建设。学校应用科研团队支撑是指高职院校是否建立了应用技术研究中心、工程技术研究中心等实体化的应用研究协作平台，平台内教师之间围绕应用科研问题形成了紧密的协作互动关系，团队发展有效支撑了教师个体应用科研的质量与水平。应用科研环境支撑是指高职院校为了能够有效推动学校应用科研水平的提升，在场地、设施设备、校企合作平台搭建等方面所进行的资源投入。学校应用科研制度建设是指高职院校是否为了能够有效提升应用科研水平而进行相关制度体系的建设，从而最大化地激发教师参与应用科研的积极性与主动性。学校应用科研平台支撑度是博士学位教师积极参与应用科研的重要支撑因素，没有学校平台的支撑，高职院校博士学位教师不仅要付出更多的成本,而且其未来发展空间也会受限。

2. 学校理论科研平台支撑度

学校理论科研平台支撑度是指高职院校科研团队建设、科研发展环境以及科研制度建设是否能够有效支撑博士学位教师开展理论科学研究。基于前文分析,学校理论科研平台支撑度共包含三个最为关键的因素,分别为学校理论科研环境支撑、学校理论科研制度建设、学校理论科研团队支撑。学校理论科研环境支撑是指高职院校是否为博士学位教师开展理论科研提供了良好的外部环境,外部环境包含场地、实验设备以及校外科研资源开发等方面的投入。学校理论科研制度建设是指高职院校是否建立了较为完善的理论科研制度体系,是否能够有效地调动博士学位教师参与理论科研,产出高质量理论科研成果。学校理论科研团队支撑是指高职院校博士学位教师开展理论科学研究是否有相应的团队支撑,即是否组建了建制化的科研团队,该团队是否形成了固定的研究方向,团队内部是否形成了紧密的协作互动关系,是否能够在学科带头人的引领下高效地开展理论科研。学校理论科研平台支撑度是激发博士学位教师关注理论科研,降低理论科研成本,提升科研产出与质量的重要影响因素。

3. 学校科研制度激励导向

学校科研制度激励导向是指高职院校为了能够有效激励博士学位教师在"理论科研"与"应用科研"工作上的积极性与主动性而出台的相关激励制度举措。基于前文分析,学校科研制度激励导向共包括了六个要素,分别是科研评价制度导向、服务期考核导向、领导关注重心、绩效考核导向、物质激励导向、职称评审导向。科研评价制度导向是指高职院校在对学校二级院系、专业以及教师进行科研质量评价时所依据的评价指标,理论科研成果与应用科研成果之间的权重为何。服务期考核导向是指高职院校博士学位教师在同学校签订的人才服务期协议中所规定的科研任务,理论科研成果与应用科研成果的比重分别为多少。领导关注重心是指高职院校学校层面领导以及二级院系领导在管理实践中更看重理论科研还是应用科研。绩效考核导向是指高职院校在对二级院系、专业以及教师的绩效考核中,科研考核的重心是什么,理论科研与应用科研分别占据的比重为多少。物质激励导向是指高职院校在对教师进行科研业绩奖励时,哪种科研成果所获得奖励的概率更大、概率更高。职称评审导向是指高职院校职称评审中理论科研与应用科研的占比是多少,是否单独设置了社会服务岗位鼓励教师积极参与应用科研,哪种科研成果更容易帮助博士学位教师顺利实现职称晋升。

4. 个体理论科研基础

个体理论科研基础是指高职院校博士学位教师理论科研上的发展基础,即博士学位教师在理论科学研究上所掌握的校内外科研资源、科研发展的成果基础以及科研发展上的主观抱负。基于前文分析，高职院校博士学位教师个体理论科研基础共包含了四个核心要素，分别为理论科研成果产出速度与质量、理论研究方向可转性、自身理论科研发展抱负、校外科研资源可及性。理论科研成果产出速度与质量是指高职院校博士学位教师在理论科研成果的产出数量与质量上所能达到的水平。理论研究方向可转性是指当博士学位教师在学校发现自身过往研究方向无法适应新的环境时是否能够及时进行调整从而较快地适应高职科研的环境。自身理论科研发展抱负是指高职院校博士学位教师希望在理论科学研究上取得的可能成就以及愿意为之付出努力的决心。校外科研资源可及性是指高职院校博士学位教师是否能够获得校外科研资源，是否能够通过校企科研资源而帮助自身达成科研预期。

5. 个体应用科研基础

个体应用科研基础是指高职院校博士学位教师在应用科研上的发展基础，即博士学位教师在应用科学研究上所掌握的校内外科研资源、科研发展的成果基础以及在科研发展上的主观抱负。基于前文分析，个体应用科研基础共包含了五个核心要素，分别是自身应用科研抱负、学科对应行业壁垒性、所属学科应用属性、个体企业实践经历、与企业亲近性。自身应用科研抱负是指高职院校博士学位教师从事应用科研的主动性，以及想要在应用科研领域取得成就的动机与抱负水平。学科对应行业壁垒性是指博士学位教师所属学科所对应的行业企业自身对应用科研的需求水平，有的企业出于技术保密的需要很少与高校开展科研协作，依靠教师自身很难挖掘科研需求。所属学科应用属性是指高职院校博士学位教师所属学科是否具有一定的应用属性，一些基础理论性学科很难找到应用科研的需求。个体企业实践经历是指高职院校博士学位教师是否具有扎实的企业工作经历，是否对企业生产流程和工艺水平有着充分的认知和了解，是否能够精准找到企业的应用科研需求。与企业亲近性是指高职院校博士学位教师是否同企业管理者以及技术人员建立较好的私人沟通联络，是否能够及时掌握行业企业的应用科研需求。

6. 理论科研发展空间

理论科研发展空间是指高职院校博士学位教师通过完成理论科研工作所能达到何种成就，是否有机会凭借科研工作上的努力获得高水平科研成果以及职称晋升、荣誉等方面的收获。基于前文分析，科研发展空间共包含了四个核心要素，分别为荣誉获取、职称晋升、高层次理论文章发表、高层次理论课题申报。荣誉获取是指高职院校博士学位教师是否能够通过理论科研工作的高质量完成和高水平的理论科研成果而获得学校、政府以及社会的价值认可，这直接表现在相关荣誉的分配上是否会偏向博士学位教师。职称晋升是指高职院校博士学位教师是否可以凭借其高质量的理论科研成果而获得职称晋升的机会。高层次理论文章发表是指高职院校博士学位教师将时间精力投身于理论科研工作,是否具有较大的概率与机会获得高水平的理论科研成果在高层次期刊上发表。高层次理论课题申报是指高职院校博士学位教师通过投身于理论科研工作,是否具有较大的概率与机会立项高层次的理论科研项目,如国家级科学研究项目。

7. 应用科研发展空间

应用科研发展空间是指高职院校博士学位教师通过完成应用科研工作所能达到何种成就,是否有机会凭借科研工作上的努力获得高水平的应用科研成果以及职称晋升、荣誉等方面的收获。基于前文分析,应用科研发展空间共包含了四个核心要素,分别是荣誉获取、专利获取、职称晋升、横向课题与到账经费。荣誉获取是指高职院校博士学位教师是否能够通过应用科研工作的高质量完成和高水平的应用科研成果而获得学校、政府以及社会的价值认可,这直接表现在相关荣誉的分配上是否会偏向博士学位教师。专利获取是指高职院校博士学位教师是否能够通过高质量的科研工作而获得高水平的专利成果。职称晋升是指高职院校博士学位教师是否可以凭借其高质量的应用科研成果而获得职称晋升的机会。横向课题与到账经费是指高职院校博士学位教师是否可以通过其高质量的应用成果获得较多的横向课题以及到账经费,获取的概率几何。

8. 个体理论科研投入成本

个体理论科研投入成本是指高职院校博士学位教师为了能够获取一定的高水平理论科研成果所要投入的时间、精力、金钱等成本。基于前文分析,个体理论科研投入成本共包含了三个核心要素,分别为金钱投入、设备投入、时间投入。金钱投入是指高职院校博士学位教师为了能够获得高质量科研成果而花费的一定数量金钱。设备投入是指高职院校博士学位教师为了能够获得高质量科研成果而购买的相关实验设备和耗材。时间投入是指高职院校博士学位教师为了获得高质量的科研成果而投入的时间精力。

9. 个体应用科研投入成本

个体应用科研投入成本是指高职院校博士学位教师为了能够获取一定的高水平应用科研成果所要投入的时间、精力、金钱等成本。基于前文分析,个体应用科研投入成本共包含了三个核心要素,分别为机会成本、金钱投入、时间投入。机会成本是指高职院校博士学位教师为了能够获得高质量应用科研成果而失去的其他机会,如撰写论文,参加竞赛等。金钱投入是指高职院校博士学位教师为了能够获得高质量科研成果而花费的一定数量金钱。时间投入是指高职院校博士学位教师为了获得高质量的科研成果而投入的时间精力。

10. 个体生涯发展阶段

个体生涯发展阶段是指高职院校博士学位教师因为处于不同的生涯发展阶段而对"理论科研"与"应用科研"具有不同的价值判断。基于前文分析，个体生涯发展阶段包含了一个要素，即职称评审阶段。当博士学位教师职称晋升达到其设定的预期目标后，就可能会花费更多的时间精力到应用科研工作之中。

第二节　高职院校博士学位教师生涯发展的决策机制

高职院校博士学位教师生涯发展的决策是多种因素共同作用的结果，每种因素作用的大小以及作用的机制都不同，即使是相同的影响因素在不同的生涯发展时期，其作用大小和机制也存在较大的差异。因此，在前文对高职院校博士学位教师生涯发展抉择影响因素分析基础上，本部分内容尝试建构高职院校博士学位教师生涯发展的决策机制，厘清不同影响因素的作用机理、作用模式以及不同影响因素之间的内在逻辑关联，从而明确高职院校博士学位教师生涯发展的决策机理。

一、在"专业"与"管理"之间抉择的决策机制

前文已经通过开放式编码和聚焦式编码明确了高职院校博士学位教师在"专业"与"管理"路径抉择上的影响因素，本研究又进一步通过选择性编码尝试建构理论模型。在选择性编码阶段，通过不断挖掘主轴编码形成的主范畴，逐步提高概念抽象层次，从主范畴中开发统领所有范畴的核心范畴，并以'故事线'的形式将各种关联变量纳入简明紧致的理论模型中去。选择性编码的实质就是要在主范畴基础上挖掘出核心范畴，对核心范畴与主范畴之间的联结关系进行初步的验证。经过反复比较分析、归纳，并结合研究目标，本研究将核心范畴确定为"基于管理工作正一负面感受权衡的决策机制"，建构高职院校博士学位教师在"专业"与"管理"路径上抉择的理论模型，如图6-5所示。管理工作投入意愿是高职院校博士学位教师在"专业"与"管理"路径上抉择的直接因素，而高职院校博士学位教师管理工作投入意愿主要受到博士学位教师的利益权衡，权衡的因素由主观和客观两个部分组成，主观因素分别为管理工作的正面和负面感受，客观因素分别为自身客观条件和管理职务任职的层级。组织管理运行和岗位适应阶段是间接因素，主要通过影响博士学位教师对管理工作的正面和负面感受而产生作用。尽管可以将这些影响因素区分为直接因素和间接因素，但不能确定何种因素发挥着决定作用，也不能确定不同因素作用力的大小。

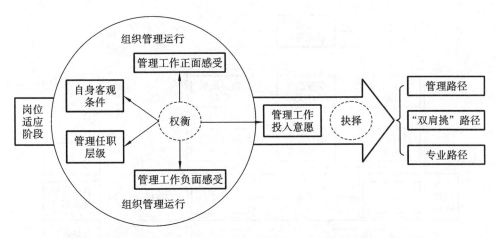

图 6-5　高职院校博士学位教师在"专业"与"管理"路径上抉择的理论模型

二、在"教学"与"科研"之间抉择的决策机制

在对前文开放性编码和主轴编码的基础上,又对文本资料进行了选择性编码,试图提炼出高职院校博士学位教师在"教学"与"科研"之间抉择的决策机制。经过反复比较分析、归纳,并结合研究目标,本研究将核心范畴确定为"基于教学、科研成本—收益权衡的决策机制",建构高职院校博士学位教师在"教学"与"科研"路径上抉择的理论模型,如图 6-6 所示。"教学/科研投入成本"与"教学/科研发展空间"是高职院校博士学位教师在"教学"与"科研"上进行成本—收益抉择的直接影响因素,起到了决定性作用。学校激励制度导向、学校教学/科研平台支撑以及个体教学/科研发展基础是高职院校博士学位教师成本—收益权衡过程的间接影响因素,这三个间接影响因素主要通过对"教学/科研投入成本"和"教学/科研发展空间"这两个方面产生影响,从而影响博士学位教师的权衡过程。生涯发展阶段则是影响博士学位教师在"教学"与"科研"之间抉择的客观因素,其贯穿于博士学位教师抉择过程的始终,是重要的背景因素。基于以上分析,高职院校博士学位教师在"教学"与"科研"上的抉择绝不是线性的,而是受到了多重因素的影响和制约,是一个成本与收益不断权衡的动态过程,在这个过程中每个因素都发生着重要作用,很难判断哪个是核心因素、哪个是关键因素,也不能确定各个因素发挥作用的大小。

三、在"常规教学"与"成果教学"之间抉择的决策机制

对高职院校博士学位教师在"常规教学"与"成果教学"之间抉择的决策机制进行反复的比较分析、归纳,并结合研究目标,本研究将核心范畴确定为"基于常规教

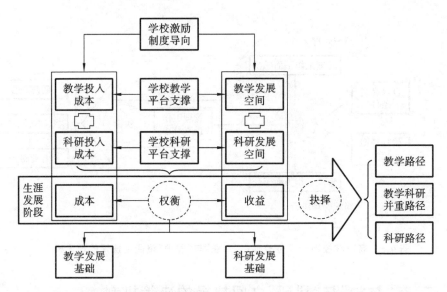

图 6-6　高职院校博士学位教师在"教学"与"科研"路径上抉择的理论模型

学、成果教学正—负面感受权衡的决策机制",建构高职院校博士学位教师在"常规教学"与"成果教学"路径上抉择的理论模型,如图 6-7 所示。成果教学驱动力以及常规教学驱动力是高职院校博士学位教师在"成果教学"与"常规教学"路径上抉择的直接影响因素,而高职院校博士学位教师在成果教学和常规教学上的驱动力主要受到博士学位教师利益权衡的影响。利益权衡受主观和客观两个方面因素的影响。主观因素为成果教学的正负面感受和常规教学的正负面感受,客观因素为博士学位教师所处的小环境——教学团队运行模式和博士学位教师所处的大环境——学校教学管理制度以及博士学位教师所处的生涯发展阶段。其中教学团队运行模式、学校教学管理制度以及生涯发展阶段是间接性因素,主要通过影响博士学位教师对常规教学与成果教学的正负面感受而发生作用。尽管可以将影响因素区分为直接因素、间接因素和环境因素等不同方面,但不能确定何种因素发挥着决定因素,也不能确定不同因素作用力的大小。

四、在"理论科研"与"应用科研"之间抉择的决策机制

对高职院校博士学位教师在"理论科研"与"应用科研"之间抉择的决策机制进行反复比较分析、归纳,并结合研究目标,本研究将核心范畴确定为"基于理论、应用科研成本—收益权衡的决策机制",建构高职院校博士学位教师在"理论科研"与"应用科研"路径上抉择的理论模型,如图 6-8 所示。"理论科研/应用科研投入成本"与"理论科研/应用科研发展空间"是高职院校博士学位教师在"理论科研"与

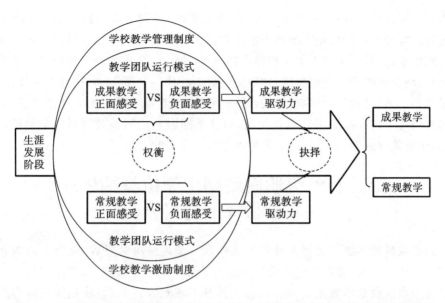

图 6-7 高职院校博士学位教师在"常规教学"与"成果教学"路径上抉择的理论模型

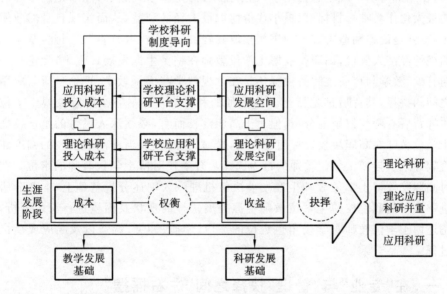

图 6-8 高职院校博士学位教师在"理论科研"与"应用科研"路径上抉择的理论模型

"应用科研"上进行成本—收益抉择的直接影响因素,直接决定了高职院校博士学位教师如何进行抉择。同时,学校科研激励制度导向、学校理论科研/应用科研平台支撑以及个体理论科研/应用科研发展基础在高职院校博士学位教师成本—收益权衡过程中起到了重要的间接影响,他们主要通过对"理论科研/应用科研投入成本"和"理论科研/应用科研发展空间"产生影响,进而影响到博士学位教师的权衡过程。生涯发展阶段是影响博士学位教师在"理论科研"与"应用科研"之间抉择的客观因素,其贯穿于博士学位教师抉择过程的始终,是重要的背景因素。基于以上分析,高职院校博士学位教师在"理论科研"与"应用科研"上的抉择不是线性的,而是受到了多重因素的影响和制约,是一个成本与收益不断权衡的动态过程,在这个过程中每个因素都发生着重要作用,而且不同因素之间很难判断哪个是核心因素、哪个是关键因素,也不能确定各种因素发挥作用的大小。

第三节 高职院校博士学位教师生涯发展抉择的困境分析

高职院校博士学位教师生涯发展抉择是一个理性决策过程,亚当·斯密认为人都是理性经济人,理性经纪人假设是西方经济学的基本假定,人类经济行为分析都是建立在这种基本假定之上。该假说的基本观点大抵是"经济决策主体都是理性的,在经济活动中既不感情用事,也不盲从,而是精于判断和计算,把追求经济利益的最大化作为唯一目标,以最小代价博取最大经济利益,从而实现自身的效用最大化,也就是说趋利避害——两害相权取其轻,两利相权取其重"。因此,基于经济学的理性经济人假设,高职院校博士学位教师在整个生涯发展过程中,无论是在专业与管理、教学与科研之间的抉择还是在常规教学与成果教学、理论科研与应用科研之间的抉择,其背后都是博士学位教师的利弊权衡。尽管高职院校博士学位教师抉择背后有利弊权衡的分析,但对于高职院校而言,必须深入思考的是学校期待博士学位教师在高职院校发挥何种作用,扮演何种角色,当前高职院校的制度建设是否较好地引导博士学位教师的行为选择契合学校对博士学位教师的定位。在前文对高职院校博士学位教师生涯发展决策机理深入阐述分析基础上,本部分研究又进一步对高职院校博士学位教师生涯发展抉择的现状及困境进行深入分析,着重阐述博士学位教师对学校角色定位的适应、矛盾、冲突、调适以及顺应或反抗的全过程。

一、在"专业"与"管理"抉择之间"左右摇摆"

基于前文研究,高职院校博士学位教师在管理工作上的投入意愿受到了多重因素的影响和制约,这些因素包括了管理工作正面感受、管理工作负面感受、自身客观条件、管理任职层级等因素,它们发生作用的情境及时间都存在着很大的差异,尤其是高职院校博士学位教师所任职的管理层级对博士学位教师管理工作投入意愿是重要的背景性影响因素,贯穿于高职院校博士学位教师生涯发展始终。

如图 6-9 所示，高职院校博士学位教师在不同的管理任职层级对管理工作投入意愿会有明显的不同。

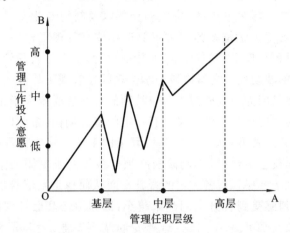

图 6-9　管理任职层级的高职院校博士学位教师管理工作投入意愿

在高职院校博士学位教师尚未步入管理岗位时，是否有意愿投入到管理工作之中主要取决于对自身客观条件的判断，以及对基层管理工作岗位的初步认知。如果博士学位教师认为自身缺乏胜任管理工作的基本素养，对基层管理岗位负面认知高于正面认知，就会选择拒绝担任管理职务，但如果博士学位教师觉得自己具有一定的管理素质，并且对基层管理工作的正面认知高于负面认知，那么博士学位教师便具有投入管理工作的期待，这一期待既包括晋升期待又包括事业期待。

在高职院校博士学位教师步入到基层管理岗位时，管理工作会给博士学位教师带来非常强烈的正面和负面感受，切身的管理工作感受会直接影响到博士学位教师管理工作的投入意愿。高职院校博士学位教师在高职院校所担任的基层管理岗位一般为专业主任（或专业负责人），该岗位在高职院校发展中起着至关重要的作用，学校各个管理条线的相关任务都会落到专业这一层级。然而，由于高职院校在权力分布上呈现出"金字塔"结构，在组织管理运行上呈现出科层管理模式，作为基层教学组织负责人的专业带头人在高职院校内部组织运行中实际上承担着"专业建设执行者"的角色。一方面，这一岗位对高职院校高质量发展起到十分重要的作用，这一岗位的博士学位教师要承担专业建设的职责，专业建设的质量与水平同专业负责人的能力和视野有着直接的关联，专业建设规划、专业课程体系开发、专业实践教学基地建设等都是其基本职责；另一方面，组织并未对该岗位赋予足够的权力与地位，而且这一岗位的博士学位教师要接受上级各级领导布置的各种任务，这些任务不仅包括专业性任务，同时也包括行政性事务，比如相关材料的收集、数据统计等。

因此，高职院校博士学位教师在担任基层管理者的过程中，普遍会有强烈的负面感受，基于前文分析，这些负面感受包括了本领恐慌、时间支配感丧失、行政压力、团队配合度差、人际关系困扰、价值剥夺感以及制约专业发展。这些较为强烈的负面感受会导致博士学位教师时常想要选择放弃管理工作，专心投入到专业工作之中，但这个过程呈现出"左右反复"的特征，即博士学位教师管理工作投入意愿经常呈现出较大的波动性。之所以博士学位教师在管理工作投入意愿上呈现出强烈的波动性，主要是因为一方面博士学位教师的负面感受要大于正面感受，想要放弃管理工作，但同时博士学位教师又具有一定的晋升期待，希望以基层管理工作为跳板实现管理职务的晋升，从而摆脱基层繁杂的工作。这也就可以解释为何在高职院校中，有的学校会出台"教学副院长必须有多年专业主任工作经历"的管理规定，这就是通过赋予基层管理者一定的晋升空间从而稳定基层管理者队伍。然而，一旦博士学位教师感受到晋升空间越来越小，比如担任基层管理岗位两个聘期以上，他便会主动放弃管理工作岗位，选择专职从事专业工作，不再考虑行政管理工作。

当高职院校博士学位教师成功突破基层管理职务层级，达到中层或高层管理职务层级后，博士学位教师在管理工作投入意愿上的波动性会减弱，稳定性会增强，并呈现出一定稳步上升的趋势。之所以高职院校博士学位教师在进入中层管理职务后管理工作投入意愿会呈现出一定稳步上升趋势，主要因为管理工作带给博士学位教师的负面感受逐渐降低，而正面感受获得了提升。中高层管理者在高职院校组织运行过程中起到了重要的承上启下作用，不仅在管理职权、资源掌握等方面要明显强于基层管理者，尽管所肩负的领导责任更重，但很多行政性事务工作不用再承担，很多工作也只需要肩负领导职责便可，而且学校在相关荣誉、项目的分配上也会优先考虑中高层管理者。因此，中高层管理者的管理工作投入意愿要显著高于基层管理者，这是高职院校内部组织管理运行模式所决定的。

二、在"教学"与"科研"抉择之间"左支右绌"

教学工作与科研工作是高职院校博士学位教师专业发展的两项核心工作。由于教学工作、科研工作工作属性、内在逻辑及价值评判标准都存在着较大的差异，高职院校博士学位教师对教学与科研工作的价值评判以及选择上也会存在较大的差异。基于高职院校博士学位教师在"教学"与"科研"路径抉择的决策机制，博士学位教师在两条路径的抉择上受到了多重因素的影响和制约，这些因素包括了教学/科研投入成本、教学/科研发展空间、学校教学/科研平台支撑等，这些因素发挥的影响以及大小会因为博士学位教师生涯发展阶段的不同和自身教学/科研发展基础的不同而不同。

高职院校博士学位教师在"教学"与"科研"路径上的抉择不完全是自主自愿的,他们的抉择是在一定的时空背景、制度环境和对自身所处情境充分考量后做出的理性抉择。从高职院校博士学位教师在"教学"与"科研"两条路径的抉择上来看,"教学/科研成本"和"教学/科研发展空间"是高职院校博士学位教师在生涯发展抉择过程中进行权衡的核心因素。如果高职院校博士学位教师在科研路径上的发展空间显著高于教学发展空间,那么博士学位教师便会将时间精力聚焦于科研工作上,即博士学位教师如果能够通过较小的成本投入就获得较大的发展空间就会倾向于选择哪一发展路径。如果博士学位教师能够通过较小的教学投入成本就能获得较大的教学发展空间,也会主动将时间精力用于教学工作。

如图 6-10 所示,高职院校博士学位教师在"教学"与"科研"工作的投入意愿会随着生涯发展阶段的不同而呈现出不同的发展趋势。在高职院校博士学位教师刚进入到高职院校时,其工作的重心一般会放置到科研工作领域,这是因为博士学位教师具有较好的科研基础,通常可以凭借其博士期间的科研积累取得一定的科研成果,然后凭借这些科研成果实现高级职称的晋升,在这一时期高职院校博士学位教师科研成本投入较少而科研成果产出相对较多。因此,在高职院校博士学位教师进入高职院校的生涯发展早期,会将主要时间精力投身于科研工作领域,将博士就读期间的科研积累迅速变现从而获得职称晋升上的优势。然而,随着高职院校博士学位教师工作时间不断延长,在科研工作上的积累和优势逐渐丧失,主要是因为高职院校科研平台无法充分赋能博士学位教师科研工作,其在场地、设备、人员以及团队等方面都无法给予博士学位教师足够的支撑,从而造成博士学位教师需要投入较大的人、财、物资源才能获得过往同等水平的科研成果。

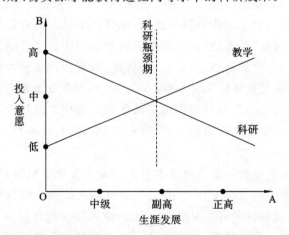

图 6-10 基于生涯发展的高职院校博士学位教师在"教学"与"科研"工作的投入意愿

正是因为博士学位教师感知到了科研发展瓶颈期的到来,为了能够拓展未来职业生涯发展的空间，便会选择将更多的时间精力投身于教学工作之中。调查发现，在有职称评审分类的高职院校之中，绝大部分高职院校博士学位教师都选择了教学科研并重发展路径，这是因为他们预感到自身如果专注于科研工作，将会影响未来专业发展的空间。近年来，国家对职业教育发展越加重视，在高职教育领域投入了越来越多的资源，而这些资源主要都聚集在教育教学领域。这些资源的投入主要通过项目发包的形式，诸如专业教学资源库、精品课程、规划教材、虚拟仿真实训教学基地等。除此之外，由各级政府和各类协会举办的各种类型学生技能竞赛、创新创业大赛、设计竞赛以及教师教学技能竞赛逐渐成了高职院校之间竞争的"主战场"，各级教育主管部门及第三方评价机构将这些项目的获取以及竞赛获奖作为评判高职院校办学质量的主要依据。因此，在高职教育场域内部，随着一系列教学客观文化资本逐渐成为场域内部位置分层的主要依据，高职院校不得不重新调整组织内部资源整合模式，通过调整组织运行和激励导向，将更多的资源倾入到相关重点领域，从而激发广大教师在项目申报、竞赛参与方面的积极性与主动性。

正因为教学工作逐渐受到高职院校的广泛关注，近年来高职院校出台了许多重要的激励措施来推动广大教师投身到相关教学工作中，这些举措包括了"硬"的方式，将相关项目的获取和竞赛获奖要求作为高职院校二级院系、专业考核的主要绩效指标，通过对不同院系在相关教学工作成绩的横向比较作为二级院系负责人的绩效考核依据，博士学位教师在服务期考核协议之中同样也规定了相关教学工作业绩要求，诸如指导学生竞赛获奖以及教师教学能力比赛获奖。除了"硬"的方面，学校也出台了许多"软"的方面的激励举措，诸如加强物质奖励，将相关教学成果列为职称评定的必要条件，作为干部工作考核的主要依据。除此之外，高职院校为了能够提升在相关教学工作领域的成绩，还打造了日趋完善的教学成果获取保障机制，这突出表现在"教务处"在高职院校内部运行中的强势地位，相较于"科技处"，教务管理部门不仅编制多、人员广、经费足，通常会建立较为完善的教学成果获取保障机制，在相关重要教学成果的获取过程中，教务处通常会积极参与到整个过程之中，而不像科学研究往往只能依靠教师独立完成。因此，在高职院校之中，相较于科研工作，教学工作有着更为广阔的发展空间，且成本投入、竞争压力相对较小。

高职院校博士学位教师基于对成本投入和未来发展空间的权衡分析，将会投入一定的时间和精力到教学工作之中，尤其是高职院校博士学位教师在科研发展上遇到瓶颈之后，这种转向将更为明显。然而，这种转向的背后并不是高职院校博士学位教师对教学工作的热爱，更多的还是出于功利性动机，诸如职称评审、物质奖励、荣誉获取、领导认可等外部性动机，许多高职院校博士学位教师还是会将科研工作作为自身的主业，将投身教学工作视为"权宜之计"。因此，众多高职院校博士学位教师不得不在教学与科研工作上同时投入更多的时间和精力,这种双向的投入势必会造成博士学位教师在时间、精力上的"左支右绌"。因为教学工作的高质量完成同样需要付出大量的时间精力,诸如学生技能竞赛工作,从竞赛班筹备、学生挑选、组建技能竞赛班、竞赛准备,直至参加完比赛,通常需要花费近一年的时间,而且需要投入很多的业余时间来指导学生比赛。因此,很多参与到教学工作之中的博士学位教师通常会感到教学工作与科研工作的不可兼得,独立完成的科研工作进展缓慢,团队协作的教学工作又不能停歇,时常会因为科研工作的停滞不前而感到沮丧。

前文对高职院校博士学位教师在"教学"与"科研"上的抉择仅可以概括大部分博士学位教师的心路历程和抉择策略,但不能概括所有博士学位教师在"教学"与"科研"上的抉择。无论是从理论抉择还是从现实抉择来看,如图 6-11 所示,高职院校博士学位教师在"教学"与"科研"上的抉择可以分成四种主要类型。

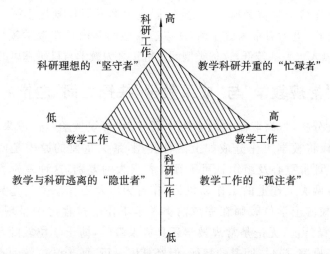

图 6-11 高职院校博士学位教师在"教学"与"科研"抉择上的四维象限

一是以科研工作为重。该类教师通常具有较强的科研发展抱负,自身具有较强的科研基础,能够通过个人关系获得校外科研资源的有力支撑,在科研成果产出速度与质量上都能达到较高层次,甚至能够达到一流本科院校教师科研水平。因此,该类教师通常不需要通过从事教学工作来拓展自身的发展空间,其较好的科研基础和高质量科研成果产出保证了其具有较好的发展空间,该类博士学位教师可以称之为科研理想的"坚守者"。

二是教学与科研工作并重。该类教师依然具有较强的科研发展抱负,但由于学校科研平台无法支撑其科研工作的开展,在实验、场地以及团队建设上无法支撑其工作开展,导致其不得不投入更多的时间精力到教学工作之中,从而在一定程度上造成了博士学位教师在"教学"与"科研"工作时间、精力分配上的"左支右绌",这种教师可称之为教学与科研工作并重的"忙碌者"。

三是以教学工作为重。该类教师科研发展抱负逐渐减弱,不再将时间精力用于科研工作之中,而是转向教育教学工作领域,造成这种转向的成因是多方面的,比如自身对科研工作缺乏热情与理想抱负、学校科研平台无法支撑其科研工作的开展、科研发展空间有限、自身对教学工作具有较高的热情与期待等。因此,高职院校博士学位教师在综合考量科研与教学发展空间和自身科研、教学基础,选择以教学工作为主的发展路径,这种类型教师可称之为专注教学工作的"孤注者"。

四是在教学和科研工作中投入度较低。该类教师对教学工作和科研工作都不会投入更多的时间与精力。造成这种现象的主观原因可能是有些博士学位教师进入到高职院校工作的主要目的就是为了逃避普通高校的科研"内卷",想在高职院校谋得一份轻松的工作,从而将更多的时间精力诉诸家庭生活和其他领域。该类教师一般以女性博士学位教师为主,她们职业生涯发展规划性不强,动机较弱,较容易满足于现状,更为看重家庭生活,所以造成她们无论是在教学领域还是科研领域,时间精力投入水平都较低,这种类型教师可称之为教学与科研逃离的"隐世者"。

三、在"常规教学"与"成果教学"抉择之间"左推右挡"

基于前文分析,将高职院校教学工作划分为"常规教学"与"成果教学"两种主要类型,之所以将教学工作分成如上两种类型,最为重要的原因是两者在运行逻辑、主要目标、评价重心及组织认可上存在着很大的差别,这种差别直接造成了博士学位教师在两类工作上的工作动机、工作行为以及工作感受的差异。基于调研分析,高职院校博士学位教师在完成两类教学工作的过程之中呈现出了"左推右挡"的行为抉择特征,无论是常规教学还是成果教学,博士学位教师行为表现整体上都呈现出了逃避、应付、回避的特征,但经具体分析,博士学位教师在两类教学工作上的投入水平又存在着一定的差异。如图6-12所示,在"常规教学"工作上,高职院校博士学位教师缺乏投入的内在动机,整体上处于较低的投入水平,对自身教学能力的提升没有较强的内在动机和意愿,对于组织分配的常规教学工作任务也以"应付"为主。在缺乏外在管理压力的基础上,高职院校博士学位教师在常规教学工作的投入上主要依靠其职业道德。在"成果教学"工作上,高职院校博士学位教师同样缺乏足够的内在动机,但外在功利性动机随着生涯发展呈现出波动性特征,博士学位教师会为了职称晋升、物质奖励、职务晋升等外在目的而选择性地参与到部分成果教学工作任务,但他们参与这些工作任务的内在动机普遍不足。当他们依靠成果教学工作业绩达成自身的预期目标后,比如职称晋升目标达成,通常会降低自身在成果教学工作上的投入度。

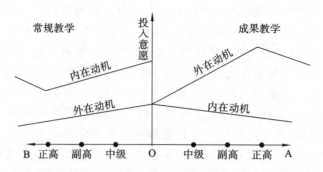

图 6-12 高职院校博士学位教师在"常规教学"与"成果教学"上的投入动机

如表 6-10 所示，高职院校博士学位教师在"常规教学"与"成果教学"上的投入动机强弱受到了自身教学发展基础和学校组织管理模式的影响，学校教学组织管理运行模式会直接影响到高职院校博士学位教师对两种教学工作的正面、负面感受，且高职院校博士学位教师基于对正面、负面感受的权衡最终决定如何在两种工作上进行投入。在常规教学管理运行模式上，高职院校对常规教学管理较为注重形式而轻视结果，即学校通常会出台详细的常规教学管理实施细则，诸如教师教学事故处理办法、教师教学业绩考核、教师课堂教学质量督导评价以及教师教学质量评价办法、学生学业成绩考核管理办法等非常细致甚至烦琐的制度规定，但却将学生成绩测评的权力赋予了教师，在"教考合一"的教学制度设计下，高职院校教师尽管在常规教学中受到了多种形式化管理制度的规范与制约，但却无法真正激发博士学位教师对常规教学的重视，只能依靠教师自身的职业道德这一内在驱动力。

表 6-10 高职院校博士学位教师在"常规教学"与"成果教学"上的投入动机

路径	内在动机	外在动机	发展基础	组织激励	组织期待	组织支持
常规教学工作	弱	弱	弱	弱	一般	一般
成果教学工作	弱	强	弱	强	强	强

然而，高职院校博士学位教师尽管具有扎实的专业理论知识，但缺乏专业实践知识和对职业教育教学规律的掌握，这导致高职院校博士学位教师课堂教学效果较为一般。由于高职院校对常规教学管理重形式轻结果，造成博士学位教师改进自身课堂教学质量的外在压力，如果再同时叠加上较为负面的常规教学感受，如课堂教学氛围差、学生学习动机弱，就极有可能会降低博士学位教师投入常规教学工作的内在动机。

高职院校博士学位教师尽管在常规教学上内外动机上都较弱，但却对成果教学工作具有较高的投入动机，这与学校成果教学组织管理运行模式有着重要的关联。近年来国家向高职教育领域投入了大量的资源，这些资源主要集中在了教学领域。高职院校为了能够在相关项目的竞争中取得优势，越加重视成果教学工作，通过向成果教学工作领域投入人、财、物资源从而在各种项目竞争中获取优势成为高职院校实现场域位置跃升的重要竞争路径。因此，高职院校普遍加强了对成果教学工作的重视，这种重视体现在了各个方面，学校的绩效考核、职称评定、荣誉分配等普遍和成果教学业绩直接挂钩。因此，在组织强激励和强支持下，高职院校博士学位教师在外在动机的激发下，会具有较强的意愿参与到相关成果教学的竞争之中，但通常会选择自身具有一定优势的领域，并不是在所有的领域"广撒网"。

基于上述分析，高职院校博士学位教师在成果教学工作的投入上主要以外在功利性动机为主，这就导致高职院校博士学位教师在完成相关成果教学工作中会较少体验到正面感受，反而会因为高竞争性、高压力性而体会到较多的负面感受，从而进一步降低了博士学位教师的内在动机。因此，一旦高职院校博士学位教师达成了自己的预期目标，如顺利评下高级职称，就会将自身的工作转向自己更加喜爱的科研领域，而不再将时间精力聚焦到成果教学工作之中。

四、在"理论科研"与"应用科研"抉择之间"左右为难"

高职院校博士学位教师在"理论科研"与"应用科研"的抉择上普遍选择了以"理论科研"为主，较少有博士学位教师会主动选择"应用科研"，但无论是选择"理论科研"还是选择"应用科研"，博士学位教师在高职院校科研发展上面临重重困难。如表 6-11 所示，高职院校博士学位教师无论是在内在动机还是在外在动机上，从事"理论科研"的动机都要强于"应用科研"。这主要是因为高职院校博士学位教师通过多年的科研环境浸染，通常具备较为扎实的理论基础，对理论科研的范式及方法有着深刻的认知和掌握，并掌握了一定的科研社会资源，如导师关系、同门师兄弟关系等。博士学位教师进入高职院校后，这些能力素质和资源不会随着其进入高职院校而丢失，反而成为其在高职院校从事理论科研工作的比较优势，他们通常要比其他教师更容易发表高水平论文、立项高层次课题。因此，在高职院校科研考核仍然将理论科研成果作为重要指标的导向下，高职院校博士学位教师缺乏足够的动机放弃自身的理论科研优势而选择应用科研。

表 6-11　高职院校博士学位教师在"理论科研"与"应用科研"上的发展动机

路径	内在动机	外在动机	发展基础	组织激励	组织期待	组织支持
应用科研工作	一般	一般	一般	一般	一般	一般
理论科研工作	强	强	强	强	强	弱

尽管高职院校博士学位教师在科研道路上选择以"理论科研"为主，但他们在具体的科研实践之中依然面临较大的科研发展瓶颈。基于前文分析，高职院校开展理论科研工作主要缺乏科研平台的有效支撑。首先，高职院校理论科研工作缺乏团队支撑。随着我国科学研究水平的快速发展，当前科学研究的开展日益需要

通过有组织的科研实现集中攻关,但当前高职院校科研组织结构体系建设不健全,绝大部分科学研究要依靠教师自身独立完成。高职院校科研团队建设的滞后集中体现在当前科研方向聚焦性弱,不同教师之间科研方向差异较大,而且由于科研组织建设的滞后,研究氛围较弱,缺乏优秀学科带头人的引领,内部协作交流以及竞争机制的缺失造成博士学位教师科研工作进展困难重重。其次,高职院校理论科研环境支撑弱。表现在物质环境不佳,理论科研开展所需的实验设备及场地较难满足博士学位教师开展科研的需求。除了物质环境的不足,高职院校博士学位教师开展理论科研还面临着隐形的歧视,由于高职院校科研水平整体相较于本科院校低,造成在论文评审和项目申报上被人为地限制,一定程度上影响到博士学位教师开展理论科研工作的积极性。最后,高职院校理论科研制度建设较为滞后。相较于本科院校科研制度体系的完善,高职院校对科研工作的重视仍然停留在初级阶段,这表现在很多高职院校都未能设置专职科研岗位,很多博士学位教师要承担大量的教学任务而难以持续展开科研工作。而且科研管理机构无论是在人员配置还是在组织职能上相较于教务部门都处于弱势地位,很难有效统整校企科研资源,同各级政府科研管理部门沟通交流也较少,制约了博士学位教师科研发展的空间。

  高职院校在科学研究上应凸显自身相较于本科院校的优势,发挥自身服务地方、服务中小企业技术创新的优势,加强科学研究的应用导向,将服务地方中小企业技术研发、工艺创新作为科学研究的重心。然而,相较于理论科研,高职院校博士学位教师投入应用科研的动机较弱,积极性不高,这同高职院校自身科研激励制度建设以及科研平台支撑不足有着很大关系。首先,高职院校应用科研团队支撑不足。同理论科研一样,当前高职院校应用科研平台建设滞后,缺乏研究方向统一、组织关系紧密、学科带头人有效引领的应用科研团队,应用科研活动仍然以独立完成为主。其次,高职院校应用科研环境支撑弱。应用科研工作的开展同样需要场地、设备的支撑,而且需要同企业建立十分紧密的协作关系,然而博士学位教师都是从校门到校门,普遍缺乏与企业合作的经历,如果学校未能从组织层面建立校企紧密协同的应用科研通道,仅依靠博士学位教师自身很难做出高质量的应用科研成果。最后,高职院校应用科研制度建设滞后。高职院校科研激励制度导向上更加偏向于理论科研。以论文和课题项目为重心的理论科研评价导向仍然是高职院校教师职称晋升、绩效考核的核心内容。尽管当前高职院校越加重视科研评价的应用导向,很多高职院校还专门设置了以应用科研为重心的社会服务型教师岗位,但尚未建立起以应用科研为核心的科研评价体系和激励机制,使得高职院校博士学位教师缺乏参与应用科研的主动性。

第七章 高职院校博士学位教师引进与发展的问题分析及对策建议

《国家职业教育改革实施方案》《关于推动现代职业教育高质量发展的意见》等系列文件的出台,扎实推动了高职院校高质量发展的进程。毋庸置疑,博士学位教师扮演着高职院校高质量发展中坚力量的角色,是高职院校高质量发展的重要支撑,是提升教学科研水平、社会服务能力、综合办学实力的核心支点。正如雅斯贝尔斯所说,于大学的生存而言,人是最关键的,能不能够吸引最优秀的人才是评判一所大学优劣的关键①。基于上文高职院校博士学位教师引进与发展的政策供给、现状调查、影响因素分析,以及对发展路径与路径抉择的探讨,本章节分析了高职院校博士学位教师引进与发展的问题,并提出了相应的对策建议。

第一节 高职院校博士学位教师引进与发展的问题分析

博士人才是高职院校高水平师资队伍建设的重要基石,担负着高质量发展的重要使命。现阶段,高职院校正如火如荼地开展博士学位教师引进与发展工作,尽全力全方位打造"人才高地"。从政策实施效果来看,近年来高职院校博士学位教师集聚效应明显增强,但一方面人才争夺战愈演愈烈,多数高职院校依然面临求贤若渴与引进困难的尴尬处境,另一方面人才引进只是人才工作的开端,如何用好人才、发展人才、留住人才,实现从"广聚英才"向"人尽其才"的转变才是高职院校高水平师资队伍建设的重中之重。因而,高职院校亟须解决"引不进"和"用不好"两大难题,破解阻碍高质量发展的瓶颈。

一、"引不进":引进机制亟待完善

高职院校引进博士学位教师是在普通高校和企业双重竞争的"夹缝"中进行,虽然可谓不遗余力,然而受诸多因素影响,人才引进现状不容乐观,多数学校依然面临人才引进难题,主要表现在以下三个方面。

---

① 卡尔·雅斯贝尔斯.大学之理念[M].邱立波,译.上海:上海人民出版社,2007.

(一) 人才引进规划:不够科学合理

随着高职教育的迅猛发展,校际竞争也愈发激烈,高层次人才数量不仅是显示师资实力的一项重要指标,也是各项评比建设的硬性指标[①]。因而,各高职院校求贤若渴,尤其是本科层次职业教育专业须具有博士研究生学位专任教师比例不低于15%的规定,更是驱使一部分高职院校大量储备博士学位教师,提前为升本蓄力。在功利性动机引导下,高职院校博士学位教师引进缺乏系统性和前瞻性的规划,存在一定的盲目性,主要表现在两个方面。一是人才引进目标定位不清,由于竞争激烈,没有充分考虑学校和专业发展需要,存在为引进而引进的现象,甚至来者不拒。二是人才引进存在短视行为,重人才科研成果短期回报,而轻人才发展长期利益。急切盲目的人才引进行为将产生极大的负面影响,一方面不利于高职院校的可持续发展,学校为引进博士学位教师花费了巨大成本,若引进的人才未能契合学校和专业发展需要,人才用非所长或是无用武之地,将是对学校资源投入的巨大浪费,还有可能引发人才队伍内部的冲突,导致人才队伍结构不合理不稳定以及人才的二次流失;另一方面也不利于人才的可持续发展,若学校非按需设岗、按需引才,对引进的人才缺乏清晰的职能定位,也就无法提供人才发展所需的工作环境,使得人才作用发挥不如预期。可见,若缺乏科学合理的人才引进规划,可能会导致虽然引才活动"热火朝天"地开展,但实际收效却甚微,对推动高职院校高质量发展助益寥寥。

(二) 人才引进标准:学术倾向明显

2018年5月,习近平总书记在两院院士大会上指出:"人才评价制度不合理,唯论文、唯职称、唯学历的现象仍然严重"[②]。这同样适用于高职院校人才引进评价制度。通过分析高职院校高层次人才引进政策,发现其人才引进主要依据学历、学位、职称、人才称号和教科研成果等,学术偏向和"五唯"(即唯论文、唯帽子、唯职称、唯学历、唯奖项)倾向较明显,且标准与普通本科高校趋同,具体体现在以下方面。一是重头衔、重荣誉。拥有各类头衔、荣誉的高层次人才成为高职院校竞相招揽的重点对象,这一类人才往往处于高层次人才引进的金字塔顶端,享受着最高最好的人才待遇。二是重职称、重学历。高职院校引进高层次人才的直接目的和成效就是优化师资队伍结构,因而,博士学位成为人才引进的标配,甚至出现唯学历、唯名校毕业的偏颇导向,并且有头衔、有荣誉的高层次人才本身就是高学历、高职

[①] 廉依婷."区校协同"视域下高职院校高层次人才引进政策机制的优化研究[J].中国职业技术教育,2021(31):22-27+58.

[②] 新华社.习近平:在中国科学院第十九次院士大会、中国工程院第十四次院士大会上的讲话[EB/OL].(2018-5-28)[2022-08-10]. https://www.rmzxb.com.cn/c/2018-05-28/2068965.shtml.

称的代表。三是重科研、轻教学。高层次人才常与科研项目捆绑在一起,并依托项目创造出独特的学术产品、服务或成果[①],而科研一直以来都是高职院校发展的短板,此次"双高"建设明确了打造技术技能创新服务平台,加强新产品开发和技术成果的推广转化,推动中小企业的技术研发和产品升级等提升服务发展水平的重任。因而,高职院校在高层次人才引进中尽管也重视教学能力、教学业绩和教学成果,将教学名师、教学成果奖、教学团队等荣誉作为人才划分的重要依据,但相比教学,高职院校尤为注重科研能力和科研成果,无论是引进条件,还是引进后的目标考核,都凸显了科研的重要价值,人才层级的划分和资助、奖励也都依据项目、论文、成果奖项的级别而定。四是重显性成果指标、轻隐性发展指标。高职院校在人才引进中有一个通病,就是过于关注科研成果、论文数量等显性量化指标,而相对忽视了科研能力、综合素质、应聘动机等隐性指标的考量。其实,科研能力、综合素质、应聘动机等隐性指标才是人才引进后适应与发展的硬核,很大程度上决定了所引人才的价值和贡献。此外,高职院校高层次人才引进政策本文中较少涉及师德师风,人才引进过程中也缺乏对师德师风的全面考察。

(三) 人才引进待遇:缺乏有效吸引

为高层次人才提供配套条件与薪资待遇等是各个大学高层次人才引进政策的主要部分,是吸引高层次人才的亮点所在[②],也是高职院校吸引博士学位教师的关键。当前,高职院校已经建立起较完善的薪酬体系,但人才引进待遇吸引力不足依然是不争的事实。一是薪酬待遇市场竞争力较弱。当前,尽管博士就业去向更加多元化,但高校仍然是大多数博士就业的主要选择。与普通本科高校相比,高职院校为招揽人才而抛出了较为丰厚的经济待遇,很多高职院校的安家费甚至在百万之上,但由于办学层次、发展平台、科研环境等局限因素影响,其人才引进待遇并没有压倒性的优势,且引进后的薪酬收入可能还比不上普通本科高校。可见,仅从薪酬待遇来看,高职院校对博士学位教师的吸引力明显不足,普通本科高校依然是大多博士学位教师的主要选择。同时,相比企业,由于会受绩效工资影响,高职院校仍难以吸引行业企业精英人才的青睐。比如金融、互联网等都是典型的高薪行业,其薪酬水平是高职院校教师的几倍甚至几十倍。因而,学校不仅难以引进相关人才,甚至还可能因为薪酬问题导致校内优秀的专业人才流失。调研中,也有不少博士学位教师表示,博士学位教师能否成功引进,与专业或行业的性质有很大的关

---

① 范冬清.风险规制、过程管控及价值衡量——大学高层次人才引进风险的管理模型解析[J].高教探索,2015(3):13-16.

② 郭书剑,王建华."双一流"建设背景下我国大学高层次人才引进政策分析[J].现代大学教育,2017(4):82-90+112-113.

系。以医学专业为例,不是学校不想引进博士学位教师,而是千方百计地努力引进却求而无果。因为具有博士学位的医学人才,选择进入医院的薪资待遇和未来增值空间不可估量,是学校不可比拟的。二是薪酬结构重短期引进轻长期资助。高职院校在引进博士学位教师前期,以高额的安家费和人性化的服务招揽人才加盟,以期达到先将人才"领进门"的目的,而对人才引进后的科研经费、实验设备投入和使用、科研团队组建等并未过多投入和关注。这种重一次性的短期引进投入而轻可持续发展的长期资助,很容易让博士学位教师陷入"巧妇难为无米之炊"的困境,既不利于人才积极性和创造力的发挥,也不利于学校的可持续发展。

学校给的待遇其实不是很高,现在很多博士进来都没有房子了,如果没有房子分,即使给100万元吸引力也不大,因为给100万元的单位很多。而且有些地方是既可以享受地方的购房补贴,还能够享受学校的购房补贴,双重叠加,而我们只能两者就高选其一。(H-Y-3)

此外,在近年来的"人才争夺战"中,各地纷纷实施人才强市战略,地方政府也纷纷增加财政投入以支持地方高校高层次人才引进工作。但由于经济发展的不平衡,地方政府的介入打破了高校间人才引进的均势[①]。调查和访谈中,不少高职院校教师表示由于学校不同归属性质,省属地方高职院校无法享受地方人才引进相关奖励政策,使得各个学校间安家费、科研经费等人才待遇差距较大,同质化竞争越来越激烈,学校不仅面临博士学位教师招聘难的瓶颈,还要应对"竞价挖人"带来的严重的人才流失问题。如浙江建设职业技术学院、浙江交通职业技术学院和浙江医药高等专科学校等学校属于在杭省属高校,不享受杭州市人才政策及经费补贴;浙江工商职业技术学院则作为省属地方高校,在引进人才方面也无法享受宁波市政府人才引进的相关奖励政策。

(四) 人才引进渠道:较为单一局限

当前,高职院校博士学位教师人才引进的渠道较为局限,主要通过以下几种方式。一是社会公开招聘。公开招聘是高职院校博士学位教师人才引进最常规也是最主要的方式。每一年高职院校都会发布高层次人才招聘信息,面向社会公开招聘一批高层次人才。与其他公开招聘不同,高层次人才的招聘通常是全年有效,不受固定招聘时间的限制。但高职院校一年通过社会公开招聘的方式引进的高层次人才为数不多。二是校园人才招聘。很多高职院校会主动出击,根据人才需求有计划地到针对性的高校去招聘高层次人才。但访谈中发现,很多高职院校反映参加高层次人才招聘会的效果不理想,毕竟高职院校在高等院校中的名气低下,参加校招可能一天也收不到几份简历,合适的且有意愿的高层次人才更是凤毛麟角,大

[①] 王建华. 我国高校高层次人才非正常流动的反思[J]. 江苏高教,2018(02):1-5.

多是过客式地浏览。三是他人推荐。现阶段高职院校高层次人才的引进大多依靠他人推荐。相对来说,他人推荐的效果比较好,更为靠谱。对于学校来说,引进高层次人才面临着较大的风险,引进的人才是否合适,引进后能否发挥作用,是学校引进高层次人才的最大顾虑。而他人推荐是建立在信任基础上的举荐,学校可以全方位了解高层次人才,有利于规避很多人才引进因信息不对称而存在的潜在风险。

今年我们学院的老师跟着人事处一起去大连理工招博士,本来她觉得学校在高职院校圈内名气不小,到外面招博士应该不难,但是他们在大连理工招聘的时候,只有零星个别博士来问一问,而且一问就走了那种。(H-L-1)

二、"用不好":学校发展支撑乏力

人才和资源之间存在吸引、制约和依附的关系。高职院校对高层次人才引进后的培养服务往往由于缺乏相应的政策支撑而显得较为薄弱,人才专长与技能得不到及时充分补给,成长与发展空间受到限制[①]。即使靠政策优惠成功引进,也可能因为缺乏科研资源和学术平台的支撑,致使人才不能实现自我价值而流失,导致高层次人才总量和质量始终在低水平徘徊。高职院校博士学位教师之所以存在"用不好"现象,究其根本在于学校用非所长和未提供发展所需所致,这也成为高职院校博士学位教师引进与发展的最大掣肘,与高质量发展需求不相适应。

(一)发展定位不同:学校和个体存方向偏差

高职院校对博士的发展定位和博士对自身的发展定位存有方向偏差。从学校视角来看,随着高职教育发展重心从规模扩张到内涵建设的转变,迫切需要一大批高水平师资力量的引领和带动,而博士学位教师就是高水平师资队伍建设的关键主体。一般来说,博士学位教师处于专业前沿,是专业领域中层次比较高的优秀人才,他们通常具有较强的学习能力、合作能力和创新能力,具有素质高、能力强、贡献大、影响广的特点。因而,源自高质量发展的内在驱动,博士学位教师成为实现高水平发展组织目标的核心支撑,被寄予了高质量发展的重要期待,教学、科研、社会服务等改革创新任务也都指向该群体。但由于高职院校整体运行的核心是教学,而且倾向于成果教学,因而,学校对博士的期待也更多地聚焦在教学上,希望多出教学层面的标志性成果,如教学成果奖、教学能力竞赛、学生技能竞赛、国家在线精品课程、资源库建设等,毕竟这些标志性成果是学校综合实力的重要表征,事关学校发展全局。而且实践也不断证明,博士整体综合能力较强,在竞争标志性成果方面具有一定的比较优势,且学校也希望通过博士的带动作用,培养一批能够出标

---

① 聂小武.高职院校高层次人才引进与发展剖析:问题、现状与路径[J].上海教育评估研究,2020,9(03):6-11.

第七章 高职院校博士学位教师引进与发展的问题分析及对策建议

志性成果的团队。

如果单纯做科研,和学校发展还是有一些矛盾,毕竟学校看重的是各种标志性的成果,不单是课题和论文的数量。(H-Y-7)

学生是学校人才培养的关键主体,学校办学最根本的还是育人。作为教师,应该把培养学生放在所有工作的首位,以主人翁的姿态参与学校人才培养的全过程中。(H-Y-9)

其实博士发文章与学校的发展导向不是很契合,尤其是理工科的博士发 SCI 论文。因为高职的评价指标是专利、课题、成果转化等,它没有 SCI 评价指标的,可能本科院校有 SCI 评价指标,一年要发多少篇 TOP 期刊。所以,说实话,博士发文章对高职学校整个发展的帮助不大。(H-Y-1)

但从博士视角来看,博士学位教师的专长是科研,更希望自己专注科研,能够在科研方面取得一些突破,如发表 SCI 论文及 TOP 期刊、立项国家级科研项目、科研成果转化等。一方面科研是博士的志趣所在,绝大多数博士都有学术追求,希望能够在科研的道路上走得更远;另一方面科研是博士的考核导向,学校对博士的考核,除了教学方面的要求,主要也是科研方面。在科研考核压力驱动下,博士关注科研较多,势必对教学的关注不够。对博士来说,一是教学工作比较常规,硕士或者企业引进教师上课会更有优势,博士反而不一定擅长;二是课时费比较低,老师上课的积极性受挫;三是课堂教学质量好坏很难评价,没有评价标准且见效难,所以博士不太会把重心放在教学方面,在教学方面投入过多的时间和精力。确实有一些二级学院的领导反馈,博士学位教师普遍聚焦个人科研成果的累积,不愿意参与学校重大项目建设,对一线教学的关注较低,也很少参与学生管理工作,整体专业融入度较低。可见,发展定位的认知偏差导致了实践层面教学和科研矛盾的客观存在。但这并不意味着教学和科研是不可调和的矛盾,其实高职院校重教学强科研不仅必要而且可能,它们都是学校发展的重要支撑,缺一不可。

我觉得每一个博士都是不一样的,我自己可能和大部分博士一样,是希望能够在科研上做出一些成绩的。我也是较早从事宠物营养这方面研究,在条件比较艰苦的情况下做了一些科研工作,也在社会上有一定的影响力。(H-Y-8)

学校要发展早晚是要重视和发展科研的,我们现在是以教学为引领,但如果职教本科成功申办,再不重视科研,那就不叫做本科了。(H-Y-1)

博士取得的科研成果确实为学校发展做出了贡献,但是总体感觉博士人才的专业融入度和认可度都偏低,参与学院层面的重大项目相对较少,对一线教学和学生管理的关注也较少。(H-Y-1)

现在博士都是乱用的,没有一个主线,哪里需要往哪里搬。我是很不喜欢这样的,个人还是希望搞搞科研,做点产业化的东西。(H-Y-3)

(二)科研平台稀缺:制约博士科研发展后劲

对于博士学位教师来说,在高职院校发展最大的限制条件就是科研平台资源稀缺。虽然高职院校已经意识到科研平台的重要性,但源于多种因素影响,科研平台建设仍无法满足博士发展需要,严重制约博士学位教师发展后劲,具体分为以下三个方面。一是高端平台稀少。受办学性质局限,高职院校很难获得一些国家级、省级发展平台的项目支持,即使有也是屈指可数。以博士后站为例,截至2022年11月,共有15所"双高"校设立了博士后站,其中博士后创新实践基地9个,博士后科研工作站6个,且大部分的博士后站都是2019年以后开始筹备设立的[①]。而博士学位教师的科研要想获得高级别课题的支撑,研究的内容一定是前沿的,也必然离不开高端平台的支撑。现实中,很多高职院校的博士学位教师就面临着想从事的研究没有平台的尴尬处境,只能"曲线救国",借用普通本科高校的实验室支撑学术研究,但毕竟不是长久之计。二是经费投入有限。科研经费的投入从侧面反映出高职院校的科研环境以及对高端人才的吸引力[②]。一般科研平台建设需要大量持续的经费投入,且维护成本高,一些精密仪器设备价值百万、千万,比如很多工科专业搞科研真正需要的检测设备都是非标准定制的,价格昂贵。不过也有教师在访谈中谈到,其实很多学校不是不重视科研设备的投入,而是科研设备的产出成效不理想,这也是很多学校在建设科研平台时的难题。一方面是为个人投入建设,科研的覆盖面窄,使用率不高;另一方面是投入后的产出是什么,如果产出不尽如人意,是否还要继续投入。所以,为避免陷入高投入低产出的怪圈,学校在科研平台、设备经费的投入方面总是反复论证、综合权衡、慎之又慎。三是场地资源紧张。场地是科研平台建设的重要制约因素,实验室的建设、仪器设备的放置都离不开土地资源,而高职院校的土地资源大部分都用于教学,很难再腾挪出空间用于科研平台建设,甚至有些学校的教学实验室和科研实验室是混在一起使用的。访谈中,不少博士学位教师反馈说场地难求。

博士引进来后,申请国家级、省级课题其实并不容易。因为高级别的课题要求你研究的东西一定要是前沿。学校又不是本科院校,所以你可能申请个两三次课题,都申请不下来,然后过上两年研究的内容就过期了。你看我来第一年就拿下省自然基金,学校一年最多也就拿个1~2项,但现在我就面临研究难以持续的问题了。(H-Y-1)

[①] 叶建宏,郭森.高职院校博士后站的设立与科研能力提升——以"双高计划"院校为例[J].中国职业技术教育,2023(7):66-72.

[②] 蔡玉俊,郭家田.工学领域博士层次"双师型"职教师资培养探讨[J].职业技术教育,2021,42(26):41-44.

高职院校老师做科研有两大难题,一是没有场地,我申请了三年,今年好不容易装修完了给了我一个场地。二是如果你项目带进学校,花钱是一个很麻烦的问题,每次都得走审批流程,层层审批,很折腾。(H-Y-3)

目前学校很多学院面临场地不够问题,比如说我们建工学院,科研实验室和教学实验室混在一起,这样一方面影响了科研实验的开展,另一方面也增加了实验过程中的一些不安全因素。(H-Y-7)

我们这个学科一年科研经费总共才给你一两百万,怎么可能为了你一个人建一个实验室。如果为了你一个人建起来了,但别的老师又用不上,你自己又不好好用,过上两年,也就浪费了。(H-Y-1)

以我自己为例,我原先进来是想干一番大的事业的,我想围绕着自己的方向去建一个实验室,科技处、人事处我也都跑了,但是每个部门都有自己行政性的事务,也没有这样的先例,所以这个事情后来就不了了之。虽说我们引进的时候说特别优秀的可以给你单独建一个实验室,但是目前只有机电学院建了一个。(H-Y-1)

(三)团队组建困难:面临诸多新的现实挑战

科研团队是高职院校博士学位教师作用发挥和专业发展的重要载体支撑,所以他们对组建科研团队有着迫切的意愿,但却面临诸多现实挑战。一是学校重教学轻科研导向。不是说学校不重视团队建设,事实上学校非常注重教学团队的建设,只是相对忽视科研团队的建设。因为对于学校来说,很多外在评价的关注点在于教学成果而非科研成果,因而科研在很大程度上便是教师个体的事情,组建科研团队也主要依靠博士学位教师个体的力量,但缺少学校层面的推动和支持,收效甚微,甚至止步不前。二是博士规模少且领域细分差异大。虽然当前高职院校大批量引进博士人才,但真正从专业层面看,其实每个专业的博士人才少之又少,大多都是个位数,再加上博士之间的专业细分差异极大,很难聚焦某一领域开展相关跨学科的研究,所以很多时候,博士之间的跨学科研究还仅仅停留在想法层面。三是专业教师无暇参与。一般专业教师一周要上20多节课,再加上班主任的各项事务以及家庭等其他事务,基本没有时间再兼顾科研。所以真实的现状是,即使组建了相应的科研团队,但团队里的专业教师基本都有着比较多和比较重的其他任务,科研团队运行没有一个很好的支撑,科研团队也就名存实亡,或者没有团队成员,博士组建科研团队的想法也只能搁浅。

学校现在非常重视团队建设,目前已经设立了5个不同方向的教学团队,但每个团队并不是专门针对科研的,而是偏向教学。(H-Y-10)

时间是一个很大的问题,其实我非常感谢院领导,他们已经尽可能地减少我的教学工作量,在基本满足学校标准的前提下给我留出了很多的科研时间。为组建科研团队,我就去跟好多老师聊,但他们都说没有时间,再加上专业性质的原因,大部分都是女老师,所以目前科研团队只有我一个人。然后每一年我报课题,既担心课题能不能中,又担心课题中了,一个人无法按时完成,这是我目前最大的顾虑。(H-Y-9)

我想大多数博士都有这样的担忧,课题申请下来之后如何完成。其实依靠博士个人的力量非常有限,很多博士最后都会做一个无奈的选择,就是延期结题。(H-Y-8)

学校确实给我组建了一个团队,但我发现,团队里的人都不是真正和我一起做事的,三个带竞赛的,一个专业主任,一个副院长,每个人都有自己手头忙的事情,这团队不就是假的吗?(H-Y-3)

(四)科研时间挤占:博士从事科研分身乏术

高职院校对于博士的心理预期总体偏高,希望博士是"全能型"或"通用型"人才,既能搞专业教学,又能搞应用科研,还能带团队、带竞赛。因而,博士在高职院校不仅要完成基本的教学工作任务,还被委以重任,参与专业建设中各种急任务、重任务和难任务。以教学能力竞赛为例,随着竞争越来越白热化,各高职院校都铆足劲地争取更好的成绩,并积极鼓励博士学位教师参与。但教学能力竞赛是一场马拉松式的长跑比赛,差不多需要一整年的备赛时间。相当于一整年内博士学位教师都要顶着巨大的压力,并付出超负荷的努力和精力,只为争取获得更高、更好、更多的竞赛成果。而教学能力竞赛只是众多任务中的一项,类似的工作任务还有很多。另外据调查发现,多数博士学位教师由于专业能力出色、综合能力突出,在专任教师岗位上工作3~5年后会从专任教师中脱颖而出走上管理岗,担任专业主任或专业带头人等岗位。岗位的升迁意味着行政事务的剧增,具体表现为会议多、项目多、填表多、检查多、竞赛多等,而且行政性工作"传导性"强,即层层贯彻、逐级布置、层级检查,专业评估、项目建设等最终都会落到专业主任或专业带头人身上。因而,担任行政管理岗的博士学位教师更是忙得团团转,既要引好"上面千条线",又要当好"下面一根针"。多、杂、乱、重、难的任务挤占了博士学位教师绝大部分时间,也容易让其陷入低效的疲劳应对,同时,追求科研和时间碎片化之间的矛盾,也在一定程度上挫伤了博士学位教师发展自身专业的热情。

专业里大部分都是硕士,你来一个博士,领导肯定会让博士来挑重担啃硬骨头,各种专业建设、品牌项目申报验收都会抓年轻博士去写材料,而且博士的综合能力确实比较强。(H-Y-12)

目前学校科研这块相对较弱,但科研和教学还非常不一样,科研是慢工出细活,可能投入了大量的时间和精力,但出成果是比较慢的,而学校只关注成果不关注过程。(H-Y-5)

现在我们的教学任务是每年360个课时,我还是动物医学专业的主任,除了专业主任的日常工作,还有班主任的工作,课程开发、竞赛指导、教学动物医院坐诊等等,剩下可以安心做科研的时间真的是少之又少。(H-Y-8)

我经常开玩笑地说,每天忙于杂七杂八的事情,有多久没好好看过一篇文献了。时间越来越碎片化,根本没办法潜心做科研,我觉得教学科研之间的矛盾性,好像还比较难以协调。(H-Y-2)

(五)发展重心失衡:重外部引进轻内部培养

高职院校博士学位教师外部引进和内部培养之间的关系,看似矛盾,其实对立统一,二者相互影响,共同作用于高水平人才队伍建设。在外部人才引进困难的情况下,高职院校意识到内部培养的重要性,将目光由外部转向了内部,由增量转向了存量,纷纷实施了"博士工程",鼓励有潜力的教师到国内外重点高校攻读博士学位,允许其申请1~2年的脱产学习,同时还给予学费报销、学位奖励、科研启动经费等政策支持。如金华职业技术学院不断优化教职工在职攻读博士学历学位的管理办法,在读博期间对教职工的工资待遇、培养经费上给予更大支持,并对完成学历(学位)的教职工分层分类兑现毕业奖励。以国家高水平专业群核心专业的教师为例,若按期毕业,针对学校已承担其培养经费的教师能获得毕业奖励19万元,针对学校未承担其培养经费的教师能获得毕业奖励22万元。这一政策导向的出发点是好的,鼓励越来越多的教师进修,提高学历层次,优化教师队伍结构,提升教师发展水平。但从发展待遇来看,内部培养的人才待遇基本在10万~15万元,与外部引进丰厚的安家费、科研启动经费、人才津贴等相差悬殊,外部引进的人才待遇甚至是内部培养的几倍之多,严重失衡。待遇的级差容易滋长内部培养博士学位教师的不平衡心理,大大挫伤内培博士人才的积极性,再加上内部培养的教师在取得博士学位后,职业的选择性增多,可能为了获取更高的经济待遇而离职,反而不利于学校博士人才队伍的稳定和人才聚集效应的形成。此外,高职院校将过多的精力放在人才引进上,势必会影响内部人才的成长发展,如何引育并举,注重人才的长效积累,盘活现有师资存量也是高水平师资队伍建设的重要方面。

我读博士是因觉得在高校学历学位提升是一个趋势,再加上自己对所读的专业也比较感兴趣。待遇方面的话,一是学费补助,毕业拿到学位证后,学校会给10万~15万元的学费补助,二是学术假,可以申请18个月的学术假,在此期间教学工作量减半。其实对老师来说,吸引力不大。(H-Y-11)

第二节 高职院校博士学位教师引进与发展的对策建议

高职院校博士学位教师引进与发展是一项系统性工程,需要运用战略思维进行整体谋划,必须基于"聚才有力、引才有策、育才有方、用才有术、留才有道"的逻辑主线,进一步完善博士学位教师引进与发展的政策制度。既要做好"重引进",又要做好"重培养""重管理"和"重服务",为博士学位教师解决生活之忧、科研之困、晋升之难和环境之虑,创造"引得进、用得好、留得住"的良好人才生态,彰显高职院校在人力资源战略上的主导性和前瞻性。毕竟,未来高职院校博士学位教师的人才竞争不仅仅局限于内部,还要与其他高等教育机构及非高等教育机构竞争,甚至也不只是教育系统内部的竞争,而是教育系统与非教育系统间的竞争。

一、政策引领:完善人才配套激励,聚才有力

完善政策配套,大幅提升薪酬待遇是高职院校吸引博士学位教师的关键之举。"多士成大业,群贤济弘绩","功由才成,业由才广",古往今来,人才聚则事业兴。

(一) 加大人才引进资助力度

薪酬待遇是招揽人才的关键要素。高层次人才通常都具备较高的学历以及较强的科研和实践能力,因此,他们成为众多本科院校、企业、科研院所竞相争夺的对象[①]。以博士为代表的高层次人才,具有较高的社会联系度、学术市场竞争力、资源获得能力,因此,大学怀着未来收益远大于投入成本的预期,愿意在引进前期投入巨大成本[②]。对于人才吸引力本就处于相对弱势的高职院校来说,更应基于长远发展考虑,加大博士学位教师人才引进力度。一是提高人才待遇标准。给予博士学位教师购房补贴、人才津贴、工资待遇、专项经费等最大支持,以丰厚的经济待遇吸引博士学位教师加入高职院校行列。尤其是购房补贴(安家费)和科研启动经费,它是高职院校吸引博士学位教师最核心的筹码。二是优化人才配套福利。博士学位教师人才待遇丰富多元,既包括物质层面的购房补贴(安家费)、科研启动经费、人才津贴、年薪、租房补贴等,又包括帮助解决配偶工作、子女入学等隐性配套福利。除了物质层面的配套资助,高职院校还应完善培训服务、体检服务、疗养服务、研学活动等配套福利,营造暖心的人才服务氛围。三是加大人才持续支持。博士学位教师职业长远发展的关键在于学校资源支持的力度。若学校无法提供人才发展所需的资源和环境,博士学位教师的成长与发展空间将受到限制。因而,为引进优质博士学位教师,尤其是工科专业,大多高职院校都会承诺为其建设科研所需专门的实验室等,并连续多年提供科研启动经费,以持续的资源供给激发博士学位教师的学术生命力和创造力,催生并结出丰硕的学术科研成果。

---

① 廉依婷."区校协同"视域下高职院校高层次人才引进政策机制的优化研究[J].中国职业技术教育,2021(31):22-27+58.

② 范冬清.大学高层次人才引进风险:影响因素与对策建议[J].高等教育研究,2014,35(6):39-45.

（二）优化人才待遇层级差异

高职院校博士学位教师引进待遇大多依据专业层次和人才等级而定。从专业层次来看，学校重点建设专业的博士学位教师引进待遇要明显高于其他专业，这有利于学校集中力量打造一批高水平专业和教师队伍，但同时也容易造成专业之间的"马太效应"，拉大专业之间的差距。本身相对弱势的专业就更难以引进和培养博士学位教师。从人才等级来看，人才引进待遇呈现明显的倒"金字塔"形，即人才内部不同层级之间差异较大，资源集中分布在人才金字塔的上层，拥有各类人才头衔的博士学位教师享有较高的薪酬待遇，甚至是最低待遇的近十倍。实践层面，高职院校为追求"成果速成""专业速成""团队速成"，崇拜和倾向引进杰青计划、国家级教学名师等"金字塔尖"的人才。因为这些人才不仅是高职院校高质量发展的品牌装饰，更是高职院校获取各类资源优势的依靠。如此一来，将有限的资源过度集中在精英人才，很容易陷入"镂空式"引进陷阱，造成师资队伍基础力量的中空。因而，高职院校在制定引进人才引进政策规划的时候，一方面应充分考虑专业之间的均衡发展，统筹学校重点发展专业和非重点发展专业的博士学位教师引进，重点发展专业和非重点发展专业的博士学位教师引进待遇差距控制在一定范围内；另一方面应不断优化不同层级的人才待遇，将更多的资源集中在中坚力量的引进上，而非仅仅是头部人才的引进上，使人才待遇由倒"金字塔"分布向倒"梯形"分布转变。

（三）完善绩效薪酬分配激励

完善的薪酬激励机制是高职院校博士学位教师高质量成果产出的重要保障。如果高职院校没有相关配套激励机制，很大程度上会影响纳才效能，也会给学校和博士学位教师群体带来负面影响。《关于实施中国特色高水平高职学校和专业建设计划的意见》指出，"建立以业绩贡献和能力水平为导向，以目标管理和目标考核为重点的绩效工资动态调整机制，实现多劳多得，优绩优酬"。各高职院校应以业绩贡献和能力水平为导向推进绩效工资制度改革，构建以岗位绩效工资制为主，协议工资制、项目工资制等并存，打造灵活、有竞争力的薪酬体系[①]，形成"能者多得"的激励导向，具体分为以下三点。一是提高科研项目与成果奖励标准，同时拉大不同层级奖励力度的差距，激励博士学位教师在教学、科研和社会服务方面潜心钻研，取得更多突破性和标志性成果。以金华职业技术学院为例，2020年11月，为激发广大教师内生发展动力和创新活力，促进高水平成果的产出，提升学校的办学水平与核心竞争力，学校印发了《教职工高层次项目奖励实施办法》。该实施办法设

---

① 任欢欢，董永权，刘礼明.省属高校高层次人才工作选择影响因素研究——基于21个案例的清晰集定性比较分析[J].高教探索，2021(8)：24-28.

置了高层次人才项目与荣誉奖励、高层次教学改革与建设项目奖励、学生科技竞赛指导奖励、科研奖励、文化艺术类比赛奖励和体育竞赛奖励这五类奖励,并全面提高了每一类奖励的标准,如获国家级教学成果奖特等奖奖励200万元,一等奖奖励60万元。二是完善科研项目资金激励机制。科研项目是博士学位教师工作的重要部分,也是收入的重要来源,高职院校应贯彻落实国家和省级相关科研项目经费管理的文件精神,加大对科研人员的薪酬激励,扩大科研经费使用自主权,完善科技成果转化分配机制,充分激发博士学位教师干事创业的激情和活力。如无锡职业技术学院鼓励优秀科技人才围绕智能制造产业需求开展原始创新,规定可从基本科研业务费中提取不超过20%作为奖励经费。杭州职业技术学院规定,每一项科技成果拍卖所得的资金,校方只留5%,其他95%一律返还给科研团队,即使是职务发明专利也享受95%分成待遇。三是探索试行年薪制。高职院校可尝试依据工作量和贡献度合理确定年薪水平,体现高层次人才的价值,确保高层次人才收入与实际贡献相匹配,以吸引大批优质的高层次人才向高职院校集聚。如深圳职业技术学院实施年薪制,据2022年招聘公告显示,优秀硕士学历起薪可达23万元/年,具有三年相关工作经历的硕士起薪可达26万元/年,博士学历起薪可达38万元/年,副高职称起薪可达44万元/年等,吸引了大批博士学位教师的加盟。

二、科学规划:探索多元引智模式,引才有策

高层次人才与高职院校的关系,就好比是"精密配件"之于"大型设备",只有根据设备的运行需要和升级需求,采购适配度高、质量过硬的"精密配件",才能保证设备的持续高效运行与优化升级[1]。

(一) 按需制定人才引进规划

科学合理的人才引进规划是高职院校引进博士学位教师的前提条件。当前,一些高职院校追求速成,把引进博士学位教师当成学校发展的"加速器",难免存在人才引进目标定位不清、重规模轻质量、重眼前利益轻长远利益等误区,长此以往,无疑会加剧高职院校人才盲目引进的风险。为避免高职院校在引进博士学位教师中盲目招聘的问题,学校一方面应深入分析已有的师资现状,了解师资的专业结构、学历结构、职称结构、年龄结构等,另一方面应研判地方产业发展方向和市场需求,同时结合学校目标定位、专业建设和学科发展调研。在充分调研和论证的基础上,动态评估人才的数量需求和类型需求,按需制定中长期人才引进战略规划,使人才引进规划与学校和专业发展需求基本保持动态平衡。此外,调研中发现,高职

---

[1] 廉依婷. "区校协同"视域下高职院校高层次人才引进政策机制的优化研究[J]. 中国职业技术教育,2021(31):22-27+58.

院校博士学位教师不仅面临总量偏少的问题,而且还存在专业分布不均衡的问题,大多博士学位教师集中分布在学校重点发展的专业,而非重点发展专业的博士学位教师基本都是零星分布,有些甚至没有博士学位教师,严重制约了专业发展。因而,高职院校在制定人才引进规划时,还应加强统筹规划,基于突出重点、兼顾整体的原则,充分考虑学校重点发展专业和非重点发展专业的博士学位教师引进的动态平衡,避免加剧专业之间博士学业专业教师分布的不均衡。

(二) 积极拓宽人才引进渠道

以博士学位为代表的高层次人才引进事关高职院校高质量的发展全局,是高职院校工作的重中之重。但当前,高职院校人才引进渠道较为单一,使得每年引进的高层次人才数量不多,质量也良莠不齐。为扩大博士学位教师人才引进覆盖面和成功率,高职院校应"多管齐下",不断拓宽人才引进渠道,建立学校和博士人才沟通联系的桥梁,具体措施应从以下五个方面来实施。一是广撒网,主动对接并与相关高校、企业和人才交流中心建立合作关系,积极进校、入企开展人才引进宣讲工作,扩大学校人才招聘宣传力度。二是多媒体,借助网站、微信公众号、短视频、微信群等新媒体传播手段,发布人才招聘信息或大力宣传优秀人才典型,全面提升学校的关注度和知名度,为学校"人才高地"建设宣传造势。三是细深耕,高职院校要充分经营好已引进博士学位教师的学术资源和人脉关系,深挖潜在的引进对象,并通过项目合作等方式加强联系、深入了解,提前锁定相关人员,将其招致麾下。在访谈中,不少博士学位教师表示通过"师兄带师弟""师姐带师弟"等形式成功引进不少优质的博士学位教师。可见,相对其他引才渠道,这是高职院校比较积极稳妥也比较有效的引才方式。四是重奖励,高职院校可尝试以奖励的方式聚智抢才,这样有利于汇聚多元人才信息。如金华职业技术学院为深入实施人才强校战略,充分调动各方力量参与人才引进工作,专门设立了高层次人才引进"伯乐奖",用于奖励为学校高层次人才引进提供信息且成功推荐的校内外人员和人才引进业绩突出的单位。温州职业技术学院为加大高层次人才引进力度,也设立了高层次人才引进"伯乐奖",构建高端人才校企共享机制,创建以才引才聚集模式,充分调动各方力量参与挖掘并推荐高层次人才积极性。五是走出去,高职院校要树立人才国际合作战略观,以更开阔的国际视野拓宽人才选拔范围,面向国际宣传和招揽有意向的高层次人才,如此一来,也有利于提升职业教育国际化水平和国际竞争力。

(三) 完善人才选拔考核机制

博士学位教师是影响学校整体发展的重要变量,必须牢牢守住人才引进的"入口关"。基于个体需求与组织期待匹配类型划分,发现引进的博士学位教师在组织期待满足与个体需求满足的坐标中,高组织期待满足、高个体需求满足的事业型人才较多,同时低组织期待满足、低个体需求满足的混世型人才和低组织期待满足、高个体需求满足的功利型人才也不少,这很大程度上和人才引进时的选拔考核机制有关。为了避免人才引进后会出现不必要的麻烦,高职院校应完善人才选拔考核机制。在引进前通过学校、领导、导师、同学、同事等各种途径全方位了解所引人才的情况,既高度关注高学历、高职称、高质量研究成果等显性指标,同时还要加强对人才道德素养、发展潜力、团队协作等隐性指标的整体考量。毕竟对于学校来说,博士学位教师已有的成果代表过去的成绩,而道德素养、发展潜力、团队协作等软性指标才是其引进后支撑学校长远发展的关键所在。因而,即使高职院校博士学位教师引进困难,但依然要坚持宁缺毋滥的原则,唯有如此,才能为学校鉴别和甄选适合的高层次人才,才能发挥博士学位教师的潜质和价值,为学校高质量发展贡献博士学位教师的智慧和力量。高职院校应将师德师风作为高层次人才引进评价的第一标准,加强对人才引进的师德把关,同时不断强化思想引领,推动优良师德师风建设的常态化和长效化。此外,高职院校在制定人才引进标准时,应纠正不合理的人才评价指标,破除唯文凭、唯论文、唯帽子等"五唯"教育评价导向,一方面淡化人才头衔的"光环效应",推进人才称号回归学术性和荣誉性,另一方面突出彰显高职院校高层次人才的特质,注重专业实践技能、企业实践经历及科技成果转化能力等,广泛吸纳行业企业领军人才,助力高水平"双师型"教师队伍建设。

(四) 创新人才柔性引智方式

尽管高职院校提供的薪资待遇、福利条件较为优渥,但高职院校高层次人才引进困难依然是共性问题。高层次人才在择业时,除了要考虑工作的薪酬待遇、稳定性等因素,还更加注重科研工作的机会、平台、成长和发展等因素。而高职院校在团队建设、重点实验室、研究基地等软硬件上与普通高校存在客观差距,大多高层次人才更倾向于选择普通高校,这大大缩小了高职院校人才引进的可选择余地。因而,高职院校可秉承"不求所有、但为所用"的理念,创新人才引智方式,采用柔性引进或项目化引进方式,从企业、高校和科研院所等重点柔性引进产业教授、高科技人才等,夯实高水平师资队伍建设的人才根基。其实人才柔性引进也是一种区域人才共享机制,离不开政府的驱动与保障。政府作为重要主体,应充分运用互联网、大数据等现代信息技术,深入采集挖掘区域高层次人才信息、分布、需求、载体等资源动态,并在此基础上架构开放共享的区域高层次人才工作大数据服务平台,同时,通过专项政策引导、激励性奖补刺激推动区域内行业企业、科研院所、本科院校等与高职院校在高层次人才共享合作方面建立伙伴关系[1]。相对于全职引进,柔

---

[1] 廉依婷."区校协同"视域下高职院校高层次人才引进政策机制的优化研究[J].中国职业技术教育,2021(31):22-27+58.

性引进是充分体现个人意愿和单位用人自主权的一种人才引进方式,具有高度适应性和灵活性。作为人才引进的重要补充,柔性引智方式备受高青睐。从区域来看,江苏省率先印发了《江苏省产业教授(高职类)选聘办法》(苏教职〔2020〕19号),明确了产业教授选聘条件、选聘程序、工作职责及考核管理等实施细则,为江苏省高职院校产业教授聘任提供了依据。从院校来看,金华职业技术学院、浙江金融职业学院等多数高职院校专门制定了柔性人才引进管理办法,成功探索了柔性引智的方式,形成了"重点引进+联合培养+柔性共享"的灵活机制,为学校转型发展、跨越发展、创新发展、高质量发展汇聚了更多、更广的人才智慧和力量。

(五) 探索团队式引才新模式

与个体引进相比,团队式引进难度较大,但整体引进的团队可以最大限度发挥博士学位教师的作用,更具规模效应和集聚效应,能够迅速提升高职院校某专业领域的竞争力和影响力。近年来,源于教学、科研和社会服务高质量发展需要,国家层面高度重视职业教育教师教学创新团队建设,学校层面也由以往注重分散的教师个体发展向注重整合的教师团队建设转变,并形成了团队发展的共识,个人发展离不开团队支撑、团队发展也离不开个人发展的理念深入人心。高职院校对团队发展的重视在一定程度上也影响了人才引进模式。调查发现,约三分之一的高职院校在其人才引进政策文本中明确提出以团队形式引进高层次人才,并明确了团队成员、结构和待遇等相关要求,如金华职业技术学院、浙江旅游职业学院、常州信息职业技术学院、江苏城市职业学院等,团队式引进成为高职院校人才引进的一大亮点。但大部分高职院校依然停留在个体引进上,尚未尝试开展团队式引才模式。因而,在今后的人才引进中,无论是全职引进,还是柔性引进,高职院校都应在个体引进的基础上,大力探索团队式引才新模式,摸索团队式引才的工作方法,充分释放人才变量的乘数效应,以人才"共生效应"助力高职院校高质量跨越式发展。

三、注重培养:改善人才发展生态,育才有方

人才引进不仅在于引进的过程,更重要的是能为人才提供促进其发展的环境,这样才能"才尽其用"[1],否则仅以优厚待遇引进和激励人才,但连基本的硬件设备都难以保障,终究是"巧妇难为无米之炊",即便是有所成就,也难以取得重大的突破[2]。因而,高职院校迫切需要优化人才培育体系,固巢养凤,为人才发展提供可持续发展的多维支持。

---

[1] 王萍,王琰.高职院校高层次人才引进:困境与突围[J].河南科技学院学报,2020,40(10):59-64.
[2] 罗家才.自为之抑或他驱之:大学高层次人才引进误区再解读——基于组织分析理论的视角[J].江苏高教,2017(5):9-14.

(一) 坚持教学科研并重导向

教学和科研相辅相成,以人才培养为根本目的。但高职院校在长期发展中,渐渐形成了重教学轻科研的现象。著名科学家钱伟长曾指出,"教学没有科研做底蕴,就是一种没有观点的教育"。在稳步发展职教本科背景下,科研成为学校事业发展的助推器,越来越多的高职院校开始意识到教学和科研并举的重要性。两者只有齐头并进、协同发展、相互促进,学校才能走得更快、更远,发展得更好。因而,学校层面应权衡好教学和科研的关系,坚持教学科研并重导向。在注重教学的同时,更加关注科研,尤其关注博士学位教师的科研,为他们提供科研资源、创造科研条件、优化科研服务,毕竟他们是学校从事科研工作和获得科研成果的主力军。博士学位教师个人层面,也要正确认识和处理教学与科研的关系,既不能"浮于"教学而忽略科研,也不能"沉于"科研而抛弃教学,更不能在面临双重压力时一味地抱怨,而应树立信心,充分认识教学与科研的内在联系,并将这种"联系"真正落实于日常教学研究工作中,做一名研究型教师[①]。同时,摆正自身和学校的关系,将自身需求和学校需求有机融合,找到适合自身发展的最佳切入点,然后以积极、热情、饱满的心态全身心投入学校事业发展的火热实践中。毕竟博士学位教师在高职院校是不是大材小用,能不能发挥作用,不仅取决于学校的政策环境,还与博士学位教师自身的能力、行为、态度等因素相关。

(二) 完善教师培养培训体系

高水平师资队伍建设不是一蹴而就的,高职院校应弱化对博士学位教师数量指标的要求,更注重内部人才培养体系和培育机制的完善,从而引导学校重视人才的长效积累。完善教师培养培训体系包括以下两点。一是支持博士进修、研修、访学、企业实践等活动,完善教师访工访学、实践锻炼等成长成才机制。学校引进的博士人才大多是应届的博士毕业生,这些博士毕业生从学校到学校,与产业多少有点脱钩,再加上博士的研究很多都聚焦在理论层面,因而,开展访问工程师和教师下企业实践等项目很有必要。一方面增进博士对职业教育人才培养的规律和特点的认知,另一方面通过产学研横向合作,精准对接企业创新需求,提升博士人才的科研成果转化能力,这也是高职院校推进访问工程师和教师下企业实践的初衷。事实也证明,与企业交流越多、越深入,博士人才的成果也会相对较多。二是开展博士学位教师专项提升计划。以人才项目资助的方式,采用博士学位教师自主申报、学校统一评审的形式,立项资助人才发展,激励博士学位教师产出更多教学和

---

① 杨清.大学青年教师如何处理教学和科研的关系[EB/OL].(2022-11-02)[2022-12-02]. http://ie.gdhsc.edu.cn/info/1080/1228.htm.

科研成果。如浙江金融职业学院在博士提升计划中设置了顶尖博士、拔尖博士和高水平博士三个层级,不同层级博士所要求的科研成果不一,资助额度也不同,最低档是5万～8万元,中间档是10万～15万元,最高档是25万～30万元。这既是一种培养政策,又是一种激励制度。

(三) 加强教师团队培育建设

俗话说,"滴水不成海,独木难成林"。通过团队这一有效的组织形式,既能够增进专业教师内部之间的交流,改变教师长期以来"单兵作战"的窘境,也能够促进专兼教师互动合作机制的完善,形成以合作共赢为核心的新型关系[①]。博士群体教师团队建设的意愿较强,因而,学校层面要加强教师团队培育,结合专业(群)建设实际、人才研究方向和专业特长,以博士人才为核心,重点支持建设一批教学团队、科研团队、社会服务团队等。以团队建设为抓手,吸引校内相同研究方向、相关研究领域或共同研究兴趣的青年教师加入,建立传帮带教师发展机制,充分发挥博士人才领头羊作用,形成"引进一个、带动一批、激活一片"的团队效应。当然团队成长非一朝一夕之功,需要经历创建期、磨合期、凝聚期、整合期的淬炼,同时也依赖于高职院校完善的组织支持机制。团队高效协作建立在有效的沟通交流、优良的组织成员、共同的组织目标、稳定的资金来源四大要素上[②]。唯有如此,教师团队才能形成合理的组织架构和默契共鸣,具备强大的战斗能力,全面提升高职院校教学、科研和社会服务水平。

(四) 搭建人才多元发展平台

博士学位教师的学习成长和才干施展离不开平台的支撑和赋能。在职教本科起步便高质量发展的情况下,高职院校发展平台少、散、小的问题越来越成为博士学位教师发展的束缚。因此,搭建人才多元发展平台迫在眉睫,具体分为以下两个举措。一是推动高端发展平台建设。高职院校要深化与政府、普通高校、行业企业的合作,联合多方力量共建一批协同创新中心、重点实验室、智库、基地等国家级、省级高端平台,以高端平台建设加速博士学位教师成长及标志性成果产出,推动形成博士学位教师发展与高端科研平台建设的良性循环。只有高端的平台才能聚集更多高层次人才,推进更多高标准、高水平、高质量的成果产出。如金华职业技术学院浙江省农作物收获装备技术重点实验室2020年11月被认定为浙江省重点实验室,是浙江省高职院校首家省级重点实验室,聚焦收获装备的核心共性技术,开

---

① 徐珍珍,邵建东,孙凤敏.从分散到整合:高职院校专业教师团队建设研究[J].中国职业技术教育,2021(23):25-30.

② 平思情,刘鑫桥.协作与博弈:跨学科研究团队构建的困境[J].国家教育行政学院学报,2016(12):57-65.

展系统性、基础性和应用性的研究。该实验室现有研究成员44名,正高级23名,副高级12名,博士19名,副高级(含)以上或博士学位的比例占93%以上。无锡职业技术学院建成智能工厂国家标准验证平台,实现纵横向到账经费1.55亿元,带动企业新增销售额24.51亿元,技术合同认定中心成交额达273亿元。二是提前布局建设科研实验室。科研实验室是职教本科发展的必备要素,建设至关重要且迫在眉睫。高职院校应基于现有平台资源,全盘统筹、科学布局、合理整合科研实验室建设。需注意的是,科研实验室建设应凸显跨学科性和共享性特征。跨学科性一方面源自研究中出现了越来越多复杂的科学难题,这种复杂性要求研究者们走出专攻小领域,逐渐打破传统的学科界限,融合不同学科的概念、理论与方法,回答复杂问题产生的原因,提出解决方案[①];另一方面源自复合型技术技能人才培养的需要,产业的转型升级、集群发展和深度融合引发了技术技能人才市场需求的深刻转变,培养输出跨领域、跨专业、跨岗位的复合型技术技能人才已是大势所趋。共享性是基于跨学科的共享,如农学、医学、生物制药,虽然所属学科不同,但有些科研实验所需要的设备在一定程度上可以共享,且采用共建共享的方式,既有利于解决高职院校科研投入、场地、设备等资源紧张问题,又提升了科研实验室的使用效益。

四、深化改革:优化考核评价机制,用才有术

"人材者,求之则愈出,置之则愈匮。"人才效应的发挥依赖于组织与人才的互构,高职院校应既重人才引进又重人才管理,以能力、业绩、贡献为导向,深化人才评价改革,建立灵活的用人机制,并充分发挥管理考核"指挥棒"作用,强化考核结果运用,提升纳才效能。

(一) 加强过程精细管理

高职院校博士学位教师引进面临高成本高流失风险,为避免博士学位教师的功利性流动,各高职院校有必要通过管理考核等规则性控制的方式提高人才的履职成效。而当前高职院校人才引进普遍存在"重引进、轻管理"现象,从高职院校高层次人才引进政策可以看出,管理考核部分的文本篇幅偏少,而且内容简略,缺乏精细化管理。其实人才引进后不同层级高层次人才的岗位职责、考核标准和待遇兑现才是人才引进的核心问题,也是管理考核的价值所在。但调查发现,仅浙江金融职业学院、浙江建设职业技术学院、浙江旅游职业学院、衢州职业技术学院等少数高职院校在政策文本中明确了不同层级高层次人才教学、科研和社会服务等方面量化考核的要求。大部分高职院校在政策文本管理考核部分只明确了服务期限

---

① 平思情,刘鑫桥.协作与博弈:跨学科研究团队构建的困境[J].国家教育行政学院学报,2016(12):57-65.

和违约管理。不同高职院校规定的服务期限不一,一般6~10年,以8年居多,若服务期未满调离学校,政策规定应承担相应违约责任,如退还已经发放的购房补贴(或住房)、未服务年限的科研启动经费和各种津贴等,而其核心内容岗位职责和考核要求等则以附加协议的形式加以规定,这不可避免地增加了人为因素,使得考核标准模糊,信息公开化程度较低。因而,为提高组织纳才效能,高职院校应一方面健全信息公开机制,在政策文本中不仅明确人才引进的条件和待遇,更重要的是明确引进后不同层级高层次人才的岗位职责、考核标准和待遇兑现,为学校二级部门人才引进考核提供根本遵循;另一方面完善过程性考核,过程性考核应贯穿人才服务周期的全过程,包括阶段性考核、中期考核、聘期考核等,可借鉴普通高校"非升即走"制度,实施首聘制或预聘-长聘制,并开展相应考核,同时辅之以过程化的配套经费使用制度,优化经费使用管理和监督,将考核结果与人才津贴、科研启动费发放挂钩,分签订协议后、中期检查、首聘(预聘)期结束等不同节点分批多次发放,通过将压力传导和物质激励相结合的方式,统筹推进博士人才管理考核,产出有助于高职院校可持续发展的纳才效能,同时降低博士人才的离职风险。

(二) 完善人才绩效考核

人才绩效考核是根据学校特定目标,对博士学位教师岗位职责履行情况和工作任务完成情况等业绩工作进行综合评定,同时将考核结果运用于个人绩效水平提升和实现学校发展目标的一种管理办法。它是高职院校人才绩效管理的"指挥棒"和工作成效评价的"度量衡",其关键在于指标体系的科学性和适用性。因而,如何完善人才业绩考核,激发博士学位教师发展潜能,成为高职院校管理考核改革的重点。目标设置理论认为,人的行为是受目标驱使的,合理的目标能激励员工产生更高的工作绩效[①]。一是研制差异化的考核标准。引进的博士学位教师分布在不同的学科和专业,而且不同学科、不同专业的发展基础、重视程度等差异性较大,应充分考虑不同学科、专业领域、任务难度、相关条件以及生涯路径等属性特征和因素,制定不同的考核要求,不能用同一个标准要求所有的博士学位教师。二是设置灵活性的考核条件。很多高职院校在人才引进的时候以附加协议的形式明确相应待遇和考核要求,但考核条件和待遇标准单一固化特征较明显,缺乏弹性和可选择性。因而,高职院校在人才业绩考核方面,可丰富不同层级人才考核成果的选择,如将论文、课题、教学成果奖、科研成果、发明专利、横向技术服务到款、指导技能竞赛、教师教学类竞赛、专业建设与教学改革项目等统统纳入考核条件,并通过必选和可选的组合形式,增加考核条件设置的弹性。如2022年3月,金华职业技术学院调整了《引进高层次人才服务期业绩指标》,分别为Ⅱ类人才、Ⅲ类人才设置了

---

① 刘玲,陈诗高.量化考核驱动下科研人员的行动逻辑与组织发展困境[J].中国科技论坛,2021(3):181-188.

学术论文、国家级或省级课题、省级教学成果奖、省级科研成果奖、立项国家级职业教育教师教学创新团队或省级研发平台（工程研究中心、协同创新中心、重点实验室或技术技能大师工作室、实验实训基地等）等12个条件选项,其中第1~2项是必选项,第3~12项是可选项。同时,还增加了替代方式,如1~2两项定量指标的任意1项完成翻倍可替代第3~12项业绩要求的1项,最多可替代2项;第3~12项中同一项定量指标完成翻倍,可视同完成2项。如此一来,博士学位教师可在必选条件的基础上,根据自身擅长选择相应的考核要求,替代指标的设置也有利于更好发挥博士的各自所长。三是增加教师的自主选择性。自主选择性主要体现在两个方面,一方面是类型的自主选择,高职院校应赋予博士学位教师选择教学型、科研型、教学科研并重型或社会服务型充分的选择权,即可以根据服务期内的发展路径自主选择相应类型的考核要求;另一方面是待遇层级的自主选择,高职院校应设立递进式的待遇标准,并与绩效考核动态挂钩,若博士学位教师在服务期内超额完成绩效考核要求,可获取更高的人才待遇。如此一来,博士学位教师更有自主发展性,更能找到适合自己的发展道路,也更能激励其成果产出,而非被动地受聘期考核的牵制。当然,人才绩效考核是一项长期的系统性工程,真正形成"以制度约束人,以制度激励人"的人才发展格局,仍需高职院校持续发力、持续完善评价体系和机制。

（三）深化职称评聘改革

职称评聘是高职院校教师评价改革的核心,也是关涉博士学位教师群体核心利益的重要方面。很多博士学位教师之所以选择入职高职院校,职称是一个重要的变量因素。因为普通本科高校教师的职称晋升由于指标饱和,基本处于白热化竞争状态,而高职院校的职称晋升指标相对宽裕,而且博士学位教师职称晋升具有明显的竞争优势。但需要注意的是,高职院校博士学位教师引进后的管理与发展,仅仅依靠职称指标数量的优势是远远不够的,高职院校应进一步探索建立符合职教特色的教师职称评审机制。一是在评审标准方面,坚持分类评价和成果导向,根据不同学科专业、不同岗位特点,丰富考核指标的选择性。不仅关注论文、课题、奖项等显性指标,同时也要将企业生产项目实践经历、教育教学实绩、产业实用价值、技术服务等纳入考核标准,从而引导博士学位教师分类发展。二是在评审渠道方面,单列指标,开通高层次人才专业技术职务评聘"绿色通道",畅通高层次人才晋升发展通道。如金华职业技术学院、嘉兴职业技术学院等多所院校都建立了以学术水平和应用技术能力为导向的高层次人才直聘高级专业技术职务的方案,引进的高层次人才首次参加职称评审时,不受本人任职和年限限制,可按业绩、能力和水平直接申报相应职称。对于高职院校来说,职称评聘不仅能够在很大程度上吸引博士学位教师,而且还激发了博士学位教师生涯发展的内生动力。

（四）完善岗位聘任机制

岗位聘任制度的目的是突破传统管理模式下高校教师激励匮乏与流动性不足的弊端[①]。因而，高职院校要想充分发挥博士学位教师的才干，必须完善岗位聘任机制，为高层次人才脱颖而出创造机会和条件，具体分为以下三方面举措。一是缩短高层次人才职务晋升年限。从制度层面打破教师职务晋升年限的限制，使晋升不再是苦熬年限的结果，而是价值需要的体现。如规定从专业技术人员直接提任中层干部的，一般应具有一定的管理工作经历。提任中层正职的，应当具有正高职称或者两年以上副高职称任职经历；提任中层副职的，应当具有副高职称或五年以上中级职称任职经历。提任正科职领导职务的，应参加工作满四年，具有两年以上副科职任职经历；具有中级以上职称的，任职经历放宽到担任副科职一年以上。二是设置实践锻炼专聘副职岗位。为鼓励更多青年专业人才积极参与学校改革发展，锻炼提升组织管理能力，学校可实施"双强型"青年专业人才实践锻炼计划，结合职教本科建设、专业建设长远规划和干部队伍建设的需要，在职能部门、二级学院设置实践锻炼专聘副职岗位，着力培养一批专业强、管理强的"双强型"高素质高校青年专业人才。三是设立特聘岗。学校为进一步深化人事制度改革，深入实施"人才强校"战略，可出台《特聘岗聘用与管理办法》。如金华职业技术学院按照"竞聘上岗、合同管理、绩效考核、动态调整"的原则开展聘用和管理工作，内设"尖峰特聘岗"和"攀峰特聘岗"，其中"尖峰特聘岗"面向学校全职引进的知名专家学者、行业产业"高精尖缺"人才，分设"尖峰产业导师""尖峰海外导师"等，实行年薪制（20万～50万元/年）；"攀峰特聘岗"面向校内教科研人员（除尚在服务期的引进人才），根据不同的聘任条件和聘期要求，分设"攀峰学者"（8万元/年）、"攀峰杰青"（5万元/年）和"攀峰晨星"（3万元/年），实行年岗位津贴补助制，聘期一般为3年。目前，学校参照高层次人才绩效考核标准，已确定17人为攀峰系列培养对象，其中"攀峰学者"8人、"攀峰杰青"3人、"攀峰晨星"6人。系列岗位聘任改革举措，为博士学位教师长远发展搭建了优质平台，创造了发展机遇，拓展了发展空间，同时也激发了内生变量的集群效益，提升了校内教师群体的归属感、幸福感和凝聚力，促进了学校近悦远来良好人才生态的形成，真正践行了想干事的人有机会，能干事的人有平台，干成事的人有地位，且学校近些年的岗位聘任改革具有一定的创新性、借鉴性和推广性，不仅注重待遇留人、感情留人，更注重事业留人，为高层次人才施展才华提供广阔天地。此外，一些高职院校的二级学院已经开始尝试设置专门的科研岗，博士人才进来后可以选择承担少量的教学工作任务或者无须承担教学工作任务，只需潜心科研，为科研型的博士学位教师发展提供了良好的环境支持。

---

① 鲍威,戴长亮,金红昊,等.我国高校教师人事制度改革:现状、问题与挑战[J].中国高教研究,2020（12）:21-27.

五、立足长远:创设良好发展环境,留才有道

推动我国人才强国和人才强校战略的基本路径选择是实现从关注人才引进到重视人才使用和重视人才发展环境的营造[①]。良好的发展环境是博士学位教师成长成才的肥沃土壤,是博士学位教师认同感和归属感产生的主要源泉,也是高职院校的当务之急。若没有良好的发展环境,即使成功引进博士学位教师,最终也将导致人才资源的浪费、闲置或再次流动,违背了高职院校人才引进的初衷。

(一) 拓宽视野,加强学术交流合作

交流是学术生命之流,是学术生命的基本特征[②],作为一种制度安排,它可以促进知识的生产、流动和创新,贵在经常性和可持续性。当前,高职院校对外的沟通交流很多,教育教学、竞赛、人事、专业群等,但真正聚焦学术层面的交流偏少,亟须加强。针对这一现象,需采取以下三个举措来进行改善。一是定期举办或鼓励教师参与各类学术交流论坛。学校应主动承接国际、国家、省级等各类学术交流论坛,扩大学术影响力,同时鼓励博士学位教师多出去交流,知悉学术圈研究的最新资讯和动态,跟上研究前沿。二是建立校内学术交流常态机制。经常性开展博士沙龙等,鼓励博士学位教师聚焦某一领域,开展研讨和深入交流,推动跨学科研究或技术合作项目,营造宽松自由、协同合作的学术研究和技术服务环境。这也一直是博士学位教师的心理期待,他们苦于"孤军奋战",一直想寻找志同道合的研究伙伴,建立学术研究共同体。三是与原来的导师团队保持紧密联系。新引进的博士刚脱离之前所在导师团队的研究工作,面临重新开启自己科研创新的研究局面,在科研环境、设备条件、资金投入、科研项目支撑等方面均面临挑战或不适应现象,独立开展科学创新研究存在诸多困难[③]。而科研恰恰非常需要学术大咖的提携和帮助,同时,学术同门的合作交流也不可或缺。调研发现,博士引进后能够获得高级别科研项目立项和发表高级别科研文章很大程度上与导师不无关系。此外,高职院校还要加强与当地企业的合作交流,积极响应"百博入企""科技特派员"等国家科技助力社会发展的号召,鼓励博士人才走进基层一线开展嵌入式技术服务。

(二) 提高服务,增强教师组织归属

组织归属感是指博士学位教师认同高职院校的价值观和目标,并愿意主动承

[①] 阎光才.海外高层次学术人才引进的方略与对策[J].复旦教育论坛,2011,9(5):49-56.
[②] 刘尧.学者、学术与学术生命[N].科学时报,2010-09-16(A03).
[③] 任君庆,王琪.高职院校教师职业压力、组织支持感与工作满意度关系研究[J].中国职业技术教育,2020(3):54-60.

担对学校的责任,为学校利益付出自己的努力,是一种情感方面的志同道合。大量研究表明,离职意愿和组织归属感呈负相关关系。因而,注重人才价值关怀,深入了解博士人才发展的核心需求,为其成长成才创造良好条件、提供周到服务、满足个性需求,是增强博士人才组织归属感的核心宗旨。这种由内而外自主生成的柔性认同感和归属感比由外向内强制形成的刚性遵从行为对集体效率发挥具有更高影响力[1],具体分为以下五个举措。一是打好科研时间"保卫战"。科研成果的产出,除了平台、团队、资源等的支持外,还需要大量、稳定、持续的时间和精力投入。实证研究显示,大学教师倾向在科研上投入更多的时间,且随着在科研上投入更多的时间,科研论文产出也更多,但是在教学和科研上投入时间的失衡,会带来科研时间投入对科研产出影响的边际效率递减[2]。而高职院校日常教学、学生管理、技能竞赛等繁重的工作任务已消耗博士学位教师大部分时间和精力。因而,为保障科研成果产出,高职院校可尝试为博士学位教师减负,一方面减少教学工作和学生管理工作,另一方面增设科研助手岗位,将博士学位教师从繁重的事务性工作中解脱出来,充分保障其科研时间,使其能够心无旁骛潜心研究。二是全力支持教师科研项目申报。受学校层次、办学实力等影响,高职院校申报国家级、省级等高层次科研项目的机会不少,但成功立项依然凤毛麟角。因而,高职院校更要协助博士学位教师申报国家级、省级等高层次科研项目,积极创造条件,为其牵线搭桥,邀请相关领域的专家进行"问诊把脉",提高国家级、省级等高层次科研项目申报立项率,保障博士学位教师科研项目顺利开花结果,使博士学位教师发挥所长,有所建树。三是做好人才项目申报服务。高职院校拥有省级及以上"人才称号"的教师数量偏少,而且"人才称号"评选竞争激烈,申报省级及以上人才项目要和普通本科高校同台竞争,有些高技能人才项目又要和企业高端人才竞争。因而,高职院校要制定高层次人才后备人选选拔机制,集中资源和力量为博士学位教师立项人才项目创造条件,积极争取市级人才项目的立项,并基于市级人才项目择优推荐申报省级人才项目,基于省级人才项目择优推荐申报国家级人才项目,推进教师人才梯队动态高质量建设。四是深化高职院校管理改革。博士学位教师普遍反映,高职院校管理机械僵化、流程烦琐、效率低下问题严重,徒增了很多精力成本和时间成本,很大程度上影响了博士人才干事创业的积极性。高职院校应借助当下数字化改革契机,深化"最多跑一次"改革,优化办事流程,扩大数据应用,推进部门协同,提高服务效能,最大程度减少人才精力和时间的浪费,使博士学位教师想办的事情都能较快地

---

[1] 马君,张玉凤.专业群视域下高职院校教学创新团队构建及治理[J].高等工程教育研究,2021(1):136-141+200.
[2] 谭珠珠,沈红.教研相长还是教研相抵——大学教师教学与科研时间分配对科研发表的影响[J].中国高校科技,2022(4):61-66.

办成并办好。五是奖励续聘的高层次人才。博士学位教师本身稀缺且流动性很强。当博士学位教师人才服务期满,将面临续聘和离职的双重选择,高职院校也将面临博士学位教师人才重新洗牌的挑战。而且近年来,各高职院校人才引进待遇"水涨船高",而早些年引进的博士学位教师人才待遇远没现在丰厚。因而,为了规避人才离职的可能和风险,高职院校应设计相应的奖励制度,鼓励和吸引博士学位教师留下来,继续为学校发展贡献智慧和力量。

(三) 引育并举,统筹平衡内外关系

高职院校单纯依靠外引来提高师资整体水平并非长远之计,应坚持"两条腿走路",既注重外部人才引进,又注重内部培育,重点关注和挖掘具有潜力的骨干教师或青年学者。毕竟对高职院校教师来说,博士学位日益成为职业生涯发展的标配。而现实是,高职院校好不容易培养的博士常常轻而易举地被其他学校抛出的"优厚待遇"挖走。因而,高职院校在用经济杠杆吸引博士学位教师的同时,也应重视内生变量与集群效应,健全内部教师发展保障体系,包括学历进修优惠政策、人才选拔机会等,提升内部教师职业发展的归属感和向心力。最直接的方式就是提高攻读博士学位的学费报销和奖励标准,缩小与引进博士学位教师的待遇级差。如依据录取学校的级别分别设定相应标准,级别越高,奖励越多,如此一来,既激发了教师自我提升的内在动力,又有利于引导更多的教师报考国内外知名高校,全面提升能力水平,而非只为获得博士学位。同时,辅之以工作量减免等配套的条件保障。只有坚持引育并举,统筹好和平衡好外部引进和内部培养的关系,才能深度挖掘现有人才发展的潜力和优势,使他们在擅长的领域作出最大的贡献,同时,也才能更好地蓄积人才,提高人才结构稳定性,形成高层次人才聚集效应和磁吸效应。毕竟高职院校高质量发展的重要保障是一大批高水平的师资力量,而非只寄托在高薪引进的高层次人才上。

综上所述,学校以经济待遇留人建立的是浅层关系,育才用才留才助其发光发热才是深层长久的组织关系[1],如何构建高职院校和博士学位教师之间人尽其才、适才所用的关系,是对学校组织管理水平的考验。

---

[1] 王晓燕.博士为何进中学——基于扎根理论的博士中学从教意愿影响因素研究[J].中国高教研究,2022(11):89-95.

附　　录

附录 A　高职院校博士学位教师引进与发展现状的调查问卷

尊敬的老师：

　　您好！非常感谢您在百忙之中抽时间接受这次问卷调查。此次调查旨在了解您所在学校博士学位教师引进与发展的现状。调查采用无记名的方式，所得资料只作学术研究之用，问卷各题项也无对错之分，请根据您所了解的实际情况，放心真实填写。非常感谢您的支持与合作！

第一部分　基本信息

1. 您的性别
□男　　　　□女
2. 您的婚姻状况
□已婚　　　□未婚　　　□其他
3. 您的年龄
□30 岁以下　□31～35 岁　□36～40 岁　□41～45 岁　□46～50 岁
□51 岁以上
4. 您的身份
□引进博士　□内培博士　□其他
5. 您的职称
□正高级　　□副高级　　□中级　　　□初级
6. 您的职务
□正处级　　□副处级　　□正科级　　□副科级　　□无
7. 您毕业院校所属性质
□985 高校　□211 高校　□海外高校　□其他
8. 您所在学校类型
□国家"双高"校　　□省"双高"校　　□其他

9. 您学校所在城市属于几线城市
   □超一线　　□一线　　□二线　　□三线　　□四线
   □五线

10. 您的专业所属专业大类
    □农林牧渔大类　　　　□资源环境与安全大类
    □能源动力与材料大类　□土木建筑大类
    □水利大类　　　　　　□装备制造大类
    □生物与化工大类　　　□轻工纺织大类
    □食品药品与粮食大类　□交通运输大类
    □电子与信息大类　　　□医药卫生大类
    □财经商贸大类　　　　□旅游大类
    □文化艺术大类　　　　□新闻传播大类
    □教育与体育大类　　　□公安与司法大类
    □公共管理与服务大类

第二部分　引进情况

11. 您觉得学校引进博士学位教师的主要原因是？（多选题）
    □升本需要,满足职教本科师资标准
    □学科发展,需要有博士人才的引领
    □教学需要,培养高素质技术技能人才
    □科研需要,补齐学校科研发展短板
    □项目需要,申报各类教科研相关项目
    □提升综合实力,打造学校核心竞争能力

12. 您认为如果没有职教本科师资的硬性标准,学校是否有足够的动力引进博士学位教师？
    □动机较强,学校一直以来就非常重视博士学位教师引进且成效显著
    □动机一般,在职教本科师资标准之前,学校就有引进博士学位教师,但并未如此重视
    □没有动机,如果没有职教本科师资标准,学校应该不会大力引进博士学位教师

13. 您所在学校每年对博士学位教师人才的需求量是？
    □61人以上　□51～60人　□41～50人　□31～40人　□21～30人
    □11～20人　□10人以下　□不清楚

14. 您所在学校每年引进博士学位教师的数量是？
□31人以上　□26～30人　□21～25人　□16～20人　□11～15人
□6～10人　□5人以下　□不清楚

15. 您入职高职院校时，对高职院校或高职教育的印象是？
□非常了解，对高职院校或高职教育有深入的调查和认知
□一般了解，对高职院校或高职教育的概念比较模糊
□一片空白，对高职院校或高职教育没有相关概念

16. 您选择高职院校就职主要考虑哪些因素？（多选题）
□国家重视，高职院校面临的发展机遇较好
□购房、科研、人才补贴等待遇优厚　　□职称晋升渠道通畅
□职务晋升机会和空间较大　　　　　　□编制保障
□科研压力和竞争较小　　　　　　　　□亲缘或学缘等社会关系的牵引
□相对普通本科门槛和要求较低　　　　□帮助解决配偶编制
□帮助解决孩子入学问题　　　　　　　□城市区位优势明显

17. 您不选择进高职院校考虑的主要因素是什么？（多选题）
□缺乏科研平台、设备等硬件资源支持
□缺乏科研团队、氛围等软件资源支持
□自身学术成长与发展空间受限　　　　□重教学轻科研，重行政轻学术
□学校名气不好，社会认可度偏低　　　□无法带研究生，缺少学术传承

18. 您所在学校引进博士学位教师的规划是否合理？
□非常合理，基于学校和专业深入而广泛的调研制定
□一般合理，基于部分专业的浅层次调研制定
□没有规划，人才引进存在一定的盲目性

第三部分　发展情况

19. 您目前是否担任行政管理职务？
□有，担任高层管理者（如副校长）　　□有，担任中层管理者（如副院长）
□有，担任基层管理者（如专业主任）　　□无，没有担任任何行政职务

20. 您担任行政管理职务的主要动机是什么？（多选题）
□提升自身各方面能力素养　　　　　　□拓宽视野
□有助于申报各类项目　　　　　　　　□有助于职称晋升
□获得上级领导的认可　　　　　　　　□实现职务晋升
□其他

21. 您目前担任行政管理个人感受如何?
□感受挺好,希望自己能够实现进一步提升
□感受一般,有时会想放弃行政职务
□感受较差,希望赶紧推掉行政职务

22. 您觉得担任行政管理职务有哪些烦恼?
□感到自己无法胜任管理工作　　□行政事务太花费时间
□影响自身专业发展　　　　　　□考核压力太大了
□任务很难布置下去　　　　　　□做的很多事情没有价值
□其他

23. 您未担任行政管理职务的主要原因是什么?(多选题)
□影响专业工作　　　　　　　　□自身素质无法承担
□行政事务太花费时间　　　　　□考核压力太大
□自身家庭原因　　　　　　　　□其他

24. 您在专业发展上以下列哪条路径为主?
□教学为主型　　　　　　　　　□科研为主型
□教学科研并重型

25. 您选择以教学为主最主要的原因是什么?(多选题)
□我自身对科研没有了兴趣　　　□学校很难提供我科研开展的条件
□学校更重视教学工作　　　　　□我个人对教学工作更感兴趣
□做教学工作更有利于我个人发展　□其他

26. 您选择以科研为主最主要的原因是什么?(多选题)
□我个人更喜欢从事科研工作　　□学校能支撑我科研工作的展开
□我能获得校外科研资源的支持　□做科研工作更有利于我个人发展
□学校期待我在科研工作作出成绩　□其他

27. 您选择以教学科研并重最主要的原因是什么?(多选题)
□个人意愿为主,两个方面我都感兴趣
□学校激励导向,学校希望两个方面我都能做好
□职称评定导向,做好两个方面工作晋升概率大
□其他

28. 您是否愿意积极投入到备课、课堂教学等常规教学工作之中?
□十分愿意,这是老师的基本职责　　□意愿一般,基本完成任务就可以
□不太愿意,不想花费太多时间

29. 您不愿投入到备课、课堂教学等常规教学工作的原因是什么?(多选题)
□学校对常规教学重视不够

☐课堂教学氛围差,学生学习动机弱 ☐对职称评审帮助不大
☐常规教学很难进行评价 ☐自己对常规教学不感兴趣

30. 您是否愿意积极投入到技能竞赛、教学能力比赛等成果教学工作之中?
☐十分愿意,这是学校重点工作 ☐意愿一般,和我发展关系不大
☐意愿较差,不想投入太多时间

31. 您不愿投入到技能竞赛、教学能力比赛等成果教学工作的原因是什么?(多选题)
☐需要投入很大的精力时间 ☐我自身不擅长这些工作
☐这些工作价值意义不高 ☐成果获取压力越来越大
☐影响我科研工作的进度 ☐对学生发展没有太大价值
☐其他

32. 您愿意积极投入到技能竞赛、教学能力等成果教学的原因是什么?(多选题)
☐我自己对这些工作很感兴趣 ☐获取成果对自己职称晋升有帮助
☐上级领导对我有很大的期待 ☐获取成果有丰厚的物质奖励
☐这些工作是学校重点关注的领域 ☐其他

33. 您在科研发展上以下列哪条发展路径为主?
☐理论科研 ☐应用科研

34. 您选择理论科研的原因是什么?(多选题)
☐我有较好的理论科研基础 ☐我对理论科研范式比较熟悉
☐有助于职称晋升 ☐学校比较重视
☐可以获取丰厚的科研奖励 ☐其他

35. 您目前从事理论科研面临最大的困难是什么(多选题)
☐单打独斗,缺乏团队支撑
☐缺乏实验设备场地等科研物质基础
☐在论文发表、课题申报因高职身份受到歧视
☐学校对科研重视不够,重结果轻过程 ☐学校科研资源投入不足
☐学校科研激励制度体系不健全 ☐其他

36. 您未选择应用科研的原因是什么?(多选题)
☐我对应用科研范式不熟悉 ☐我缺乏必要的企业资源
☐学校缺乏开展应用科研的条件 ☐学校对应用科研重视不够
☐应用科研对职称晋升帮助不大 ☐学校缺乏校企合作应用科研平台
☐学校缺乏应用导向的科研制度 ☐其他

37. 您选择应用科研面临的困难有哪些？（多选题）
□学校缺乏开展应用科研的条件　　□学校对应用科研重视不够
□应用科研对职称晋升帮助不大　　□学校缺乏校企合作应用科研平台
□学校缺乏应用导向的科研制度　　□其他

38. 您有考虑过从科研转向教学吗？
□有这方面的想法,感觉科研已经进入瓶颈期了
□偶尔会这么想,毕竟教学是学校的发展重心
□没有考虑过,还是一心想从事科研工作

39. 您觉得学校有必要设立专门的研究（科研）岗吗？
□非常必要,可以充分发挥博士研究专长
□一般必要,博士教学科研并重更有利于专业发展
□没有必要,博士应当更多参与专业建设

40. 您所在学校与博士学位教师引进与发展相关的制度都有哪些？（多选题）
□高层次人才引进若干意见
□高层次人才高级专业技术职务直聘规定
□在职攻读博士学历（学位）管理办法　　□高层次项目奖励实施办法
□高层次人才服务期业绩考核　　　　　□高级别科研项目培育制度
□科技成果转化制度　　　　　　　　　□其他教师发展相关制度

41. 您适应高职院校的工作节奏和状态吗？
□非常适应,能够胜任教学、科研、竞赛等多种角色
□一般适应,重教学轻科研导向明显
□不太适应,工作强度大、任务繁杂

42. 您觉得完成学校服务期考核压力大吗？
□压力很大,考核任务较重,时刻担心完不成
□一般压力,考核任务还好,基本能够完成
□没有压力,考核任务较轻,能够轻松完成

43. 您对自身当前的发展现状满意吗？
□非常满意,与自己的发展预期相符合
□不太满意,与自己的期望有一定差距
□不满意,远未达到自己的发展预期

44. 您觉得学校博士学位专业教师引进与发展的总体情况如何？
□引得进,也用得好,博士和学校双方受益
□引得进,但用不好,造成学校和博士资源的浪费
□引不进,更不用提发展了

45. 假如您的服务期满,是否会考虑再次流动?
□肯定会,希望换一个更好的发展平台
□不确定,视当时情况而定
□不会,比较适应当前现状

附录 B　高职院校博士学位教师引进与发展的访谈提纲

一、对院校领导及职能部门负责人的提纲设计

姓名:　　　　　　专业:　　　　　　行政职务:
入职年份:　　　　访谈日期:　　　　访谈方式:

首先非常感谢您的参与和支持!此次调研主要是了解高职院校博士学位教师引进与发展的现状和问题,访谈内容仅供学术研究,所有信息将进行匿名处理,再次感谢您的协助。

1. 当前学校博士学位教师整体引进情况如何?规模几何?每年需求量多少,引进多少,能否满足教育教学、科研、社会服务需求?
2. 学校引进博士学位教师的动机是什么?希望博士发挥什么样的作用?
3. 学校引进博士学位教师有规划吗?规划合理吗?是如何规划的?博士学位教师专业分布如何,一个专业大致有多少博士?
4. 学校在引进博士学位教师是如何选拔的,评价的标准是什么?重点关注哪些方面?
5. 学校引进博士学位教师福利待遇如何?给房子吗?解决配偶编制吗?薪酬是否具有一定的市场竞争力?
6. 学校为引进博士学位教师都做了哪些努力?如出台相关政策、制度等。
7. 学校引进博士学位教师目前主要面临哪些困难?是什么因素导致的?不同学科的博士引进难度是否有较大差异?
8. 高职教育高质量发展对博士学位教师的引进会产生哪些影响?
9. 学校博士学位教师引进后发展路径都有哪些?为促进博士学位教师发展,做了哪些努力,出台了哪些政策制度?如团队、平台、职称、专设研究岗等。
10. 学校博士学位教师的聘期是几年,考核标准如何?对博士来说难度大不大?
11. 学校每年是否有博士学位教师离职?这些博士学位教师为何离职?离职都去了哪?
12. 您觉得学校博士学位教师引进与发展总体如何?博士学位教师引得进、用

得好、留得住的关键是什么?

13. 您还有什么需要特别补充的?

二、对高职院校已引进博士访谈的提纲设计

姓名:　　　　　　毕业学校:　　　　　　专业:
行政职务:　　　　　入职年份:　　　　　　访谈日期:
访谈方式:

首先非常感谢您的参与和支持!此次调研主要是了解高职院校博士学位教师引进与发展的现状和问题,访谈内容仅供学术研究,所有信息将进行匿名处理,再次感谢您的协助。

1. 您觉得学校重视博士学位教师引进吗?为何重视?人才引进规划合理吗?

2. 您觉得学校对博士的期待是什么,希望发挥哪些方面的作用?

3. 您当时选择高职院校就职,对高职院校或者高职教育了解吗?印象是什么?

4. 您选择高职院校,主要考虑哪些因素?高职发展政策环境、经济待遇、科研学术压力等?您觉得学校的待遇是否有吸引力?

5. 您觉得学校博士学位教师引进面临哪些困难?主要是什么因素导致?平台、团队、时间、区位等?

6. 您所在学校是如何促进博士学位教师发展的,出台了哪些政策制度?您希望学校提供哪些方面的帮助?

7. 您所在学校是否存在"引得进"却"用不好"的难题,请举例说明并阐释相关原因。

8. 您觉得学校重视科研工作吗?您开展科研遇到最大的问题是什么?学校是否对您的科研提供较大的支持,都有哪些支持?

9. 您觉得高职院校博士学位教师引进后,都有哪些发展路径?

10. 您对自己的发展期待是怎样的?想专注科研,还是教学,还是两手抓?当前发展与预期是否存在偏差?对自己当前的发展是否满意?

11. 您身边是否有博士学位教师离职?这些博士学位教师为何离职?离职都去了哪?假如您的服务期已满,是否会考虑再次流动?

12. 您觉得学校博士学位教师引得进、用得好、留得住的关键是什么?学校应在政策配套、引才方式、考核管理等方面如何变革?

13. 您还有什么需要特别补充的?

三、对在读博士生(内培)访谈的提纲设计

姓名：　　　　　在读学校：　　　　　专业：
行政职务：　　　入职年份：　　　　　访谈日期：
访谈方式：

首先非常感谢您的参与和支持！此次调研主要是了解高职院校博士学位教师引进与发展的现状和问题，访谈内容仅供学术研究，所有信息将进行匿名处理，再次感谢您的协助。

1. 您觉得学校重视博士学位教师引进吗？为何如此重视？
2. 您觉得学校对博士的期待是什么，希望发挥哪些方面的作用？
3. 您觉得学校引进博士学位教师面临哪些困难？主要是什么因素导致？平台、团队、时间、区位等？
4. 您所在学校是如何促进博士学位教师发展的，出台了哪些政策制度？
5. 您觉得高职院校博士学位教师都有哪些发展路径？
6. 您为何选择继续攻读博士学位？毕业后有何规划？
7. 学校内培博士的待遇如何？您如何看待外引和内培之间的待遇极差？
8. 对于学校重引进轻内培的现象，您如何看待？如何才能实现引育并举？
9. 您觉得学校博士学位教师引得进、用得好、留得住的关键是什么？学校应在政策配套、引才方式、考核管理等方面如何变革？
10. 您还有什么需要特别补充的？

四、对在读博士生(非内培)访谈的提纲设计

姓名：　　　　　在读学校：　　　　　专业：
访谈日期：　　　访谈方式：

首先非常感谢您的参与和支持！此次调研主要是了解高职院校博士学位教师引进与发展的现状和问题，访谈内容仅供学术研究，所有信息将进行匿名处理，再次感谢您的协助。

1. 您对高职院校或高职教育了解吗？印象是什么？
2. 您觉得高职院校重视博士学位教师引进吗？为何如此重视？
3. 您毕业后会选择入职高职院校吗？为什么？
4. 您觉得入职高职院校和博士的哪些特质相关？比如毕业院校性质、追求稳妥生活、聘任制度等。
5. 您觉得高职院校引进博士学位教师主要面临哪些困难？是什么因素导致？
6. 您觉得高职院校博士学位教师引得进、用得好、留得住的关键是什么？学校

应在政策配套、引才方式、考核管理等方面如何变革？

五、对离职的博士学位教师访谈的提纲设计

姓名：　　　　　毕业学校：　　　　　专业：
就职时长：　　　访谈日期：　　　　　访谈方式：

首先非常感谢您的参与和支持！此次调研主要是了解高职院校博士学位教师引进与发展的现状和问题，访谈内容仅供学术研究，所有信息将进行匿名处理，再次感谢您的协助。

1. 您觉得学校重视博士学位教师引进吗？为何如此重视？
2. 您当时选择高职院校就职，对高职院校或者高职教育了解吗？印象是什么？
3. 您当时选择高职院校就职，主要考虑哪些因素？
4. 您觉得学校引进博士学位教师主要面临哪些困难？是什么因素导致？
5. 您为何选择离职，详细阐述一下离职原因以及当前的就职情况。
6. 您觉得学校博士学位教师引得进、用得好、留得住的关键是什么？学校应在政策配套、引才方式、考核管理等方面如何变革？

参 考 文 献

一、著作

[1] 李庆臻.科学技术方法大辞典[M].北京:科学出版社,1999.
[2] 陈向明.质的研究方法与社会科学研究[M].北京:教育科学出版社,2000.
[3] 凯西·卡麦兹.建构扎根理论:质性研究实践指南[M].重庆:重庆大学出版社,2009.
[4] 陈学飞.教育政策研究基础[M].北京:人民教育出版社,2011.
[5] 裴娣娜.教育研究方法导论[M].合肥:安徽教育出版社,2019.
[6] 陈子季.教育要守正创新[M].南昌:江西高校出版社,2021.
[7] 诺曼·费尔克劳.话语分析:社会科学研究的文本分析方法[M].赵芃,译.上海:商务印书馆,2021.

二、期刊论文

[1] 陈春花,肖智星.人才流动的微观动因分析[J].科技进步与对策,2000(6):104-105.
[2] 刘军,周绍伟.人力资本承载力与有效人才流动[J].管理世界,2004(8):139-140.
[3] 刘世定,邱泽奇."内卷化"概念辨析[J].社会学研究,2004(5):96-110.
[4] 彭移风.高职院校教师职业生涯发展困境与出路的思考[J].中国高教研究,2006(10):75-76.
[5] 吕志奎.公共政策工具的选择——政策执行研究的新视角[J].太平洋学报,2006(5):7-16.
[6] 程名望,史清华,徐剑侠.中国农村劳动力转移动因与障碍的一种解释[J].经济研究,2006(4):68-78.
[7] 李红浪,张立青.高职院校高层次人才队伍建设初探[J].职教论坛,2009(35):15-16.
[8] 李玉保,谈慧娟,杨志其.高职院校实施人才强校战略的哲学思考[J].职教论坛,2011(34):16-18.
[9] 叶小明.高等性也是高职教育的根本属性[J].高等工程教育研究,2011(1):

152-155.

[10] 阎光才.海外高层次学术人才引进的方略与对策[J].复旦教育论坛,2011,9(5):49-56.

[11] 邵建东.学习型组织视阈下的高职院校专业教学团队建设[J].教育与职业,2011(18):59-60.

[12] 邵建东,王振洪.高职"双师结构"专业教学团队及其整合培育[J].高等工程教育研究,2012(3):167-171.

[13] 邵建东.高职院校专业教学团队的短板及修复[J].中国高等教育,2012(1):46-47.

[14] 王咏.高职院校教师职称评审与岗位设置管理工作的衔接研究[J].天津职业院校联合学报,2012,14(12):44-48.

[15] 曹必文.高职院校高层次人才队伍建设:现状、困惑与对策——以江苏省为例[J].职业技术教育,2012,33(4):54-58.

[16] 张东海."非升即走"的逻辑及其引入我国高校的可能性[J].比较教育研究,2013,35(11):55-60.

[17] 杨勇,张丽英.人际关系的第四缘——学缘关系[J].中北大学学报(社会科学版),2014,30(5):61-64.

[18] 范冬清.大学高层次人才引进风险:影响因素与对策建议[J].高等教育研究,2014,35(6):39-45.

[19] 邵建东.论高职院校学习型教学共同体的构建[J].教育研究,2014,35(2):118-122.

[20] 万淼.对博士生"逃离科研"的反思[J].中国青年研究,2014(8):16-20.

[21] 汪栋,曾燕萍.我国博士生就业影响因素实证研究[J].教育发展研究,2014,34(17):19-25.

[22] 沈文钦,王东芳,赵世奎.博士就业的多元化趋势及其政策应对——一个跨国比较的分析[J].教育学术月刊,2015(2):35-45.

[23] 范冬清.风险规制、过程管控及价值衡量——大学高层次人才引进风险的管理模型解析[J].高教探索,2015(3):13-16.

[24] 罗英姿,顾剑秀.我国博士生培养与劳动力市场需求的冲突与调适——基于博士生就业期望的调查研究[J].学位与研究生教育,2015(10):53-58.

[25] 高耀,沈文钦.中国博士毕业生就业状况——基于2014届75所教育部直属高校的分析[J].学位与研究生教育,2016(2):49-56.

[26] 戴成林.高校引进人才政策的文本分析——基于天津市16所高校人事部门的调查[J].黑龙江高教研究,2016(7):1-5.

[27] 平思情,刘鑫桥.协作与博弈:跨学科研究团队构建的困境[J].国家教育行政学院学报,2016(12):57-65.

[28] 邵建东,徐珍珍.现代职教体系下高职师资队伍建设的诉求、问题与路径[J].中国高教研究,2016(3):100-103.

[29] 王亚南,石伟平.转型发展背景下高职院校专业带头人角色定位的实证研究——基于对专业带头人岗位职责书的内容分析[J].中国职业技术教育,2017(15):14-21.

[30] 陈小满,罗英姿.我国博士毕业生就业多元化研究——以27所教育部直属高校为例[J].中国高教研究,2017(9):51-56.

[31] 卿石松.博士生就业问题调查及对策分析[J].学位与研究生教育,2017(1):43-49.

[32] 郭书剑,王建华."双一流"建设背景下我国大学高层次人才引进政策分析[J].现代大学教育,2017(4):82-90+112-113.

[33] 罗家才.自为之抑或他驱之:大学高层次人才引进误区再解读——基于组织分析理论的视角[J].江苏高教,2017(5):9-14.

[34] 张宝玲,吴方,王济干.基于框架分析法的高校高层次人才薪酬激励模式创新研究[J].江苏高教,2018(5):26-31.

[35] 计迎春,郑真真.社会性别和发展视角下的中国低生育率[J].中国社会科学,2018(8):143-161+207-208.

[36] 邵建东.高职教师领导力:内涵、价值及发展路径[J].江苏高教,2018(10):72-76.

[37] 苏立宁,廖求宁."长三角"经济区地方政府人才政策:差异与共性——基于2006—2017年的政策文本[J].华东经济管理,2019,33(7):27-33.

[38] 李永刚.中国博士毕业生的就业选择与流动趋向研究——以教育部直属高校为例[J].中国高教研究,2019(9):87-93.

[39] 卿石松,梁雅方.博士毕业生就业多元化及质量特征分析[J].学位与研究生教育,2019(11):56-62.

[40] 王亚南,石伟平.高职院校专业带头人成就动机弱化的体制成因——基于Z省3所高职院校的质性研究[J].中国职业技术教育,2019(22):21-26+63.

[41] 廖冰,谢海涛,褚家佳.高层次人才流失风险识别、测度与防控机制研究[J].黑龙江高教研究,2020,38(11):42-47.

[42] 岳英.我国高校教师职称晋升影响因素的事件史分析[J].教育发展研究,2020,40(Z1):90-97.

[43] 鲍威,戴长亮,金红昊,等.我国高校教师人事制度改革:现状、问题与挑战

[J].中国高教研究,2020(12):21-27.

[44] 任君庆,王琪.高职院校教师职业压力、组织支持感与工作满意度关系研究[J].中国职业技术教育,2020(3):54-60.

[45] 何宪.高校工资制度改革研究[J].中国高等教育,2020(20):13-21.

[46] 金蕾莅,胡湜.为何出走学术界:新生代博士毕业生的工作价值观与工作单位选择[J].中国高教研究,2020(11):19-25.

[47] 吴青,罗儒国.博士生缘何入职非学术岗位——基于《自然》杂志调查的发现[J].中国高教研究,2020(8):50-55.

[48] 廉依婷."区校协同"视域下高职院校高层次人才引进政策机制的优化研究[J].中国职业技术教育,2021(31):22-27+58.

[49] 任欢欢,董永权,刘礼明.省属高校高层次人才工作选择影响因素研究——基于21个案例的清晰集定性比较分析[J].高教探索,2021(8):24-28.

[50] 鲁世林,杨希.高层次人才成长周期及其对科技人才培养的启示[J].黑龙江高教研究,2021,39(9):1-5.

[51] 郝天聪,石伟平.知识论视角下的高职院校科研定位探析[J].江苏高教,2021(6):25-30.

[52] 朱玉成.高校教师非升即走的制度误用及纠偏[J].中国高教研究,2021(12):64-69.

[53] 马君,张玉凤.专业群视域下高职院校教学创新团队构建及治理[J].高等工程教育研究,2021,(1):136-141+200.

[54] 徐娟,王建平.中国大学高层次青年人才流动的影响因素——基于5类项目人才履历追踪的实证研究[J].现代大学教育,2021,37(3):78-87.

[55] 徐珍珍,邵建东,孙凤敏.从分散到整合:高职院校专业教师团队建设研究[J].中国职业技术教育,2021(23):25-30.

[56] 谢莉花,陈慧梅,唐慧.我国职教教师教育模式的结构选择与发展取向探析——基于国际比较的视角[J].中国职业技术教育,2021(18):40-50.

[57] 邵建东,牛晓雨.高职院校专业教师团队建设的特征差异及关系研究——以装备制造大类专业为例[J].中国高教研究,2021(4):103-108.

[58] 邵建东.高职院校教师绩效管理存在的问题及改进策略[J].职业技术教育,2021,42(6):33-38.

[59] 周建松,陈正江.基于"双高"绩效管理的高职教育高质量发展研究[J].江苏高教,2021(11):28-32.

[60] 周建松.稳步发展职业本科教育的思考与实践[J].中国高等教育,2021(Z2):67-69.

[61] 沈文钦,许丹东.优秀的冒险者:中国博士后的职业选择与职业路径分析[J].中国高教研究,2021(5):70-78.

[62] 高耀,乔文琦,杨佳乐.一流大学的博士去了哪里——X大学2011—2015年博士毕业生就业趋势分析[J].学位与研究生教育,2021(3):53-60.

[63] 包水梅,陈嘉诚.政策工具视角下我国"双一流"建设高校教学评价政策偏好研究[J].高校教育管理,2022,16(5):40-51.

[64] 崔光彩,姜姜,吕志英.高校教师绩效考核的现状与优化探讨——以南京H大学为例[J].中国高校科技,2022(8):51-55.

[65] 龙梦晴,邹慧娟,吴蓓.新时代高校人才流动的生态位理论研究[J].中国高等教育,2022(19):44-46.

[66] 罗校清,李锡辉.本科层次职业教育试点现状、困境及推进策略[J].教育与职业,2022(13):12-19.

[67] 田贤鹏,姜淑杰.为何而焦虑:高校青年教师职业焦虑调查研究——基于"非升即走"政策的背景[J].高教探索,2022(3):39-44+87.

[68] 王安安.中国特色高水平高职学校助力区域产业发展的成效与推进策略——基于长三角41所学校校企合作中期建设进展的分析[J].中国职业技术教育,2022(23):28-34.

[69] 王露莹,刘晓.中国特色高水平高职学校教师队伍的建设成效与优化策略——基于56所"双高"院校中期绩效自评报告的分析[J].中国职业技术教育,2022(23):13-20.

[70] 鲁沛竺.内卷化:一个跨学科理论话语的教育领域误用与反思[J].苏州大学学报(教育科学版),2022,10(3):71-80.

[71] 王晓燕.博士为何进中学——基于扎根理论的博士中学从教意愿影响因素研究[J].中国高教研究,2022(11):89-95.

[72] 郝天聪.高职院校应用导向科研行动困境的案例研究——组织社会学的视角[J].高等工程教育研究,2022(4):182-187.

[73] 谭珠珠,沈红.教研相长还是教研相抵——大学教师教学与科研时间分配对科研发表的影响[J].中国高校科技,2022(4):61-66.

[74] 郭书剑.大学高层次人才流动对其学术表现的影响研究[J].现代大学教育,2022,38(5):83-90.

[75] 孙园,曾青生.高职院校高层次人才队伍建设存在的问题与治理对策[J].教育与职业,2022(22):68-72.

[76] 邵建东,徐珍珍,孙凤敏.高职院校专业教师团队建设的影响因素、现实困境及对策研究[J].中国高教研究,2022(1):102-108.

[77] 周建松.新修订的职业教育法护航高职教育高质量发展[J].中国高等教育,2022(17):59-61.

[78] 周建松,陈正江.高质量发展背景下高职教育新定位与新使命[J].中国高教研究,2022(8):97-102.

[79] 周建松,陈正江.新时代职业教育高质量发展的法治保障[J].中国职业技术教育,2022(16):40-44.

[80] 周建松,陈正江.职业教育高质量发展:背景、目标与关键[J].职业技术教育,2022,43(4):6-10.

[81] 王顶明,李影.本科层次职业教育学位制度建设的学理思考[J].高校教育管理,2022,16(4):75-84.

[82] 边玉柱,李艳芳,何潇蓉.本科层次职业教育教师核心素养评价指标体系构建研究[J].职业技术教育,2022,43(17):73-78.

[83] 郭丽君,周建力.困顿与突破:高等职业教育的生态位辨析[J].现代教育管理,2022(4):93-101.

[84] 房亮,关志伟,蔡玉俊.本科层次职业教育教师专业能力模型构建与验证[J].职业技术教育,2022,43(8):52-59.

[85] 蔡玉俊,叶帅奇,赵文平.本科层次职业教育教师产教融合能力发展探析[J].教育理论与实践,2022,42(6):23-27.

[86] 周兰菊,蔡玉俊.高职博士层次卓越职教师资培养研究与探索[J].中国职业技术教育,2022(21):28-35.

[87] 翟月,张辉,沈文钦.什么是"好地方"——博士毕业生就业地点选择的质性研究[J].中国高教研究,2022(11):81-88.

[88] 王晓燕.博士为何进中学——基于扎根理论的博士中学从教意愿影响因素研究[J].中国高教研究,2022(11):89-95.

[89] 许丹东,沈文钦,陈洪捷.博士就业去向与择业心态——基于两次全国调查的对比分析[J].中国高教研究,2022(7):69-75.

[90] 吴秋晨,徐国庆.职教科研视角下职教博士与高职院校之间的关系审思[J].教育与职业,2023(5):44-50.

[91] 邵建东,韦清,王瑞敏.高职院校转型发展的现实困境及突破路径[J].江苏高教,2023(3):120-124.

[92] 郭达,邢少乐.我国高等职业教育层次结构上移发展研究[J].教育与职业,2023(6):12-18.

[93] 李梦卿,田舒蕾.本科层次职业教育专业建设的逻辑、机制与路径[J].中国职业技术教育,2023(1):46-53.

[94] 崔淑淇,姚聪莉.本科层次职业教育人才培养的内在逻辑、目标定位与实现路径[J].现代教育管理,2023,(04):97-108.

[95] 李梦卿,余静.本科层次职业教育发展的基本逻辑、他国经验及本土化路径选择[J].现代教育管理,2023,(04):87-96.

三、学位论文

[1] 夏琛桂.我国长三角都市圈人才集聚、扩散与共享的模型和机制研究[D].上海:上海交通大学,2011.

[2] 王慧英.我国高校教师流动政策研究[D].长春:东北师范大学,2013.

[3] 龙梦晴.我国大学人才成长的生态学研究[D].长沙:湖南师范大学,2014.

[4] 宁甜甜.人力资本与社会资本对高层次人才职业生涯发展的影响研究[D].天津:天津大学,2014.

[5] 侯爱军.区域人才流动的经济适配度和知识溢出效应研究[D].北京:北京理工大学,2016.

[6] 何谐.我国高等职业教育学位制度的构建研究[D].重庆:西南大学,2018.

[7] 王亚南.高职院校专业带头人能力模型构建及发展研究[D].上海:华东师范大学,2018.

[8] 刘晖.中国的人才空间集聚格局及形成机制[D].北京:首都经济贸易大学,2018.

[9] 谢军.新建应用型本科高校"双师型"教师队伍建设研究[D].西安:陕西师范大学,2019.

[10] 郝天聪.应用导向:高职院校科研定位及其实践逻辑研究[D].上海:华东师范大学,2022.

[11] 郭书剑.中国大学学术精英的流动[D].南京:南京师范大学,2021.

[12] 李颜如.我国高校人才流动绩效评价指标体系构建研究[D].北京:中国矿业大学,2021.

[13] 徐苏兰.中国高校教师职称晋升制度变迁逻辑研究[D].北京:中国矿业大学,2021.

[14] 陈凤英.职业教育专业实践教师制度研究[D].天津:天津大学,2023.

[15] 李雪峰.人才需求与人才环境对人才集聚的影响[D].重庆:重庆大学,2022.

[16] 叶延禹.高校教师职业发展的性别差异研究[D].杭州:浙江大学,2021.

[17] 宋延军.基于公平理论的高校教师薪酬制度设计研究[D].重庆:西南大学,2012.

[18] 苏瑛.基于政策工具视角的广西人才政策研究[D].南宁:广西民族大

学,2022.

[19] 陈志军.上海高校教师岗位分类管理及其对教师行为取向的影响研究[D]. 上海:华东师范大学,2023.

四、报纸

[1] 刘尧.学者、学术与学术生命[N].科学时报,2010-09-16(A3).

[2] 陈彬.专家称青年教师缺乏学术独立也因自身能力不足[N].科学时报,2013-04-04(5).

[3] 伍红军.高职院校应储备高水平师资[N].中国建设报,2018-81-15(6).

[4] 周彬.高学历毕业生任教中小学是人才浪费吗[N].光明日报,2019-06-11(14).

[5] 董刚.提高质量,高职教育发展的主旋律[N].中国教育报,2020-11-03(9).

[6] 陈先哲.博士进中学:引得来如何用得好[N].中国教育报,2021-12-22(5).

[7] 李显伟,孙越,孙淑松.博士该怎样当老师?[N].中国教育报,2021-12-22(5).

[8] 白勇,管杰,戴艺.硕士博士教中小学生是大材小用吗[N].北京日报,2021-01-20(16).

[9] 陈泳竹,刘卫东,戴青云.职教高质量发展呼唤博士层次"双师型"师资[N].中国教育报,2022-02-22(5).

[10] 谢永华.打破学历"天花板"让学生有更多选择[N].中国青年报,2022-08-31(8).

五、政策文件

[1] 国务院关于印发《国家职业教育改革实施方案》的通知[Z].国发〔2019〕4号.

[2] 教育部等四部门关于印发《深化新时代职业教育"双师型"教师队伍建设改革实施方案》的通知[Z].教师〔2019〕6号.

[3] 教育部关于加强新时代教育科学研究工作的意见[Z].教政法〔2019〕16号.

[4] 教育部 财政部关于公布中国特色高水平 高职学校和专业建设计划建设单位名单的通知[Z].教职成函〔2019〕14号.

[5] 教育部等九部门关于印发《职业教育提质培优行动计划(2020—2023年)》的通知[Z].教职成〔2020〕7号.

[6] 教育部办公厅关于印发《本科层次职业教育专业设置管理办法(试行)》的通知[Z].教职成厅〔2021〕1号.

[7] 教育部关于印发《本科层次职业学校设置标准(试行)》的通知[Z].教发〔2021〕1号.

[8] 教育部　财政部《关于实施职业院校教师素质提高计划(2021—2025年)的通知》[Z].教师函〔2021〕6号.

[9] 中共中央办公厅　国务院办公厅印发《关于推动现代职业教育高质量发展的意见》.

[10] 中共中央办公厅　国务院办公厅印发《关于深化现代职业教育体系建设改革的意见》.

[11] 中共中央　国务院《关于全面深化新时代教师队伍建设改革的意见》.

[12] 教育部等五部门关于印发《教师教育振兴行动计划(2018—2022年)》的通知[Z].教师〔2018〕2号.

后　记

博士学位教师是高职院校高质量发展的核心支撑。近年来,在高质量发展的内在驱动和本科层次职业教育专业"博士研究生学位专任教师比例不低于15%"刚性政策的外在助推下,高职院校对博士学位教师的需求和期待急增,争先恐后地出台各类政策红利,以优厚的待遇招揽博士人才。对于高职院校来说,引进博士学位教师是高质量发展的前提,如何统筹推进博士学位教师引进与发展工作,助力学校高水平建设成了师资队伍建设的重中之重。源于实践层面的需要,高职院校博士学位教师引进与发展研究具有重要的现实意义。

本研究聚焦高职院校博士学位教师引进与发展两大问题域,借助政策文本量化分析方法,剖析了不同地区、不同层次院校博士学位教师引进政策的异同;基于问卷调查和深度访谈,客观呈现了当前高职院校博士学位教师引进的现状和发展的现状;运用推拉理论模型,从基于组织视角的推力-阻力体系和基于个体视角的拉力-斥力体系探讨了高职院校博士学位教师引进的内外影响因素;采用质性分析方法,厘清了高职院校博士学位教师具体的生涯发展路径,同时明晰了博士学位教师生涯发展路径抉择的机制和困境;基于翔实的数据调查和扎根分析,从政策引领、科学规划、注重培养、深化改革、立足长远五个层面提出了高职院校博士学位教师引进与发展的多维路径。

本研究作为全国高等职业教育教师发展研究系列成果,纳入浙江省现代职业教育研究中心"现代职业教育研究前沿论丛",得到了所在单位的大力支持。浙江省现代职业教育研究中心专职研究人员徐珍珍主要负责研究框架的架构,并具体负责撰写了高职院校博士学位教师引进与发展的现状调查、影响因素、问题分析和对策建议等;张晓超具体负责高职院校博士学位教师引进与发展的研究缘起、研究意义、研究设计和政策分析等;王亚南具体负责高职院校博士学位教师生涯发展的路径分析和抉择机制等;全国高等职业教育教师发展研究编委会项目组组长邵建东和韦清对书稿进行了审核,并提出了具体修改意见。本研究得以顺利完成,也要感谢金华职业技术学院的领导及同事们,他们或参与学术研讨,或帮助联系调研院校,或帮忙发放调查问卷,或帮忙填写调查问卷,或帮忙整理访谈资料,由衷地感谢他们的辛勤付出。

本书在撰写过程中也得到了各兄弟院校的许多帮助,感谢南京工业职业技术大学、深圳职业技术大学、泉州职业技术大学、北京电子科技职业学院、广州番禺职业技术学院、广东轻工职业技术学院、浙江金融职业学院、宁波职业技术学院、长沙民政职业技术学院、长沙航空职业技术学院、浙江交通职业技术学院、浙江旅游职业学院、浙江经贸职业技术学院、浙江工商职业技术学院、浙江工业职业技术学院、义乌工商职业技术学院、宁波卫生职业技术学院、宁波城市职业技术学院、嘉兴职业技术学院、温州科技职业学院、台州科技职业学院、新疆农业职业技术学院等院校对本研究调研的热心支持。感谢金华职业技术学院洪琴仙老师的仔细校对，感谢华中科技大学出版社吴韵晓老师的精心编校。

由于作者研究水平有限，书中难免有疏漏和不足之处，敬请各位专家和读者批评指正。再次表示诚挚的感谢！

高职院校博士学位教师引进与发展研究项目组

2023年6月